NEIBU KONGZHIXUE YUANLI YU ANLI

内部控制学原理与案例

王加灿　徐新华　主编

中国财经出版传媒集团
中国财政经济出版社

图书在版编目（CIP）数据

内部控制学原理与案例 / 王加灿，徐新华主编．--
北京：中国财政经济出版社，2019.9
ISBN 978－7－5095－9259－5

Ⅰ.①内… Ⅱ.①王… ②徐… Ⅲ.①企业内部管理
Ⅳ.①F272.3

中国版本图书馆 CIP 数据核字（2019）第 212849 号

责任编辑：钱红叶　　　　责任校对：李　丽
封面设计：智点创意

中国财政经济出版社 出版

URL：http：//www.cfeph.cn

E－mail：cfeph@cfemg.cn

社址：北京市海淀区阜成路甲 28 号　邮政编码：100142

营销中心电话：010－88191537

北京财经印刷厂印装　各地新华书店经销

787×1092 毫米　16 开　14.5 印张　350 000 字

2019 年 9 月第 1 版　2020 年12月北京第 2 次印刷

定价：45.00 元

ISBN 978－7－5095－9259－5

（图书出现印装问题，本社负责调换）

本社质量投诉电话：010－88190744

打击盗版举报热线：010－88191661　QQ：2242791300

前　言

内部控制一直是企业界，尤其是会计界关注的热门话题。国内外资本市场上知名大公司的一系列财务造假舞弊丑闻不仅严重打击了广大投资者的投资信心，而且充分暴露了上市公司在内部控制方面存在的严重问题。在此背景下，2002 年，美国颁布实施了《萨班斯—奥克斯利法案》，该法案规定了企业管理层对内部控制应承担的责任以及注册会计师对内部控制的审计要求，注册会计师必须就上市公司的内部控制系统和管理层评估过程出具审计意见，所有上市公司必须在年报中提供内部控制报告和内部控制评价报告。2004 年，美国 COSO 发布了《企业风险管理——整合框架》，为内部控制的研究与发展提供了重要的文献。2013 年 5 月，COSO 委员会又适时更新了《内部控制——整合框架》，以使企业在外部环境不断变化中提升内部控制的有效性。同时，我国政府也一直致力于内部控制的建立和完善。2008 年，我国财政部、证监会、审计署、银监会、保监会联合发布了《企业内部控制基本规范》（以下简称《基本规范》）。2010 年，我国财政部、证监会、审计署、银监会、保监会等五部委联合发布了《企业内部控制应用指引》《企业内部控制评价指引》以及《企业内部控制审计指引》，作为实施《基本规范》的具体指南，并要求境内外同时上市的公司自 2011 年 1 月 1 日起施行，上海证券交易所、深圳证券交易所主板上市公司自 2012 年 1 月 1 日起施行，中小板和创业板上市公司择机施行，鼓励非上市大中型企业提前执行。为了进一步提高行政事业单位内部管理水平，规范内部控制，加强廉政风险防控机制建设，根据《中华人民共和国会计法》《中华人民共和国预算法》等法律法规和相关规定，财政部制定了《行政事业单位内部控制规范（试行）》，自 2014 年 1 月 1 日起施行。因此，如何建立和完善内部控制体系，是我国上市公司及行政事业单位都面临的重大现实问题。

本书以系统论、控制论与信息论等理论为指导，以美国 COSO 内部控制整合框架和我国企业内部控制基本规范及相关指引为基础，在广泛借鉴国内外相关教材与学术文献的基础上，全书共分为十章。第一章在细致介绍国内外内部控制产生、发展及演化的基础上，系统阐述了企业内部控制的定义、目标、要素、原则、本质等基本理论；第二章至第六章分别细致阐述内部环境、风险分析、控制活动、信息与沟通以及内部监督等内部控制五要素；第七章专门重点介绍企业主要业务活动控制；第八章为企业内部控制评价；第九章为企业内部控制审计；第十章为行政事业单位内部控制。本书简明扼要，既强调实用性，又强化可读性，力求教材内容具有较强的科学性、先进性和适用性。

本书主要特点有四个：第一，在内容编写上较全面，不仅包括了内部控制设计与运行，也包括了内部控制评价以及内部控制审计或者审核，不仅包括企业内部控制，也包括了行政事业单位内部控制；第二，在结构安排上体现“原理讲解—案例分析—能力拓展”三位一体，围绕理论精解、实践案例和能力拓展三条主线，突出原理与案例、理论与实践紧密结合；第三，在教材可读性与实用性上，加入了大量的相关知识点的名人名言，制作了大量美观实用的图表，注重案例的趣味性和故事性，案例分析方面引入了高会、注会及ACCA等内部控制部分真题或者习题，注重教材生动有趣与规范实用；第四，在知识拓展方面，突破传统纸质教材版面有限这一缺陷，将大量的知识拓展材料制作成网络二维码，教材使用者只需用手机“扫一扫”即可免费方便地获取大量相关电子资料。

本书由王加灿和徐新华担任主编，各章具体分工如下：第一章由王加灿负责，第二章由蔡梦凡、王加灿负责，第三章由邓朵、徐新华负责，第四章由曹越、王加灿负责，第五章由马玉琳、徐新华负责，第六章由许建伟、徐新华负责，第七章由王宇通、徐新华负责，第八章由李芊芊、王加灿负责，第九章由李芊芊、王加灿负责，第十章由王加灿负责，最后由王加灿对全书进行了审核与校对。

本书适用于高等院校会计学、审计学、财务管理等专业大学生以及低年级研究生内部控制学课程。本书是在借鉴国内外大量教材和文献的基础上编写而成的，我们对于这些书籍与文献的作者表示诚挚的谢意，如有疏漏，我们在此表示真诚的歉意。编写本书，虽尽努力，然学识有限，深知错漏难免，还请同行与读者批评指正。

目　录

第一章

内部控制演进与基本理论

没有内控系统的企业，就像坐在飞驰的马车上却没有手握缰绳！

企业内控系统就像牵引风筝的线，没有线的风筝是飞不起来的！

内部控制能够帮助我们绕过途中的陷阱，到达目的地。

——MOTOROLA 总裁　加利·吐克

【案例导入】

内部控制为中国企业转型发展保航护驾

一、目前中国企业中的一些现象

上级部门考核缺乏具体且可操作性强的指标，指标往往单向考核，造成企业为达到指标而不顾国家的整体利益，企业领导精力集中于向政府争取和利用优惠政策多于考虑企业长远发展及企业内部管理的完善。

成功的企业领导忙于应付政府活动、上级会议、参观、经验介绍等，而真正花在企业经营上的时间越来越少，结果几年之后，企业经济效益严重滑坡。

企业内部管理人员考虑权力划分多于考虑企业的整体发展，内部关系裙带风严重。

尽管企业内部会议众多，但部门之间各自为政，缺乏正常的沟通环境，经常会议结束问题照旧。

老总忙于解决具体事务，缺乏全方位地考虑企业发展。

二、这些现象的背后原因

战略定位不明：企业缺乏对产业愿景的认识和自身的定位，无法组织和建立未来竞争所需的资源和竞争力。

组织架构紊乱：组织架构不能配合企业战略的实施，难以整合提升资源。

业务流程松散：业务部门之间联系松散，职能重叠，缺乏信息共享机制，无法为企业创造附加价值。

激励机制不足：缺乏全面完备的绩效评估制度等激励机制，人才的成长落后于企业的发展。

信息技术缺乏：信息系统较落后，信息技术运用程度较低，难以为企业提供决策支持。

资金管理低效：企业缺乏成熟的资金运用和投资管理技能，造成资金运用的低效率。

三、中国企业转型面临的挑战

员工观念落后，难以接受新的管理理念。

大部分员工缺乏管理的专业背景与技能，难以接受新的管理体系且不适应与国际接轨的管理运作方式。

企业性质决定员工缺乏变革的紧迫感并对于企业变革存在抵触情绪。

员工习惯于在平均主义的环境中生存，对打破现有分配体制有一定的顾虑。

企业缺乏集成的信息系统，内部条块分割明显，各自为政，员工对打破现有的运作体系有疑虑。

管理层与员工之间缺乏上下交流的通畅渠道，不利于管理政策的全面贯彻及实施情况的及时和准确反馈。

资料来源：根据上海市第六期监事培训班“企业风险管理及内部控制制度框架”课件（作者：陈少瑜）改编。

思考：你认为中国企业的当务之急是什么？

第一节 内部控制历史演进

一、内部牵制阶段（20 世纪 40 年代前）

内部控制（Internal control）源于内部牵制（Internal check）。一般认为，20 世纪 40 年代以前是内部牵制阶段。内部牵制基于以下两个假设：（1）两个或两个以上的人或部门，无意识犯同样错误的可能性很小；（2）两个或两个以上的人或部门，有意识地合伙舞弊的可能性大大低于一个人或部门舞弊的可能性。

古代出现了简单的内部牵制实践，囿于当时生产条件和科技水平的限制，不可能有现代意义上的内部控制思想。15 世纪末，随着资本主义经济的初步发展，复式记账法开始出现，内部牵制渐趋成熟。

18 世纪工业革命以后，美国的一些企业逐渐摸索出一些组织、调节、制约和检查企业生产经营活动的办法，逐步建立了内部牵制制度。它的主要特点是，以任何个人或部门不能单独控制任何一项或一部分业务权力的方式进行组织上的责任分工，每项业务通过正常发挥其他个人或部门的功能，进行交叉检查控制。在现代的内部控制理论中，内部牵制仍占有相当重要的地位，是有关组织规划、职务分离控制的基础。

内部牵制方法一般包括：（1）实物牵制（如由两个或两个以上的人共同完成一项重要资产的保管任务，在缺少某一人的情况下，其他人无法获得或接近该重要资产）；（2）机械牵制（如各项业务处理按照正式的流程描述或流程图的形式表示出来，形成制度性的文件并执行）；（3）体制牵制（主要表现为职责分离）；（4）簿记牵制（如明细账和总账的核对相符）。此时的内部控制更类似于 COSO 框架五要素中的“控制活动”这个单一要素，因此，也称为内部控制“一分法”。

【案例 1-1】西周时期内部控制

内部控制可以追溯到我国西周时代，那时的内部控制体系堪称当时的全球典范。西周时期的财务部设有司书、职内、职岁和职币四个职位，其各自的职责权限为：司书相当于现代公司的会计，负责核算；职内掌管全国的税收来源，负责收入；职岁掌管全国的财政支出，负责支出；职币相当于现代公司的出纳，负责余财管理。职内、职岁、职币三个部门分别掌管收入、支出和余财，司书负责全面核算，司会又对四个部门的资料交互考核，用以提高会计质量，相互牵制，可谓严密。这些职责内部牵制，收支两条线，职务分离，以实现制衡。看来，当时已经意识到内部牵制的必要。

资料来源：李孝林．从《周礼》看周朝会计［J］．北京商学院学报，1991（04）：57－63.

二、内部控制制度阶段（20 世纪 40 年代至 70 年代末）

20 世纪 40 年代至 70 年代，在内部牵制的基础上，逐渐产生了内部控制制度（Internal accounting system）的概念。

第二次世界大战后，随着科学技术的革新和生产自动化迅猛发展，企业规模日益壮大，期间涌现出大量的巨头公司，市场竞争也日趋激烈，对企业的内部控制提出了更高的要求。这时，一方面，企业需要在企业管理上采用更为完善、有效的控制方法以改变传统的靠小生产方式及经验管理对企业的影响；另一方面，为了适应当时的社会经济关系，保护投资者和债权人的经济利益，西方各国纷纷以法律的形式要求通过内部控制强化对企业财务会计资料以及各种经济活动的内部管理。

1958 年，美国注册会计师协会（AICPA）下属的审计程序委员会（ASB）对内部控制的定义作了进一步的说明，并将内部控制划分为：（1）内部会计控制；（2）内部管理控制。

前者是指与财产安全和会计记录的准确性、可靠性有直接联系的方法和程序，后者主要是指与贯彻管理方针和提高经营效率有关的方法和程序。将内部控制一分为二，使得审计人员在研究和评价企业内部控制制度的基础上确定实质性测试的范围和方式成为可能。从此，内部控制从“一分法”进化到“二分法”。

会计基本流程分为：经济业务—原始凭证—记账凭证—会计账簿—财务报告。会计控制是信息控制，可以称之为结果控制；管理控制是业务控制，可以称之为过程控制。

“一分法”更倾向于一种生活经验的总结，而“二分法”则体现为一套科学系统的构建。遗憾的是，会计和管理、业务与信息、过程与结果的关系是十分微妙的，界线很难分明。

三、内部控制结构阶段（20 世纪 80 年代至 90 年代初）

20 世纪 70 年代以后，内部控制的研究重点逐步从一般含义向具体内容深化。这时，西方学者在对内部会计控制和管理控制进行研究时认为，虽然区分会计控制和管理控制对审计师非常重要，但并不是所有的会计控制对财务报表的可靠性都具有重大鉴证意义所有的管理控制对其不具有重大鉴证意义。并认为这两者是不可分割、相互联系的。与此同时，控制环境逐步被纳入内部控制范畴。

于是，美国注册会计师协会（AICPA）于 1988 年发布的《审计准则公告第 55 号》（SAS55），从 1990 年 1 月起取代 1973 年发布的《审计准则公告第 1 号》。首次以“内部控制结构”（Internal Control Structure）一词取代原有的“内部控制”一词，该公报认为，“企业的内部控制结构包括为合理保证企业特定目标的实现而建立的各种政策和程序”，并指出内部控制结构由控制环境、会计制度和控制程序三个方面组成。从此，内部控制从“二分法”进化到“三分法”。

比较上一次进化而言，这次更能体现为“质”的变化。将内部控制划分为“内部会计控制”和“内部管理控制”的“二分法”，更多是基于外部视角，而“三分法”则是基于内部视角。“二分法”是“别人看内控”，“三分法”是“内控看自己”。但我们看到，“二分法”给“三分法”留下了很深的烙印：“会计控制”—“会计系统”，“管理控制”—“控制程序”。

四、内部控制整体框架阶段（20 世纪 90 年代）

1992 年，美国反虚假财务报告委员会（National Commission on Fraudulent Reporting），所属的内部控制专门研究委员会发起机构委员会（The Committee of Sponsoring Organizations of The Treadway Commission，简称 COSO 委员会）在进行专门研究后提出专题报告：《内部控制——整合框架（Internal Control—Integrated Framework）》，也称 COSO 报告。

1994 年，COSO 委员会提出对外报告的修改篇，扩大了内部控制的范围，增加了与保障资产安全有关的控制，得到了美国审计署（General Accounting Office，GAO）的认可。与此同时，AICPA 全面接受 COSO 报告的内容，于 1995 年据以发布了《审计准则公告第 78 号》（SAS No. 78），并自 1997 年 1 月起取代了《审计准则公告第 55 号》。

COSO 报告认为，内部控制整体架构主要由控制环境、风险评估、控制活动、信息与沟通、监督五项要素构成，称为“五分法”。“五分法”是对“三分法”的进一步深化，甚至是“革命化”。“会计系统”和“控制程序”经过融合，进一步分解为“控制活动”“信息与沟通”“监督”。

“三分法”中，“会计系统”和“控制程序”是互补的，但联系不够。而在“五分法”中，“控制活动”“信息与沟通”“监督”之间的联系更紧密，让内控更易流程化和具有可操作性。另外，“五分法”的另一个典型特征就是增加了“风险评估”要素。“风险评估”让内部控制从单纯地防范已知风险到兼顾防范未知风险，更具有前瞻性。

延伸阅读：
COSO 内部控制整合框架（中文版）

五、企业风险管理整体框架阶段（21 世纪至今）

2003 年 7 月，美国 COSO 委员会颁布了《企业风险管理整合框架》（Enterprise Risk Management—Integrated Framework）的讨论稿，并于 2004 年 4 月颁发了正式稿。该企业风险管理框架是在内部控制整合框架的基础上，吸收多方面内部控制与风险管理研究成果，结合《萨班斯法案》在报告方面的要求，进行扩展研究得到的。

新的企业风险管理框架主要是在 1992 年的研究成果《内部控制框架》报告的基础上发展而来；因而，一般认为，企业风险管理是广义的企业内部控制。企业风险管理分为：内部环境、目标制定、事项识别、风险评估、风险反应、控制活动、信息和沟通、监控等八个相互关联的要素，各要素贯穿在企业的管理过程之中。从此，“五分法”进化到“八分法”。

延伸阅读：

COSO 企业风险管理整体框架（中文版）

六、内部控制的最新发展

（一）COSO《内部控制——整合框架》的更新

COSO《内部控制——整合框架》发布于1992年，资本市场和商业环境已经发生了天翻地覆的变化，这也要求其应有所调整。2013年5月14日，COSO发布了《2013年内部控制——整合框架》（以下简称新《整合框架》）及其配套指南。新《整合框架》的发布将有助于公司高管在企业运营、法规遵从以及财务报告等方面采取更为严密的内控措施，提升内控的质量。

新《整合框架》的内容涵盖：内容摘要、具体内容、多份附录、一份应用指南（提供解释性工具）以及一份概要（提供方法和示例说明在财务报告内部控制上的应用）。与旧版相比，新《整合框架》在基本概念、内容和结构以及内部控制的定义和五要素、评价内控体系的有效性标准等方面均没有变化。因此，新《整合框架》对于旧版而言不应称为改动，而是一种升级，其主要有三大亮点，即更实、更活、更稳。

首先，与旧版相比，新《整合框架》细化了董事会及其下设专业委员会的描述，且在里面提到了很多案例。以增强从业者对内控体系建设的理解。不过，更有意义的是新《整合框架》的一些实质性变动。新《整合框架》在继承了旧框架内部控制的基本概念和核心内容的基础上，提供了内控体系建设的原则、要素和工具，具体的变化体现在突出了原则导向。即在原有五要素基础上提出了17项基本原则，并进一步提炼出82个代表相关原则的主要特征和重点关注的要素，这些本次修改的亮点使内控体系的评价更加有据可循。新《整合框架》提供了17项具体的原则，这是它比较“实”的地方，因为旧版的内控框架只有五个要素，更像是一个学术模型，具体要怎么做，并没有非常明确的答案。此次COSO委员会提到的17项原则都是相对来说更明确的动作，这为企业做好内控提供了一套路线图，为企业评价内控提供了一张打分表。

其次，新《整合框架》强调企业可有自己的判断。新《整合框架》相对于旧框架，在内控建设和评价中，强调依赖于管理层自身的判断，而不是像原来一样要求严格基于证据。

新《整合框架》强调董事会、管理层和内审人员拥有“判断力”，这是它比较“活”的地方。新《整合框架》认为，内控如何实施，如何评价，如何认定有效性，企业可以有自己的判断。这本质上是在为内控解套，是新《整合框架》的灵魂。另外，新《整合框架》强调在内控建设过程中应注重与效率的结合，建议管理层通过判断，去除那些失效、冗余乃至完全无效的控制，提升控制的效率和效果，而非单纯地为了控制而控制。最后，新《整合框架》强调内控有效性的认定。新《整合框架》对于如何确保内控体系的有效性进行了进一步澄清，尤其强调内部控制五要素中的每一项都会受到其他要素的影响，应视为一个整体来对待，并且描述了不同要素下的控制措施如何影响其他要素下的原则，有助于整合性地看待内控体系和控制措施，而非孤立对待。新《整合框架》在指出内控的局限性方面比旧框架更加明确，指出了内控在决策和应对外部事件中的局限性。这些都体现了新《整合框架》“稳”的方面。

随着我国内部控制规范体系的广泛深入实施，内控变成了上市公司的底线要求。这种从“前沿”到“底线”的变化，集中体现在上市公司要强制披露自己内控的有效性并接受审计。那么，是不是审计通过了，上市公司就没风险、没问题了呢？实际情况并不是这样，一些风险事件还是发生了。所以，新的《整合框架》强调了内控对天灾（外部事件）和人祸（人为失误）无能为力。因此，既然旧框架已得到了修订，这势必也会影响到我国企业的内控建设。

延伸阅读：
COSO《内部控制——整合框架》执行纲要2013年版（中英文对照）

（二）COSO 企业风险管理框架的更新

紧随内部控制框架的修订，COSO 于 2014 年 10 月 21 日宣布启动更新 2004 年企业风险管理框架的计划，并委托普华永道会计师事务所着手框架的更新。这项正在进行的企业风险管理框架更新工作将改进框架的内容，提升框架与日益复杂的商业环境之间的关联性，旨在：（1）反映风险管理理论和实践，以及利益相关人预期的演进；（2）开发相关工具，帮助管理层报告风险信息，检查和评估企业风险管理的实施情况。该项计划期望各类组织通过使用更新后的风险整体框架，可以对不确定性进行管理，测算可承受的风险水平，加深对于“机会”的理解，从而保护和增加企业的价值。自该计划宣布以来，普华永道一直都在 COSO 董事会的指导下，就围绕现有框架和改进建议开展调研，以寻求改进方案。

延伸阅读：
COSO 发布新的《企业内部控制整体框架》（征求意见稿）

第二节 内部控制定义与本质

一、内部控制定义

内部控制是指为确保实现组织目标而实施的程序和政策。内部控制的产生和发展总是与社会生产力和人类经营管理方式等因素密切相关的，由于经济、政治和法律等背景不同，不同的组织和机构基于不同的角度与层次，对内部控制的定义有着不同的理解和认识。以下为美国、英国、加拿大及我国对内部控制的定义。

（一）美国 PCAOB 对内部控制的定义

美国公众公司会计监督委员会（PCAOB）发布的“审计准则第 2 号”规定，注册会计师对企业财务报告进行审计，必须关注财务报告内部控制，同时管理层应该对企业内部控制做出评估。所谓财务报告内部控制，是指在企业主要的高级管理人员、主要财务负责人或行使类似职能的人员的监督下设计的一套流程，并由公司的董事会、管理层和其他人批准生效。该流程可以为财务报告的可靠性及根据公认会计原则编制的对外财务报表提供合理保证，它包括如下政策和程序：（1）保管以合理的详尽程度、准确和公允地反映企业交易与资产处置的有关记录；（2）为按照公认会计原则编制财务报表记录交易，以及企业的收入和支出是按照管理与公司董事会的授权执行，提供合理的保证；（3）为预防或及时发现对财务报表有重大影响的未经授权的企业资产的购置、使用或处理，提供合理保证。可见，PCAOB 所规定的财务报告内部控制的定义也属于会计控制的范畴。

（二）英国《Turnbull 指南》中的内部控制框架

英国综合守则是 1998 年由英国公司治理委员会（也称 Hampel 委员会）制定的，主要内容为上市公司所应遵守的关于公司治理的各项标准。《Turnbull 指南》，即《内部控综合守则》的董事指南，是由英格兰和威尔士特许会计师协会出台的关于如何满足综合守则的操作性指导，后被综合守则收录成为其中的一部分。

《Turnbull 指南》中的内部控制框架与 COSO 较为相似，也把控制分为经营、财务和合规三个方面，同时给出了与 COSO 相似的内部控制元素，包括：风险评估、控制环境、控制活动、信息和沟通、监控。《Turnbull 指南》的特点是更加关注风险与控制的关系并更加着重阐述这种关系。该指南把风险管理、内部控制和商业目标联系起来，指出：风险管理是企业每个人的责任；董事会应当在获得信息和做出承诺的基础上仔细检查公司制度的有效性，并在遇到风险时做出快速反应；强调了内部审计的职能，以确保公司经营目标的实现。

（三）加拿大 CoCo 委员会对内部控制的定义

加拿大特许会计师协会（CICA）下属的控制基准委员会（The Canadian Criteria of Control board，以下简称 CoCo 委员会）专门对控制系统的设计、评估和报告进行研究，并发布相关指南。其中，CoCo 委员会于 1995 年发布的《控制指南》（Guidance on Control，以下简称《CoCo 指南》）将“内部控制”的定义扩展到“控制”，其定义为：控制是将一个企业中包括资源、系统、过程、文化、结构和任务等在内的要素结合在一起，支持并实现企业的目标的过程。该定义有四个要点：（1）控制需要全员参与，包括董事会、经理层和所有员工；（2）控制只对企业目标的实现提供合理保证，而不是绝对保证；（3）控制的最终目标是创造价值，而不是单纯地控制成本；（4）有效的控制需要保持独立性和整体性、稳定性和环境适应性之间的平衡。

（四）我国对内部控制的定义

我国对于内部控制的定义几经变迁。从 21 世纪初财政部颁布的《内部会计控制规范——基本规范（试行）》和《内部会计控制规范——货币资金（试行）》等一系列具体规范，到上交所和深交所分别发布的《上海证券交易所上市公司内部控制指引》和《深圳证券交易所上市公司内部控制指引》，直到内部控制规范体系的基本形成，对于内部控制的定义也经历了由无到有、范围逐步扩大、科学严谨性逐步提升的发展过程。早期的内部控制定义仅仅局限于会计控制，而现在的内部控制则是完整的内部控制概念。

我国财政部联合其他四部委于 2008 年 6 月发布的《企业内部控制基本规范》指出，"内部控制是由企业董事会、监事会、经理层和全体员工实施的、旨在实现控制目标的过程"。可见，我国对于内部控制的定义主要借鉴了 COSO 报告的精神。对于这一定义，可从以下几个方面进行理解：

1. 内部控制是一种全员控制

内部控制是一种全员控制，即内部控制强调全员参与，人人有责。企业的各级管理层和全体员工都应当树立现代管理理念，强化风险意识，以主人翁的姿态积极参与内部控制的建立与实施，并主动承担相应的责任，而不是被动地遵守内部控制的相关规定。

值得注意的是，内部控制的"全员控制"与董事会、监事会和经理层在内部控制的建设和实施过程中的领导作用并不矛盾，领导者与普通员工仅仅是分工不同、承担的权责大小不同，但都是内部控制的参与主体。具体而言，董事会负责内部控制的建立健全和有效实施；监事会对董事会建立和实施内部控制进行监督；经理层负责组织领导企业内部控制的日常运行，在内部控制中承担重要责任。企业所有员工都应在实现内部控制中承担相应职责并发挥积极作用。企业应当在董事会下设立审计委员会，负责审查企业内部控制、监督内部控制的有效实施和内部控制自我评价情况。这就形成了上至董事会，下至全体员工全员参与的内部控制，解决了长期以来我国企业内部控制建设滞后、相关各方执行时权责不清，管理层和员工缺乏参与内部控制的责任与动力等问题。

2. 内部控制是一种全面控制

内部控制是一种全面控制，是指内部控制的覆盖范围要足够广泛，涵盖企业所有的业务和事项，包含每个层级和环节，而且还要体现多重控制目标的要求。内部控制本质上是对风险的管理与控制，所谓风险是指偏离控制目标的可能性。《基本规范》规定内部控制的目标是合理保证企业经营管理合法合规、资产安全、财务报告及相关信息真实完整，提高经营效率和效果，促进企业实现发展战略。企业设计的内部控制活动和流程要充分防范和控制任何影响以上五个目标实现的风险（而不能仅仅局限于财务报告风险），并要为以上目标的实现提供合理保证。也就是说，内部控制不仅仅是一种防弊纠错的机制，而且还是一种经营管理方法、战略实施工具，是一种为实现多重目标而实施的全面控制。

应当特别说明的是，内部控制只能为控制目标的实现提供"合理保证"，而不是"绝对保证"，这是因为企业目标的实现除了受到企业自身因素的限制以外，还会受到外部环境的影响，而内部控制无法作用于外部环境；而且，内部控制本身也存在一定的局限性使得其不可能为企业控制目标的实现提供"绝对保证"。内部控制的局限性将在本章第五节进行介绍。

3. 内部控制是一种全程控制

内部控制是一种全程控制，是指内部控制是一个完整的全过程控制体系。从时间顺序上看，内容控制包括事前控制、事中控制和事后控制；从内容上看，内部控制包括制度设计、制度执行与监督评价。它们环环相扣，逐步递进，彼此配合，共同构成了一个完整的内部控制体系。

内部控制的全程控制通常以流程为主要手段，包含流程的设计、执行和监督评价，但又不仅仅局限于流程。流程本身就包含着过程控制的思想，流程的设计是前提和基础，流程的实施是核心，对流程的监督是关键。流程设计的合理性往往会直接影响到整个内部控制工作的效率和效果。因此，企业要有效地实现全程控制，就必须优化与整合企业内部控制流程。企业进行的流程再造，也是基于全面控制和提高运行效率的目的。如果说全面控制是从横向为企业实现控制目标织起了一张无形的网，那么全程控制则是从纵向角度为企业防范和管理风险筑起了一堵牢固的墙。

以上是从不同角度对内部控制的理解。内部控制的定义在内部控制概念框架中处于基础地位，是内部控制目标、原则、要素等的理论依据和逻辑起点，也是企业设计和执行内部控制的最基本的要求。只有真正做到了全员控制、全面控制和全程控制，内部控制的设计才不会出现盲点，内部控制的执行才会合理有效，内部控制的作用才能真正发挥。

二、内部控制本质

从 COSO 报告（特别是 COSO 报告新版本）和 ERM 框架的分析中，我们判断：第一，内部控制逐渐回归到企业管理需要的内生性本质上来；第二，内部控制被看作是企业管理的一个过程，抑或是一种工具。通过对内部控制演变过程的分析，推导企业内部控制具有以下共性：

（一）企业内部控制本质上是一项企业管理活动，它源于企业管理需求。在理论演变上，经历了从最初自发形成的内部牵制论，到静态的“方法、措施、制度和程序论”，再到动态的“过程论”“企业风险管理论”的变化过程；在实践发展上，经历了从以牵制约束、纠错防弊的自发产生，到以可靠性和符合性为主要目的，由外部监管者特别是注册会计师审计推动，再到以经营效率效果、防范风险为主要目的，由政府部门强力推行的一种逻辑演绎。它体现了企业管理者与外部监管者之间的博弈，恰好佐证了内部控制作为管理活动的内在本质特征的客观性与不可逆性。

（二）企业内部控制是企业生产经营活动正常进行和企业目标顺利实现的基本保障系统，它在不同时期发挥着不同的功能与作用，但最基本的职能依然是牵制与约束、防护与引导、监督与影响、衡量与评价，体现了企业管理控制的本质特性。

（三）企业内部控制客观上与注册会计师审计有着千丝万缕的联系。注册会计师审计有力地推动了内部控制的变迁，又适应了内部控制的发展要求。这种联系，成为人们特别是利益相关者正确认识内部控制本质属性与概念框架的一种纠结。

第三节　内部控制目标与类型

人们如欲有所作为，必须注意两项标的——可能标的和适当标的。人们努力以赴各自的标的，尤应注意这些标的可能性和适当性确实与本人的情况相符合。

——〔古希腊〕亚里士多德：《政治学》

一、内部控制目标

企业内部控制的目标是指实施企业内部控制应达到的目的、要求和标准的总称。它是在一定的政治、经济、社会和企业环境下，人们根据经济管理的客观要求，基于对内部控制的本质、对象内容及其职能的认识，对内部控制“为了什么”“应该做什么”所做的规定性的规范。企业内部控制目标在理论上是主观见诸客观的客观范畴，反映了一定条件下的企业经营管理的需求；在实践上则是企业内部控制正常运行的定向机制，起着导向作用。企业产权关系的复杂性和企业经营管理要求的多样性，决定着企业内部控制目标的层次性。

按照我国《企业内部控制基本规范》的规定，企业内部控制的目标包括合理保证企业经营管理合法合规、资产安全、财务报告及相关信息真实完整、提高经营效率和效果、促进企业实现发展战略等五项目标，其关系如图 1－1 所示。

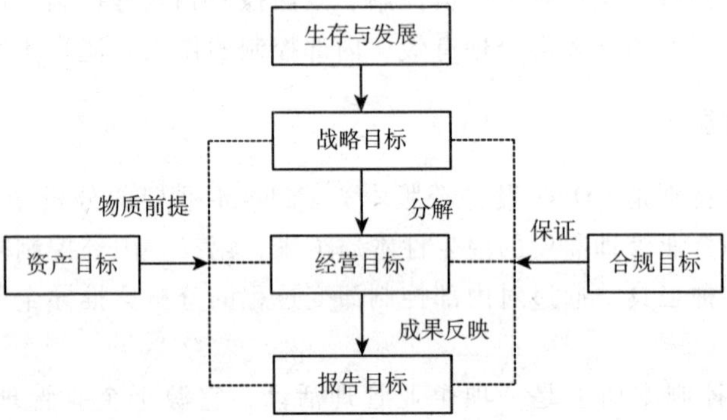

图 1－1　内部控制目标关系图

（一）合理保证企业经营管理合法合规

企业应按照《会计法》《公司法》《企业内部控制基本规范》等法律法规的要求，建立健全企业内部会计控制的规章制度，包括股东会、董事会、监事会、经理及其以下各基层管理和业务经管部门及人员的内控权限、职责义务范围、履行方法及其奖惩内容、办法等都应以科学合理的制度形式加以固定下来，尤其是各部门及经办人员的内控目标及具体内容应详尽、科学、合理，保证国家法规制度的贯彻执行不仅是社会审计、国家政府有关部门对企业内部控制实施“再控制”的目标之一，而且是国家以所有者和国家宏观管理者的身份实施经济管理的基本目标和要求，这是我国会计监督体系的重要组成部分和特色之一，当然，这里也包括通过内部控制监督国家法规制度在企业内部的贯彻执行。各项企业管理的制度应健全完善，实施企业内部控制除督促企业建立健全企业内部控制制度以外，还应督促企业建立健全与内部控制制度协调一致的企业内部各项管理规章制度，并确保这些规章制度贯彻执行。查错防弊、及时准确作为企业内部控制的合法合规基本目标之一，应成为企业内部管理层、各管理部门的内部控制目标，但是管理层及各管理部门的查错防弊的具体目标、具体方法及措施却是不尽相同的，如在货币资金收支和保管业务过程中的查错防弊，应有财会部门协助企业管理层制定相应的授权批准程序、办理货币资金业务的不相容岗位必须分离、相关机构及人员应当相互制约、加强款项收付的稽核等相关规章制度，各资金使用部门应严格遵守授权与批准程序及权限范围的规定，会计部门及人员应严格履行审查监督职责。

（二）资产安全

保证资产安全完整，既是资产经管和使用部门及人员的内控目标，又是财会部门的内控职责，还是企业出资者及管理层的内部会计控制目标。从会计基本原理来看，企业资产的安全完整包含着资本的安全完整，资产是资本赖以存在的自然形态，是对企业未来经济效益有用的经济资源，实现资本保值增值也有赖于资产的安全完整，它要求企业会计在稳健等会计原则基础上遵循会计职业道德，在尽可能防范和抵御未来资产风险的基础上，从事会计核算及监督工作，在制定各项投资及其他经营决策时要充分考虑投资及其他决策的风险因素，可见，资产安全完整既是自然物质和权力形态的安全完整，更是资产价值形态的安全完整。因此，资产安全完整是企业各部门的共同内控目标和职责。

（三）财务报告及相关信息真实完整

财务报告及相关信息真实完整既是企业内部控制的基本目标，又是企业内部控制的重要手段，从会计角度看，正是通过真实完整的会计资料的记录、汇总、报告等手段，实现其对企业经管责任落实、对企业财产及经济业务活动进行监督管理职能的。从大的方面讲，会计工作与业务经办活动是两项不相容的工作，会计是对业务活动进行控制的基本方式和手段，这是会计存在并取得发展的最基本的动因，美国会计史学家迈克尔·查特菲尔德在其《会计思想史》著作中指出："私人财富的积累导致了受托责任会计的产生。这种会计不仅应保护物质财产的安全，而且应证明管理这些财产的人是否适当地履行了他们的职责。调查受托者的诚实性和可靠性的需要，使内部控制成为所有古代簿记制度的主要特征"。这鲜明地说明了会计及会计资料与内部控制之间的内在必然联系，揭示了会计及会计资料的内部控制本质。会计信息及相关信息的及时有用，是在会计资料真实完整及前述各个目标实现的基础上，企业内部控制应进一步达到的基本目标之一。所谓"信息"是指有用的消息和资料，会计信息是指对企业利害关系者进行管理及经营决策有用的会计资料。从内部会计控制的层次内容来看，会计资料真实完整主要是单位负责人、会计部门及人员的基本内控职责，会计资料能否进一步成为会计信息，则主要是股东、股东会、监事会等的内控职责，也就是说，会计资料是否有用，要根据使用者的目的和标准来判断。忽视会计资料与会计信息的质量及目标的区别，只能混淆内控中的不同职责与任务，会计信息失真的根本原因也就变得模糊不清了，所以《会计法》将会计资料的真实完整作为其基本立法宗旨之一，并明确单位负责人对会计资料的真实完整负责，是科学合理的。因此，这里将会计资料真实完整和会计信息及时有用作为两个层次的内控目标，是有现实及理论意义的。

（四）提高经营效率和效果

提高经营效率和效果这一目标，一方面要求内部控制制度应保证真实反映企业管理效率情况，另一方面要求内部控制制度不能囿于繁文缛节，不讲效率，同时又要保持适度的控制与被控制者之间的博弈空间，以便不断完善内部控制制度，因为内部控制制度本身就是博弈的产物。促使经济效益不断提高是整个经济管理的基本目标，也是企业内部控制提高经营效率和效果目标的基本内容之一。这是实施企业内部控制确保单位经营管理目标实现的总体要求，也是企业内部控制好坏的最终标准，当然，也不能否认有时会存在企业内部控制做得很好，但是由于其他原因而导致企业经济效益并不好的情况，也就是说，企业内部控制好，企业效益也不一定好。促使并保证企业业务活动健康运行是提高经营效率和效果基本目标的基本内容之一。所谓业务活动健康运行是指，各项业务活动内容合理合法、符合企业整体业务目标要求和效益大于成本原则，业务风险在可预见的控制范围之内，开办业务活动的手段与方法科学正当、无违法违纪行为，业务活动效果具有可持续发展的效益性和前瞻性，业务活动运行程序明确顺畅、速度快捷、效率较高，业务经办部门及人员责任心强、积极性高等的运行状态。可见，业务活动健康运行这一内控目标涵盖了很多具体的控制目标。风险控制系统有效目标的主要内容应包括企业可能面临的风险种类、内容、风险程度、风险发生及其防范部门，风险评估机制健全，防范规避风险措施、方法齐全得当，风险信息反馈灵敏准确，防范风险能够令行禁止，防范风险的奖惩制度严明等。

（五）促进企业实现发展战略

促进企业实现发展战略一方面应保证企业发展战略的选择科学合理，另一方面应采取切实措施保证企业发展战略的有效实施。企业发展战略通常指明了企业的发展方向、目标与实施路径，描述企业未来经营方向与目标纲领即企业的发展蓝图，关系着企业的长远生存与发展。只有制定了科学合理的发展战略，企业执行层才有正确行动的指南，其在日常经营管理和决策时才不会迷失方向，才能保证做“正确的事”。

【案例1-2】内部控制工作困惑知多少？

在内部控制管理工作中，您是否遇到过以下情形：

当财务部门审批销售部门的差旅费或交际应酬费时，总听到销售人员在抱怨：审得也太严了吧，我们在前面冲锋陷阵，你们反而在后边拉我们后腿。在对供应商进行招投标的过程中，采购部门认为处处按照采购部门的规章制度办事，怎么到了法务部或管理部，选中的供应商就迟迟批不下来呢？公司管理层天天说风险，为什么员工对风险却没什么概念？是领导在危言耸听，还是风险管理和控制就是领导的事儿。制度整合了，流程也更新了，但在执行的过程中，反而觉得比以前更麻烦了，花的时间更多了。

2001年的安然，2008年的雷曼兄弟，为什么这些世界顶级公司竟然会轰然倒塌？

类似的困惑和问题一定还有不少。那么内部控制究竟是一种什么机制？总体的框架结构是怎样的？其控制目标有哪些？包含哪些内容与要素？应遵循哪些原则？内部控制是不是万能的？其局限性有哪些？

资料来源：百度百科 https：//baike. baidu. com/item/内部控制/3556？fr = aladdin。

二、内部控制类型

（一）按其控制内容的不同划分

1. 基础控制。基础控制是指对企业生产经营活动赖以进行的内部环境所实施的总体控制，因而亦称环境控制。它包括组织控制、人员控制、业务记录以及内部审计等项内容。特征是不直接作用于具体经营活动。

2. 应用控制。应用控制是指直接作用于企业生产经营业务活动的具体控制，因此，亦称业务控制。

基础控制是实施应用控制的前提，应用控制则是基础控制的深化。健全有效的基础控制可以为应用控制的有效运转提供良好的基础。正确认识基础控制和应用控制的关系可以使审计人员提高内部控制评价的效率，在评价内部控制时，审计人员首先应检查基础控制，以确定其能否为应用控制提供充分发挥作用的条件，从而做出是否需要进一步评价应用控制的决定。这样，即可以减少审计测试的盲目性，避免无效劳动，大大提高评价工作的效率。

（二）按其控制目的的不同划分

1. 会计控制。会计控制是指与保证财产物资的安全性、会计信息的正确性以及财务活动的合法性有关的那部分控制。

2. 管理控制。管理控制是指与保证经营决策、方针的贯彻执行，促进经济活动的经济性、效率性和效果性以及经营目标的实现有关的那部分控制。

会计控制与管理控制的区别在于两者控制的目的不同，但两者并不是相互排斥、互不相容的，有些控制措施既可以用于会计控制，也可以用于管理控制。

（三）按其控制地位的不同划分

1. 主导性控制。主导性控制是指为实现某项控制目标而首先实施的控制。在正常情况下，主导性控制能够防止错弊的发生，但如果主导性控制存在缺陷不能正常运行，就必须有其他的控制措施进行补充，如凭证连续编号对保证业务记录的完整性就是主导性控制。

2. 补偿性控制。补偿性控制就是指能够全部或部分弥补主导性控制缺陷的控制。

主导性控制和补偿性控制的划分是相对于某种可能发生的错误或某项控制目标而言的，因此，在一种情况下表现为主导性控制，而在另一种情况下表现是补偿性控制；反之亦然。区分主导性控制和补偿性控制，有助于审计人员准确、全面地评价内部控制，即在评价内部控制时，首先应确定主导性控制是否健全有效，如果健全有效，则表明内部控制系统能够发挥控制作用，否则应进一步分析是否存在补偿性控制，以及能在多大程度上弥补主导性控制存在的缺陷，这样才能准确全面地分析评价内部控制，避免误差。

（四）按其控制功能的不同划分

1. 预防式控制。预防式控制是指为防止错误和非法行为的发生，或尽量减少其发生机会所进行的一种控制。它主要解决“如何能够在一开始就防止错弊的发生”这个问题，如限制接近、双人守库、印押证机分管等。

2. 侦察式控制。侦察式控制是指为及时查明已发生的错误和非法行为或增强发现错弊机会的能力所进行的各项控制。主要解决如果错弊发生如何查明，如通过账账核对、实物盘点等。

（五）按其控制过程的不同划分

1. 预先控制。预先控制指企业单位为防止人力、物力、财力等资源在质和量上发生偏差而在行为发生之前所实施的内部控制，如报列支专项费用前的审批行为、贷款前的授信活动。

2. 过程控制。过程控制是指企业单位在经营活动过程中针对正在发生的行为所进行的控制，如“四双制度”。

3. 结果控制。结果控制指企业单位针对生产经营活动的最终结果而采取的各项控制措施。如指标真实性检查、任期责任稽核。

（六）按其控制目标的不同划分

1. 财产物资控制。财产物资控制是指企业单位为维护财产物资的安全性和完整性所实施的各项控制。

2. 会计信息控制。会计信息控制是指企业单位为保证会计凭证、账簿、报表等会计资料的可靠性和准确性所进行的各项内部控制。

3. 财务收支控制。财务收支控制是指企业单位为保证财务收支的合理性和合法性所采取的各项控制程序和控制措施。

4. 经营决策控制。经营决策控制是指企业单位为保证经营决策及方针政策的正确实施和有效执行所采取的各项控制程序和控制措施。

5. 经济效益控制。经济效益控制是指企业单位为保证其经济活动能够有秩序和高效率地进行所采取的各项控制手续和控制方法。

6. 经营目标控制。经营目标控制是指企业单位为保证经营目标的预期实现而采取的各项控制手续和控制方法等。

【案例1－3】张作霖的内控思想

从土匪到海陆军大元帅，张作霖是个颇具传奇色彩的人物，关于他的传说很多。他的很多传说都是军事政治的，但也有很多故事在今天看来也是饱含内控哲理的。这里讲一个有关内控思想的故事。

军队里的每笔支出，无论大小，必须经过大帅审批后才能付款，但张大帅文化水平不高，大字认识不了几个，如何签字？他想了个办法，每次审批，把毛笔饱蘸墨汁，然后用力在单据上一戳，签批就算完了，报销者拿着大帅审批的单子，就去账房先生那领款。

久而久之，账房先生动了贪念，也如法在单据上用毛笔一戳，捞起了外快。牛刀小试，连连得手，胆子越来越大，就冒领了一大笔款子。年底大帅查账，他是抓大放小，专看大笔支出单据，翻到冒领的这张，脸色一沉，喝令卫兵当场把账房先生拿下，账房先生连呼冤枉，说大帅于某天某天签批，大帅冷冷一笑，“你倒是花力气花心思学我签批，想瞒天过海？”说着让卫兵把单子扔过去，账房先生却怎么也看不出破绽。

大帅一笑，你反过来看看，单据背面有个小眼，就在墨迹的中心处。“我的笔是特制的，毛笔中间系了一根铁丝！”账房先生无话可说，其脑袋被大帅用来严肃财务纪律用了。

张作霖那时候可能没有系统的内控知识，但是他的做法却体现了内控的基本思想。张作霖规定军队的所有支出，无论大小，他亲自审批后才能付款，这条制度其实就是内控制度，确立了资金支出的管控程序，基本规则形成，内控也基本成型了。但账房先生舞弊屡屡得手，说明仅仅设计出一个良好的内部控制制度是不够的，还需要对制度是否得到有效的执行进行评价。

思考：这是属于哪种类型控制？你可以从案例中得到哪些启示？

资料来源：新浪博客“博观内控”，http：//blog. sina. com. cn/s/blog_d6a869e10101djjb. html。

第四节　内部控制要素与关联性

一、内部控制要素

借鉴 COSO 委员会 1992 年颁布的《内部控制——整合框架》，我国《企业内部控制基本规范》将内部控制的要素归纳为内部环境、风险评估、控制活动、信息与沟通、内部监督等五个方面。

（一）内部环境

内部环境主要包括：治理结构、机构设置与权责分配、内部审计机制、人力资源政策、企业文化等，是影响、制约内部控制的建立与执行的各种因素的总称，是实施内部控制的基础。主要包括：（1）治理结构，公司治理结构指的是内部治理结构，又称法人治理结构，是根据权力机构、决策机构、执行机构和监督机构相互独立、权责明确、相互制衡的原则实现对公司的治理，治理结构是由股东大会、董事会、监事会和管理层组成的，决定公司内部决策过程和利益相关者参与公司治理的办法，主要作用在于协调公司内部不同产权主体之间的经济利益矛盾，减少代理成本；（2）机构设置与权责分配，公司制企业中股东大会（权力机构）、董事会（决策机构）、监事会（监督机构）、总经理层（日常管理机构）这四个法定刚性机构为内部控制机构的建立、职责分工与制约提供了基本的组织框架，但并不能满足内部控制对企业组织结构的要求，内部控制机制的运作还必须在这一组织框架下设立满足企业生产经营所需要的职能机构；（3）内部审计机制，是内部控制的一种特殊形式。根据中国内部审计协会的解释，内部审计是指组织内部的一种独立客观的监督和评价活动，它通过审查和评价经营活动及内部控制的适当性、合法性和有效性来促进组织目标的实现。内部审计的范围主要包括财务会计、管理会计和内部控制检查。内部审计机制的设立包括内部审计机构设置、人员配备、工作开展及其独立性的保证等；（4）人力资源政策，包括员工雇佣、培训、评价、考核、晋升、奖惩等业务，向员工传达着有关诚信、道德行为和胜任能力的期望水平方面的信息，是影响企业内部环境的关键因素。一个良好的人力资源政策，能够有效地促进内部控制在企业中的顺利实施，并保证其实施的质量；（5）企业文化，体现为人本管理理论的最高层次。企业文化重视人的因素，强调精神文化的力量，希望用一种无形的文化力量形成一种行为准则、价值观念和道德规范，凝聚企业员工的归属感、积极性和创造性，引导企业员工为企业和社会的发展而努力，并通过各种渠道对社会文化的大环境产生作用。关于内部环境的具体内容将在第二章详细讲解。

（二）风险评估

风险是指一个潜在事项的发生对目标实现产生的影响。风险评估是企业及时识别、科学分析经营活动中与实现控制目标相关的风险，合理确定风险应对策略，是实施内部控制的重要环节。风险评估主要包括目标设定、风险识别、风险分析和风险应对。企业开展风险评估，首先，应当准确识别与实现控制目标相关的内部风险与外部风险，确定相应的风险承受度；其次，必须制定与生产、销售、财务等业务相关的目标，设立可辨认、分析和管理相关风险的机制，以了解企业所面临的来自内部和外部的各种不同风险；再次，企业应当在充分识别各种潜在风险因素的基础上，针对固有风险和剩余风险，采用定性与定量相结合的方法，按照风险发生的可能性及其影响程度等，对识别的风险进行分析和排序，确定关注重点和优先控制的风险；最后，企业应当在分析相关风险的可能性和影响程度基础上，结合风险承受度，权衡风险与收益，确定风险应对策略。关于风险评估的具体内容将在第三章详细讲解。

（三）控制活动

控制活动是指企业根据风险应对策略，采用相应的控制措施，将风险控制在可承受度之内，是实施内部控制的具体方式。常见的控制措施有：不相容职务分离控制、授权审批控制、会计系统控制、财产保护控制、预算控制、运营分析控制和绩效考评控制等。企业应当结合风险评估结果，通过手工控制与自动控制、预防性控制与检查性控制相结合的方法，运用相应的控制措施，将风险控制在可承受度之内。关于控制活动的具体内容将在第四章详细讲解。

（四）信息与沟通

信息与沟通是企业及时、准确地收集、传递与内部控制相关的信息，确保信息在企业内部、企业与外部之间进行有效沟通，是实施内部控制的重要条件。企业应当建立信息与沟通制度，明确内部控制相关信息的收集、处理和传递程序，确保信息及时沟通，促进内部控制有效运行。信息与沟通的要件主要包括信息质量、沟通制度、信息系统、反舞弊机制等。信息与沟通的方式是灵活多样的，但无论哪种方式，都应当保证信息的真实性、及时性和有用性。关于信息与沟通的具体内容将在第五章详细讲解。

（五）内部监督

内部监督是企业对内部控制建立与实施情况监督检查，评价内部控制的有效性，对于发现的内部控制缺陷及时加以改进，是实施内部控制的重要保证。从定义出发，内部监督主要有两个方面的意义：第一，发现内控缺陷，改善内部控制体系，促进企业内部控制的健全性、合理性；第二，提高企业内部控制施行的有效性。除此之外，内部监督也是外部监管的有力支撑。同时，内部监督机制可以减少代理成本，保障股东的利益。企业应当制定内部控制监督制度，明确内部审计机构（或经授权的其他监督机构）和其他内部机构在内部监督中的职责权限，规范内部监督的程序、方法和要求。内部监督包括日常监督和专项监督。企业应当在日常监督和专项监督的基础上，定期对内部控制的有效性进行自我评价，出具自我评价报告。关于内部监督的具体内容将在第六章详细讲解。

延伸阅读：

17 条原则——COSO 内部控制新整合框架（2013 年版）

二、内部控制要素关联性

（一）会计控制是各要素组成的动态系统

内部控制的内容由最初的行为控制到最新的八要素的变化，说明了内部控制的关注重心由单一个体向系统整体发展，而且站在全局的高度统领企业整体。会计控制如同内部控制一样，并不是各种制度、措施的简单加总，也不能简单地停留在只用制度加以规范的阶段，致使制度流于形式。因此，应转变传统观念，以新的角度诠释和思考，应认识到会计控制不仅是由多个因素组成的系统，而且在这个系统中，这些因素相互关联，形成了动态的过程，即内部会计控制的构建不仅涉及部门内的具体岗位设置、业务操作等相对细节的问题，更为重要的是它需要相关各职能部门的通力协作，共同营造良好的控制环境、关注业务的风险评估、在各负其责的同时加强部门间的信息沟通，只有这样，才能不断促进会计控制的良性运行，真正达到防范资金风险确保资金安全的目的。

（二）内部环境的建设是基础

会计控制作为一个系统或机制，离不开所存在的环境，而且在不同的环境下，会计控制作用的发挥程度不尽相同，会计控制作用是否有效，很大程度上取决于单位管理层对内部会计控制的重视程度、全体员工对内部会计控制认识的影响，它是充分有效的内部会计控制体系得以建立和运行的基础及保证，因此，应逐渐认识到内部环境也是内部会计控制的一个组成部分。许多案件的深刻教训也警示我们，案件的发生不是没有制度，而是制度没有得到真正落实，制度之所以落实难的原因就在于，没有一个良好的环境来约束人的行为，防范人的道德风险。因此，内部环境是基础，必须从营造良好的环境做起，提倡风险管理文化，增强员工的诚实性和道德观，即将风险管理意识贯穿到每一个员工、每一个部门、每一个岗位，使风险意识深入人心，同时强调全员的参与，塑造企业文化，形成良好的内部环境氛围。

（三）风险要素的管理是关键

控制的目的就是要防范风险，若不存在风险也就没有实施控制的必要，COSO 报告指出，所有的企业，不论其规模、结构与性质，其组织的不同层级都会遭遇风险，管理当局必须密切关注各层级的风险，并采取措施尽量将风险控制在可接受水平。随着计算机技术在会计核算中的运用，会计控制所涉及的风险包括法律风险、声誉风险、资产风险、信息技术风险、效率风险和操作风险，这些风险与核算业务的流程息息相关，因此，内部会计控制的构建应从风险因素出发，加强对业务资金流程的分析，即首先要按业务性质进行归类，找出各个流程中的主要风险点；其次要按照业务风险的信息结构和风险源的性质，有针对性地制定出科学适用的风险计量方法，同时要结合控制流程的概念，找出相应的控制措施，建立一套完备的业务流程风险控制体系。

（四）事前事中的控制是切入点

内部控制的目标是从控制当事人的行为观到提高会计信息质量的信息观、最终到管理企业风险战略观的转变，这是从事中控制到事前管理的发展，是从降低风险到风险控制直至风险管理的一个过程。同样，会计控制中事后控制的出现就是对事前、事中控制的不信任，也就是说，若事前、事中真能够做到把握住风险，事后控制存在的意义不大，另外，事后控制一般只就会计核算的“结果”进行监督，前台在核算及业务处理过程中，是否全面、严格地执行有关制度，事后控制只从所提供的核算资料的形式上进行审验或被动地接受前台的反映的结果，而且事后控制有其固有的局限性，即时间的滞后性，因此，要把风险在变为实际的损失之前降低到可接受的最低水平，真正做到防患于未然，就要加强事前、事中的控制，做到及早发现和识别，将风险消灭在萌芽状态。

（五）信息的沟通交流是保障

内部会计控制作为一个动态系统，它包括不同环节之间持续不断的信息流和资金流，其每个控制环节都执行不同程序并与其他环节相互作用与影响。因此，整体会计控制价值最大化的实现需要加强上下级之间、不同部门之间和同一部门内的交流和沟通。这就需要，一方面，某部门牵头组织各成员间的沟通，以实现信息共享，优势互补，有针对性地开展工作，同时有助于消除部门间的误解和疑虑；另一方面，各职能部门要加强自身员工间的沟通，培养和提高员工参与会计控制的意识，以便开展自评。由此可以看出，信息交流渠道是否畅通，直接影响内部控制动态过程的实现，同时也有助于控制环境的完善、风险管理的加强；否则，相关职能部门将处于相对封闭的状态，各自为战，造成信息资源的过度浪费。实践中，最有效的解决方法就是促使信息沟通的制度化，形成一种约束机制，有利于各职能部门在明确各自职责的同时，从整体上实现会计控制的目标。

第五节 内部控制原则与局限性

一、内部控制原则

内部控制原则是企业建立与实施内部控制应当遵循的基本指针。企业建立与实施内部控制应当遵循五项原则，即全面性、重要性、制衡性、适应性和成本效益原则。

（一）全面性原则

内部控制应当贯穿决策、执行和监督全过程，覆盖企业及其所属单位的各种业务和事项实现全过程、全员性控制，不存在内部控制空白点。

（二）重要性原则

内部控制应当在全面控制的基础上，关注重要业务事项和高风险领域，并采取更为严格的控制措施，确保不存在重大缺陷。重要性原则的应用需要一定的职业判断，企业应当根据所处行业环境和经营特点，从业务事项的性质和涉及金额两方面来考虑是否及如何实行重点控制。

（三）制衡性原则

内部控制应当在治理结构、机构设置及权责分配、业务流程等方面形成相互制约、相互监督，同时兼顾运营效率。制衡性原则要求企业完成某项工作必须经过互不隶属的两个或两个以上的岗位和环节；同时，还要求履行内部控制监督职责的机构或人员具有良好的独立性。

（四）适应性原则

内部控制应当与企业经营规模、业务范围、竞争状况和风险水平等相适应，并随着情况的变化加以调整。适应性原则要求企业建立与实施内部控制应当具有前瞻性，适时地对内部控制系统进行评估，发现可能存在的问题，并及时采取措施予以补救。

（五）成本效益原则

内部控制应当权衡实施成本与预期效益，以适当的成本实现有效控制。成本效益原则要求企业内部控制建设必须统筹考虑投入成本和产出效益之比。对成本效益原则的判断需要从企业整体利益出发，尽管某些控制会影响工作效率，但可能会避免整个企业面临更大损失，此时仍应实施相应控制。

【案例 1－4】卖场损失的最优控制选择

某卖场中经常出现损失问题，叫作货损。为了避免这一问题，该卖场制定了如下方案：

第一，如果每年花费 30 万元，在卖场中投入 10 个保安，此时货损为零；

第二，如果每年花费 6 万元，在卖场中投入 2 个保安，此时货损为 10 万元。

通过对比选择方案，如果追求完美主义，放弃成本原则，会选择前一种方案，需要花费 30 万元雇用保安；如果考虑成本效益原则，会选择后一种方案，货损 10 万元并花费 6 万元雇用保安。

由此可见，在实施内部控制过程中，企业需要认真思考成本效益原则。

二、内部控制局限性

内部控制只能为管理人员达到其目的提供合理的保证，因为内部控制有其固有的局限，即管理当局在制定其制度时，许多因素无法预料及许多内部控制本身就无法控制。一般来说，有如下几个主要局限。

（一）成本效益原则的限制

成本效益原则通常表现为理性的经济人总是以较小的成本去获得更大的效益，一般也被认为是经济活动中的普遍性原则和约束条件，因此，也同样适用于企业的内部会计控制。成本效益原则要求在实行内部会计控制花费的成本和由此而产生的经济效益之间保持适当的比例，当企业采用一项内部会计控制时，必须保证实施此控制所引起的成本增加小于其所带来的效益的增加。也就是说，实行内部会计控制所花费的代价不能超过由此而获得的效益，否则应舍弃该项控制措施。

一个内部会计控制制度是否能够有效运行，在一定程度上取决于它的运行成本。内部会计控制是按照一定程序进行的，而进行这些程序就必须要付出代价、发生成本。就一般情况而说，内部会计控制越多，其效果就越明显。过于简单的内部会计控制会使经营管理过程出现纰漏，从而达不到应有的效果。但是，在内部会计控制中，如果控制的环节增多，那么设置的岗位也必然会增加，如设置控制环节、设置岗位等。这就需要配备更多的人员对内部会计控制执行情况进行监督，同时也需要运用更好的技术手段，因此，内部会计控制系统运行的成本必然就会增加。而企业的经营者为了取得更高的效益，就极有可能取消一些内部会计控制的环节，来减少资源的消耗；还有一些规模较小的企业，本身的员工数量已经很有限，就更不可能在内部会计控制的每个环节都设置人员。这样，内部会计控制制度就不会充分发挥其作用。

（二）对例外业务失去作用

企业是处在一个无时无刻不在变动的市场中的，但其内部会计控制制度一般都是为曾经发生、重复发生的业务而设计的，这也使其对不正常的或未能预料到的“例外”业务类型失去控制力。

然而，在市场经济中，各单位的外部环境处于经常变化之中。单位为了生存和发展，势必要不断调整经营战略，或者并购其他单位，或者在外地开设分支机构，或者增设分部、部门生产线等。这样，就会导致原来的控制程序对新增加的经济业务不能完全有效，未能及时完善的原有内部会计控制制度就有可能产生差错和失去机会，给单位带来损失。

从单位内部来看，即使外部环境不发生变化，也可能导致类似问题。例如，单位实现会计电算化以后，会计核算的方法和手段都发生了根本性的变化，对内部会计控制的岗位、环节、程序等都提出了不同于手工核算的要求。在这种情况下，如果不建立新的控制制度，原来的控制制度就有很有可能失灵，从而影响内部会计控制的有效性。

（三）内部会计控制执行人员的素质带来的局限性

首先，内部会计控制制度受串通舞弊的限制。内部会计控制制度设立的理论基础是：两个或两个以上的人或部门犯同样错误的机会可能性很小；两个或两个以上的人或部门有意识的合伙舞弊的可能性也远远低于单独一个人或一个部门舞弊的可能性。不相容职务的分离的确可以为避免一个人单独从事和隐瞒不合规定的行为提供基本的保证，但是，它并不能完全防止两个或两个以上的人员和部门共同作弊行为的发生。例如，出纳与会计共同作弊，财产保管与财产核对人员合伙造假，采购部门与会计部门联合舞弊，审计部门与会计部门合伙舞弊等。可见，再完备、再严密的内部会计控制措施也不能发挥其应有的作用。

其次，内部会计控制还受到人为错误的限制。内部会计控制制度是由人设计建立的，发挥作用的关键在于执行人员的实际运作水平。任何“完美的”内部会计控制系统，都会因设计人经验和知识水平的限制而带有缺陷。同时，执行人员在心理上和行为上不能达到内部会计控制制度的基本要求，出现粗心大意、精力分散、判断失误以及对指令的误解等情况，也可能使内部会计控制系统陷于瘫痪。例如，发货时没有索要提货单，对方发票上的总金额计算错误而未被发现，签发支票时未审查其用途等，都会使内部会计控制系统失效。

（四）管理层凌驾造成的局限性

如果企业内部行使控制职能的管理人员不能正确地履行自己的职能，而滥用职权、蓄意营私舞弊，那么即使设计良好的内部会计控制，也不会发挥其应有的效能。

一般来讲，高层管理人员越权行使职能的行为大大限制了内部会计控制制度作用的发挥。单位的高层管理人员处于单位的核心管理层和决策层等权力核心，在许多情况下，如果他们对单位的经济活动进行越权干预，必然会导致一些控制程序的失效。这是因为一旦单位的高层管理人员越权，任何控制程序都不能制约其行为；当他们极力造假、故意错报或瞒报财务状况和经营成果时，内部会计控制程序本身就很难发挥作用。因此，一个单位的内部会计控制在很大程度上受到管理当局的职权是否规范和是否有效地行使的限制。这是当前单位经济活动中内部会计控制制度不能有效发挥作用的关键因素之一。

【案例1－5】“老鼠看粮仓”：河北邯郸农行金库被盗数千万元

检察机关指控，2007年3月，邯郸农行管库员任晓峰、马向景密谋盗取金库现金购买彩票。同年从3月16日开始，两人在17天内作案20多次，为了填补以前的亏空，他们盗用金额也逐日增加。4月13日，他俩一次从金库中拿走1000万元巨款，第二天，又用6个箱子，装走1800万元现金。共计3295.605万元，在彩票投注站购买彩票。

直到后来人们才意识到，对管库员人品的选择原来如此重要。任晓峰好赌，马向景则嗜酒贪玩，单位却不经考察而把关键岗位的金库钥匙交到这样两个人手里。而在此前，事实上任晓峰已经无法直接接触到金库了，2007年3月，邯郸农行调整岗位，居然做出让“老鼠看粮仓”的决定，本来就手痒难耐的任晓峰和对他非常信任的马向景成了管库员。任晓峰掌握主钥匙和密码，马向景掌握副钥匙，两人一起便可以打开金库。

在案件审理中，一位旁听记者感叹：那个银行金库成了任晓峰和马向景家的后院，他和马向景拿走几千万元，就像随手拿走自家储存的大白菜一样容易。

思考：上述案例中主要反映了哪些内部控制局限性？

资料来源：邯郸农行金库被盗案引发思考，赌徒引发悲剧，http://news.sohu.com/20070810/n251513108.shtml。

本章案例分析

染赌瘾起歪心，钻漏洞挪公款

2001年某月的一天上午，原江苏省某厅财务处会计陆某突然在家割腕自杀，因后悔不想死，遂向警方投案自首。经警方调查，陆某在20世纪90年代初期因业务关系去了南方，在那里染上了赌瘾，他赌球、玩纸牌、打麻将，样样都来，可他瘾大水平低，输钱像流水，少则几千元，多则上万元。陆某输钱后，就将罪恶之手伸向公款。1999年，陆某从某厅会计处借调到某部驻南京特派员办事处办公室做会计。当时办公室有两人，一名主任，陆某负责现金出纳并兼做会计，财务印章在主任处保管，每次陆某去银行取钱前都必须到主任处盖章。这种制度刚开始尚能坚持，久而久之，因主任感到麻烦，并出自对陆某的信任，允许陆某每次去银行取钱时，直接到柜中取印章来盖。陆某钻管理上的漏洞偷偷盖了许多现金支票，每当输了钱就用盖了章的现金支票去银行取钱继续赌。经检察机关查明，陆某自1999年以来借管理支票之便，私盖财务印章，从银行提取现金，挪用公款达百万元。陆某当时之所以自杀，是因为自杀当天是单位发工资日，而单位银行账上余款因陆某大量挪用公款赌博已不足以支付职工工资，陆某因躲不过去而自杀。2001年初，陆某因挪用公款罪被判6年有期徒刑。

资料来源：根据资料整理，http：//blog. sina. com. cn/s/blog_642e97700100jt49. html。

讨论题：

1. 陆某屡次挪用公款却没有被察觉，从中我们应该吸取哪些教训？
2. 该厅财务处在货币资金的内部管理上存在哪些问题，应如何加强？

延伸阅读：

山西票号内部控制

复习思考题

1. 内部控制是否等同于内部牵制，为什么？
2. 内部控制是企业自己的事，与政府无关？
3. 内部控制就是单位里的一系列规章制度，主要是为了防止和杜绝舞弊？
4. 内部控制越严越好，要做到最严？
5. 内部控制就是控制成本，但是有时效率可以作为弱化或逾越内部控制的理由？
6. 判断以下观点是否正确，为什么？

（1）内部控制可以确保财务报告的可靠性和法律法规的遵循性。

（2）内部控制可以确保企业的成功——它能确保企业实现基本经营目标，至少能保证企业的生存。

7. 内部控制的目标有哪些？简述内部控制目标之间的关系。

能力拓展题

请在财政部网站查找我国上市公司内部控制规范，简要阐述其主要内容，并分析其产生的国内外时代背景。

第二章

内部环境

【案例导入】

内部环境的重要性与沃尔玛的成功

控制环境是指对建立、加强或削弱特定政策、程序及其效率产生影响的各种要素，是一种氛围，塑造企业文化，影响企业员工的控制意识，影响企业内部各成员实施控制的自觉性，决定其他控制要素能否发挥作用，是内部控制其他要素作用的基础。控制环境直接影响到企业内部控制的贯彻和执行以及企业经营目标及整体战略目标的实现。零售巨头沃尔玛公司，截至2019年，已连续9年蝉联《财富》世界500强排行榜榜首，处处显示着良好的控制环境及其对沃尔玛成功的关键性影响。

一、诚信的原则和道德价值观

诚信原则及其相应的道德价值观体现了市场经济条件下内部控制的核心。沃尔玛的企业道德价值观可归纳为“我为人人，人人为我”。“我为人人”，沃尔玛站在顾客角度提出天天平价、三米微笑、200%满意等原则。三米微笑原则要求员工要对三米以内的顾客微笑，规定员工认真回答顾客的提问，永远不要说“不知道”。200%满意原则表现在鲜食部门的自制食品出现任何质量问题，沃尔玛都保证退货并免费赠送一份。“我为人人”的价值观爆发出了惊人的效果。种下“我（沃）为人人”的因，结出了“人人为我（沃）”的硕果。

二、评定员工的能力

员工的能力在企业经营管理中的作用绝对重要，管理者的素质直接影响到企业的行为，进而影响到企业内部控制的效率和效果。沃尔玛将员工称为“合伙人”，他们是沃尔玛最宝贵的资源。沃尔玛人始终坚持“日落原则”，也就是下班之前把当天的问题全部解决。星期六早晨的集会上，沃尔玛会邀请有能力有想法的员工分享心得，沃尔玛最好最有创造力的想法通常来自店内员工，沃尔玛也对此进行奖励和表彰。沃尔玛通过培训主动帮助员工提高工作能力，并给员工平等竞争机会。沃尔玛员工凭着充满凝聚力的团队精神、努力工作的态度、来自于小镇美国人真诚待人的风貌，不断创造着沃尔玛奇迹。

三、董事会

董事会是公司内部控制系统的核心，它必须为公司的经理层制定自身利益博弈的规则。沃尔玛的董事会及其成员在内控制度的有效运行中充分发挥了作用，他们坚持董事应有的有效牵制原则，使得公司高层做出的决策具有高度预见性和创造力。在沃尔玛管理层提出要建立自己的卫星系统时，山姆·沃尔顿是不太赞成的。然而公司的其他高层勇于不断地向山姆施压，并以大量的数据证明了建立卫星系统的可行性以及将会给沃尔玛带来的巨大效益。在他们的不懈努力下，山姆终于让步了，沃尔玛投资4亿美元由休斯公司发射了一颗商用卫星，实现了全球联网。从此以后，沃尔玛凭借先进的电子信息手段，做到了商店的销售与配送保持同步，配送中心与供应商运转一致，提高了工作效率，降低了成本，使得沃尔玛超市所售货物在价格上占有绝对优势，成为消费者的重要选择对象。正因为这种高速的信息处理与沟通系统，为沃尔玛的经营活动带来了高效率和高利润。

四、管理哲学和经营风格

企业制定的任何制度都不可能超越设立这些制度的人，企业内部控制的有效性同样也无法超越那些创造、管理与监督制度的人的人文理念和价值观。沃尔玛公司的创始人山姆·沃尔顿崇尚节俭，沃尔玛始终坚持低加价的零售经营模式。在这种控制环境影响下，沃尔玛的采购、管理等采取了最低成本的策略，如向制造商直接采购并与制造商谈判以获得尽可能低的采购价格；建立分销中心尽可能实现规模化的低成本物流；严格控制管理费用在销售额的2%之内。在此基础上，沃尔玛售出商品的加价率坚持绝不超过30%，将尽可能多的利润让给客户，由此带来价格最低以符合消费者最大利益最节俭的销售理念。除此之外，沃尔玛管理者其他诸如勇敢坚韧、善于创新、精力充沛、诚实公正等风格也深刻渗入了沃尔玛的企业文化。

五、组织结构

企业的组织结构模式影响经营效率和效果，也从侧面体现了公司控制权的配置和行使。沃尔玛商店在美国星罗棋布，但的机构精简度为人称道。沃尔玛每家分店由1位经理和至少2位助理经营管理，经理负责整个商店的运营，助理经理则分别负责耐用商品和非耐用商品的管理；他们又领导着36个商品部门经理。商店经理向地区经理汇报工作，每位地区经理约负责12家分店。地区经理又向区域副总裁汇报工作，每位副总裁下又设3—4位地区经理。最后，区域副总裁向公司执行副总裁汇报工作。另外还有2位高级副总裁分别负责新店发展和公司财务等。该套组织结构体系中，各区域副总裁是核心，他们负责整个公司的沟通和运营管理。虽然沃尔玛扩展迅速，但是这一管理结构基本仍然与初建时同样简单、精练和有效。

六、责任的分配和授权

责任的分配和授权是现代企业委托代理管理的延续，它依附于企业组织结构的构建。沃尔玛的成功法则之一就是公司高管善于授权和监督。沃尔玛高层甚至认为十分有必要将责任和职权下授给第一线的工作人员，尤其是清理货架和经常接触顾客的部门经理，沃尔玛采取“店中有店”的方法（每个人所负责的区域就是一个“店”，每个人就是自己店的总经理）授权部门经理管理自己的业务，只要能力足够，这些“店中店”被允许有极高的销售额。在此基础上，沃尔玛认为信息共享下的授权才会真正起作用，对于员工来说，所有的资料如经营方式、采购价格、运输成本和利润都是透明的，达到有效监督目的。适当的授权和良性的竞争调动了每一个员工的职权、积极性和创造性，以人为本的内控制度得以展开。

七、人力资源政策和实务

一个好的人事政策和实务，能确保执行公司政策和程序的人员具有胜任能力和正直品行。沃尔玛用人唯贤，并不太注重学历，有能力有激情有经验的人才更受重视；与此同时，沃尔玛还为每位员工提供了培训计划，公司绝大多数经理人员都是通过公司的管理培训逐级提拔上来的。沃尔玛的人才政策具有极强的抗风险性，很多高管都是任命于公司危难之时。著名的“周六夜屠杀”几乎使沃尔玛分崩离析，前总裁罗恩离职，并带走了6名核心高管人员，沃尔玛遇到前所未有的经营风险。山姆临危任命杰克·舒梅克和大卫·格拉斯为执行副总裁，分管商品经营和财务分销。杰克年轻而富有激情，大卫冷静而富有经验，但他们都才智过人，在他们领导和集体员工的努力下，“周六夜屠杀”并未使沃尔玛垮台。大危机中求生存，体现人力资源政策对风险控制的重要性。

资料来源：慢钱头条，“【管理】内控环境的重要性在沃尔玛成功案例中的论证”。

第一节　内部环境概述

一、内部环境的构成要素

根据《企业内部控制基本规范》的定义，“内部环境是企业实施内部控制的基础，一般包括董事会与审计委员会、组织结构、发展战略、授权与分配责任、人力资源管理、社会责任、企业文化等”。内部环境构成要素、主要内容及作用如表 2 - 1 所示。

表 2 - 1　　内部环境构成要素、内容与作用

内部环节因素	主要内容	作用
公司治理结构	股东（大）会、董事会、监事会、经理层、审计委员会、内部机构及职责划分	保障性作用
内部审计	内部审计机构设置、人员配备和工作独立性	基础性作用
人力资源政策	员工聘用、培训、辞退、薪酬、考核、晋升、奖惩等	基础性作用
企业文化	价值观、社会责任感、风险意识、法制观念	关键性作用

二、内部控制与内部环境的关系

内部环境是内部控制的基础。内部环境是内部控制各要素中的一个非常关键的要素，它直接影响着内部控制的价值观念、风险偏好、组织形式和管理风格，也是企业内部控制其他要素发挥作用的基础，决定了其他控制要素能否发挥作用，对企业内部控制系统的实施以及职能的发挥产生重大、持久的影响。

内部环境与内部控制相互联系又相互依存。作为环境和制度，两者相互区别，但在内容上相互联系。内部环境中一些内容如不容职务相分离、董事会与经理层之间的职责划分和授权控制等也属于内部控制。两者处理的都是董事会、经理层和其他人员之间的关系。同时，两者也相互影响。内部环境功能作用的有效发挥，需要以健全完善的内部控制的有效运行来推动；完善的内部环境有利于内控制度的建立和执行，会促进内部控制的不断健全、完善和有效运行。

内部环境与内部控制相互制衡。内部牵制既是内部控制的一个基本的原则，也是内部控制的一个基本内容，事实上，早期的内部控制概念发端于内部牵制。由于受 COSO 报告将处于公司治理核心地位的董事会纳入内部环境的影响，内部控制环境运行得好坏又与公司治理紧密关联，完善内部环境就需要建立董事会、监事会、经理层等之间的相互牵制、相互制衡关系。

内部控制与内部环境的互动关系。企业内部环境与内部控制之间是一种互动关系，而并非一种单向的传递或影响力的主从关系，或简单的决定与被决定、适应与不适应、选择与被选择的关系。两者在企业运过程中形成相互依赖、相互作用、相互渗透、相互制约、相互促进的良性循环。完善的内部环境对内部控制运行至关重要；反过来，内部控制也并不只是被动适应内部环境，而是可以根据内部环境的特性及动态变化的一般规律，通过内部控制管理的深入和创新，改善和控制内部环境。

延伸阅读：

富士康控制有余，沟通不足

第二节　董事会与审计委员会

公正是审计的灵魂，客观是审计的基石。

一、董事会和审计委员会的概述

董事会是企业内部控制系统的核心，是约束经营者行为的有效机制。现代企业法人治理结构的一个显著特点就是经营权与所有权分离。从理论上讲，对经营者的控制机制可分为两大类，一种是以资本市场、产品市场以及法律规章制度为主体的外部控制机制；另一种是以董事会为主体的内部控制机制，加强董事会建设是实现对经营者控制的最有效的方法。

内部审计是企业营造守法、公平、公正的内部环境的重要保证，是监督内部控制执行和评价内部控制效果、促进内部控制完善的一种机制。审计委员会除负责审查企业内部控制、监督内部控制的有效实施和内部控制自我评价情况外，还有助于保证董事会与企业外部及内部审计人员之间的直接沟通。

董事会和审计委员会相对于管理层的独立性、董事会和审计委员会成员的经验和道德境界、其参与和监督企业的活动范围及其行为的适应性、对管理层提出问题的深度和广度、董事会和审计委员会与外部审计师的关系等是企业风险防范机制的基础。在董事会中，必须有足够数量的独立董事，他们不但要提供合理的建议、咨询和指导，而且还要对管理层形成必要的牵制。

二、董事会在内部环境中的地位与功能

总的来说，居于现代企业管理制度的条件下，董事会的存在在大众眼中一般是属于承上启下的被委托管理代表。董事会相对于股东大会来讲：它是企业内部重大决策决定权的被委托者；另一层面，董事会对于不同的管理层来讲又是企业内部重大决策决定权运行的实施者。作为两者重要的沟通枢纽，董事会更应该将旧时代“一人独揽大权”的局面彻底转换，实现平等地交流、决策企业重大决定。

从董事会在企业内部控制制度构建中的地位来看，董事会具有以下作用：实现企业外部沟通协调代表的作用，通过各种活动建立与各个利益体的关系。另外，董事会不仅仅要将决策眼光放在企业长期的发展目标上，还应该同时考虑到企业内部股东眼前的既得利益，而且

还需要将企业发展的各种决策和方案置于国家法律允许的范围之内，符合现阶段的法律法规以及企业本身的规章制度。企业内部控制流程中最关键的部分是董事会管理，由于董事会拥有着对整个企业的控制管理权，作为整个企业的运作枢纽以及利益决定场所在现阶段的运营当中，企业的经营活动当将精力注重在人力资源的培训建设、对小股东、债权人以及企业内部普通员工权益的维护管理上。新世纪的企业长效发展离不开高效的内部控制管理，而这一重任已落到企业董事会的肩膀上。

三、董事会责任的相关规定

（一）我国内部控制规范对董事会责任的规定

《企业内部控制基本规范》重点对董事会责任作出了新的要求，指出企业董事会应当充分认识自身对企业内部控制所承担的责任，加强对本企业内部控制建立和实施情况的指导和监督。

1. 董事长（或者法定代表人、代表企业行使职权的主要负责人，以下简称董事长）对本企业内部控制的建立、健全和有效实施负责。

2. 经理（或者总裁、厂长，以下简称经理）根据法定职权、企业章程和董事会的授权，负责组织领导本企业内部控制的日常运行。

3. 总会计师（或者财务总监、管财务会计工作的负责人，以下简称总会计师）在董事长和经理的领导下，主要负责与财务报告的真实可靠、资产的安全完整密切相关的内部控制的建立、健全与有效执行。

4. 在董事会下设立审计委员会的企业，应当保证审计委员会成员具备良好的职业操守和专业胜任能力，审计委员会及其成员应当具有相应的独立性。审计委员会应当直接对董事会负责。上市公司的审计委员会主席一般应由独立董事担任，非上市公司的审计委员会主席应由独立于企业管理层的人员担任。

企业应当赋予审计委员会监督企业内部控制建立和实施情况的相应职权。审计委员会在企业内部控制建立和实施中承担的职责一般包括：

（1）审核企业内部控制及实施情况，并向董事会做出报告。

（2）指导企业内部审计机构的工作，监督检查企业的内部审计制度及实施情况。

（3）处理有关投诉与举报，督促企业建立畅通的投诉与举报途径。

（4）审核企业的财务报告及有关信息披露内容。

（5）负责内部审计与外部审计之间的沟通协调。

未设立审计委员的企业，应当由董事会授权或者企业章程规定的有关机构承担上述职责。

（二）美国《萨班斯—奥克斯利法案》对董事会责任的规定

1. 关于董事会和高级经理责任的规定

（1）上市公司所有定期报告（包括公司依照 1934 年《证券交易法》的规定编制的财务报表）应附有公司 CEO 与 CFO 签署的承诺函。承诺函的内容包括：确保本公司定期报告财务报表及信息披露的适当性，保证此财务报表及信息披露在所有重大方面都公允地反映了公司的经营成果及财务状况。

（2）CEO 与 CFO 必须返还由于其行为不当而获得的奖金、红利或权益性报酬，如在公司定期报告中发现因实质性违反监管法而被要求重编财务报表时，公司的CEO、CFO应当将12个月内从公司收到的所有奖金、红利、其他形式的激励性报酬以及买卖本公司股票所获得的收益返还给公司。

（3）发行个人不得向公司董事或高级经理提供个人贷款，若有10%的股权变动，必须在两个营业日内披露，并且在养老金计划管制期内，其持有该公司的股票不得进行交易或从中牟利。

（4）如果公司CEO、CFO事先知道违规事项，但仍提交承诺函，最多可以判处10年监禁以及100万美元的罚款。对于故意做出虚假承诺的，最多可以被监禁20年并判处500万美元的罚款。

2. 关于董事会下设审计委员会的主要规定

（1）发行人必须建立“完全独立”的审计委员会。为保证独立性，审计委员会必须完全由“独立董事”担任组成，独立董事不得是公司或者子公司的关联人士，其中至少有一位是财务方面的专家。

（2）审计委员会以董事会下属委员会的身份，对聘用会计师事务所、决定其报酬事项必须及时报告审计委员会。

（3）为保证审计委员会能够及时发现公司的会计与审计问题，还需要建立一套举报处理或投诉的工作程序以及相应的监测系统、反应机制。

《萨班斯—奥克斯利法案》的颁布与实施弥补了美国现有公司治理结构的缺陷和监督管理体系上的漏洞，为监管机构查处会计舞弊提供了强有力的法律武器，使公司的激励机制与责任追究机制实现了某种平衡。

【案例2－1】三鹿集团治理失败起底

河北石家庄三鹿集团股份有限公司（以下简称“三鹿集团”）是国内最大的奶粉生产企业，在乳制品加工企业中位居全国第三名，作为农业产业化国家重点龙头企业和河北省、石家庄重点支持的企业，三鹿集团先后荣获全国轻工业十佳企业、全国质量管理先进企业、科技创新型星火龙头企业、中国食品工业优秀企业、中国优秀诚信企业等省以上荣誉称号两百余项。就是这样的一个优秀企业，在2018年9月11日，被爆出婴幼儿配方奶粉掺杂有毒化学物质三聚氰胺，三鹿集团也被迅速推向破产边缘，并引发中国奶业的“大地震”，田文华由此成为中国乳业的“罪人”。2019年1月22日，“三鹿案”一审宣判，田文华被判无期徒刑。

从内部环境的角度来看，三鹿集团的大股东是三鹿乳业公司，享有56%的控股权。第二大股东是新西兰恒天然集团，持有三鹿集团43%的股份。其余1%的零散股份由小股东持有。从表面上看，三鹿集团具有形成良好治理的所有权结构。但大股东三鹿乳业公司推行的是员工持股，并且由经营者持大股，96%左右的股份由900多名老职工拥有，其余股份由石家庄国资委持有。因此，三鹿集团的实际控制人或者说股份相当分散。以田文华为代表的强势管理层的存在，使得三鹿集团的治理结构演变成内部人控制。

资料来源：改编自百度文库《三鹿集团内部控制案例分析》，2014年4月15日。

第三节 组织结构

经营企业，是许多环节的共同运作，差一个念头，就决定整个失败。

——松下幸之助

一、组织结构的概念及其作用

所谓组织结构是指在组织理论的指导下，经过组织设计，由组织要素相互连接而成的相对稳定的结构模式，是企业生存发展的基础和有力支撑，企业组织结构的建设是企业治理结构、企业管理组织结构、企业生产运作组织结构及企业间组织结构动态平衡的发展过程，并且各子系统之间相辅相成、相互适应。对传统企业组织结构和新的企业环境的矛盾，唯有进行创新才是企业的根本出路。有利于企业发展的组织结构，没有固定的模式，但一般都具有扁平化、网络化、柔性化、虚拟化、多元化等特征。相关的组织结构包括确定权利与责任的关键界区，具体应考虑的几个方面如下：组织结构的适合性及其提供管理企业所需信息的沟通能力；各主管人员所担负的责任，判断其是否具备足够的知识和丰富的经验；当环境改变时，企业能够改变其组织结构的程度；员工的充足程度。

任何企业要达到其整体目标，必须以一定的组织结构为基础。企业的组织结构提供了计划、执行、控制和监督活动的框架，确定了关键界区的权利与责任，确立了适当的沟通与调节渠道以及保证各级负责人具有与其所履行的职责相适应的知识、经验和能力。

二、组织结构设计与运行的关键风险点

《企业内部控制应用指引第 1 号——组织架构》第九条指出，企业至少应当关注组织结构设计与运行中的下列风险：治理结构如同虚设，缺乏科学决策、良性运行机制和执行能力，可能导致企业经营失败，难以实现发展战略；内部机构设计不科学，权责分配不合理，可能导致机构重叠、指责交叉或缺失、推诿扯皮、运行效率低下。

三、内部机构的设计与运行

（一）内部机构的设计

内部机构的设计是组织架构设计的关键环节，企业应当结合经营业务的特点和内部控制的要求进行内部机构设计。

1. 按照《企业内部控制应用指引第 1 号——组织架构》第六条的要求，企业应当按照科学、精简、透明、制衡的原则，综合考虑企业的性质、发展战略、文化理念和管理要求等因素，合理设置内部职能机构，明确各机构的职责权限，避免职能交叉、缺失或者权责过于集中，形成各司其职、各负其责、其相互制约、相互协调的工作机制。常见的职能包括规划、采购、生产、销售、人事、会计、后勤等。

2. 按照《企业内部控制应用指引第 1 号——组织架构》第七条的要求，企业应当对各机构的职能进行科学合理的分解，确定具体岗位的名称、职责和工作要求等，明确各个岗位的权限和相互关系。在内部机构设计过程中，企业尤其应当遵循不相容岗位相分离原则，努

力识别出不相容职务。不相容职务通常包括：可行性研究与决策审批；决策审批与执行；执行与监督检查；等等。

3. 按照《企业内部控制应用指引第1号——组织架构》第八条的要求，企业应当制定组织结构图、业务流程图、岗（职）位说明书和权限指引等内部管理制度或相关文件，使员工了解和掌握组织架构设计及权责分配情况，正确履行职责。需要特别指出的是，就内部机构设计而言，建立权限指引和授权机制非常重要。有了权限指引，不同层级的员工就知道该如何确定形式并承担相应的责任，也有利于考核评价。授权机制是指企业各项决策和业务必须有适当权限的人员办理，这一权限通过公司章程约定或者其他适当方法授予。

4. 对"三重一大"的特殊考虑。无论是上市公司还是其他企业，在企业中发生的重大经济案件大多涉及"三重一大"问题，即"重大决策、重大事项、重要人事任免及大额资金使用"问题。《企业内部控制应用指引第1号——组织架构》第五条明确要求，企业的重大决策、重要事项、重要人事任免及大额资金支付业务等，应当按照规定的权限和程序实行集体决策审批或者联签制度。任何个人都不得单独进行决策或者擅自改变集体的决策意见。此项规定是我国企业近十几年的成功经验和失败教训的总结，可以有效避免"一言堂""一支笔"现象。

（二）内部机构的运行

《企业内部控制应用指引第1号——组织架构》第九条中明确指出，企业梳理内部机构设置，应当重点关注内部机构设置的合理性和高效性等。内部机构职能设置和运行中存在职能交叉、缺失或者运行效率低下的，应当及时解决。

1. 内部机构设置的合理性

从合理性角度对企业内部机构设置情况进行梳理，应当重点关注：（1）内部机构设置是否适应内外部环境的变化；（2）是否以发展目标为导向；（3）是否满足专业化的分工和协作，有助于企业提高劳动生产率；（4）是否明确界定各机构和岗位的权利与责任，不存在权责交叉重叠，不存在只有权利而没有相对应的责任和义务等。

2. 内部机构运行的高效性

从高效性角度对企业内部机构的运行情况进行梳理，主要关注以下三方面：（1）职责分工的效率。在现代市场经济中，企业面临的市场环境日益发生变化，内部各机构的职责分工也应当针对市场环境的变化及时调整。特别地，当企业面临重要事件或重大危机时，各机构间表现出的职责分工协调性，可以较好地检验内部机构运行的效率。（2）权力制衡的效率。企业应当定期评估内部机构的权利制衡机制是否有效，关注机构的权力是否过大并存在监督漏洞、机构权力是否被架空、机构内部或各机构之间是否存在权力失衡等。（3）信息沟通的效率。企业梳理内部机构的高效性，还应关注内部机构运行是否有利于保证信息的及时顺畅流通，在各机构间达到快捷沟通的目的，评估内部机构运行中的信息沟通效率，一般包括信息在内部机构间的流通是否通畅，是否存在信息阻塞；信息在组织架构中的流通是否有助于提高效率，是否存在舍近求远沟通的情况。例如，某公司在治理结构和内部机构之间，以及内部机构之间，以及内部各机构之间建立了一套双向沟通机制，以达到打通信息纵向与横向流通渠道的目的。

四、组织结构的评价与调整

企业对治理结构和内部机构进行全面梳理的基础上，还应当定期对组织结构的设计和运行的效率和效果进行综合评价，旨在发现可能存在的缺陷并及时优化调整，使公司的组织结构始终处于高效运行的状态。企业组织结构的调整应当充分听取董事、监事、高级管理人员和其他员工的意见，按照规定的权限和程序进行决策审批。

总之，只有不断健全公司法人治理结构，持续优化内部机构设置，才能成为企业的内部控制和风险管理奠定扎实的基础，才能提升企业的经营管理效能，在当前激烈的国内外市场经济竞争中保持健康可持续发展。

【案例2－2】华为技术有限公司组织结构的变迁

华为技术有限公司（以下简称“华为”）由成立之初的小型电话交换机代售（电信网络解决方案供应商）。主营交换、传输、无线和数据通信类电信产品。经过20多年的不断调整、发展与壮大，经历了多次的战略和组织结构的变革，如今已成为以通信业为主的大型综合性现代化企业，华为从最初被动地进行组织结构的变革发展到为强化竞争力而主动地、有意识地去让组织结构适应环境的发展，正是其不断发展壮大的动力之一。创立于1987年的华为，现如今其业务主要一分为三个方面：通信设备、企业网、终端。华为以通信设备为主业仅次于爱立信，位居全球第二。华为终端成立于2011年，主要生产无线网卡、智能手机、平板电脑等。其中智能手机自2013年起全球出货量排名全球第三，仅次于苹果三星。

在华为公司成立的初期，由于员工数量较少（仅有6人），产品的研发种类也比集中，组织结构比较简单，因此，采取直线制管理结构，这种管理制度权责分明、协调容易、快速反应，使得华为在创业初期迅速完成了原始资本的积累。

之后，随着华为企业的发展壮大，2003年，华为对组织结构进行了重大调整，由以往集权式结构向产品线结构改变，以应对快速变化的市场。

2007年，华为再次进行变革，将地区部升级为片区总部，成立七大片区，各大片区拆分为20多个地区部，指挥作战中心进一步向统一战线转移。

2010年，华为成为重新梳理业务部门，原来按照业务类型划分为设备、终端、软件服务等，按照客户类型划分为面向企业、运营商、消费者及其他业务。

华为公司在2011年划分为三大运中心（BG）进行运作，华为称，包括运营商网络BG、企业业务BG、消费者BG。此外，还有其他业务，各BG是面向客户端的运营责任中心。

第四节　发展战略

没有战略的企业就像一艘没有舵的船，只会在原地转圈。

——乔尔·罗斯

一、发展战略的内涵与风险点

（一）发展战略的内涵

《企业内部控制应用指引第 2 号——发展战略》第二条指出：发展战略，是指企业在对现实状况和未来趋势进行综合分析与科学预测的基础上，制定并实施的长远发展目标与战略规划，也即就是一个企业应该做什么，不能做什么；应该怎么做，不能怎么做；应该有什么样的目标，不能有什么样的目标。对这三个问题的回答就是战略。而这三个问题，绝对是企业生存发展的大问题。

发展战略的意义：(1) 它可以为企业找准自己的行业和市场定位；(2) 它是企业执行层的行动指南；(3) 它为内部控制设定了最高目标。

（二）发展战略制定和实施的关键风险点

《企业内部控制应用指引第 2 号——发展战略》第三条指出，企业制定与实施发展战略至少应当关注下列风险：(1) 缺乏明确的发展战略或发展战略实施不到位，可能导致企业盲目发展，难以形成竞争优势，丧失发展机遇和动力；(2) 发展战略过于激进，脱离企业实际能力或偏离主业，可能导致企业过度扩张，甚至经营失败；(3) 发展战略因主观原因频繁变动，可能导致资源浪费，甚至危及企业的生存和持续发展。

二、发展战略的制定

（一）建立和健全发展战略制定机构

根据《企业内部控制应用指引第 2 号——发展战略》第六条的要求，企业应当在董事会下设立战略委员会，或指定相关机构负责发展战略管理工作，履行相应职责。战略委员会的成员应当具有较强的综合素质和实践经验，其任职资格和选任程序应当符合有关法律法规和企业章程的规定。

企业董事会应当确定战略委员会的职责和议事规则，对战略委员会会议的召开程序、表决方式、提案审议、保密要求和会议记录等做出规定，确保议事过程规范透明、决策程序科学民主。

（二）影响发展战略的因素分析

影响发展战略制定的关键因素有企业外部环境和内部资源两个方面。其中，企业外部环境是制定发展战略的重要影响因素，包括企业所处的宏观环境、行业环境及竞争对手、经营环境等。

1. 宏观环境因素分析

宏观环境是指那些在广阔的社会环境中影响到一个产业或企业的各种因素，用 PEST 分析考察环境的构成，如政治、经济、社会、科学等因素。

影响企业发展战略的因素还有：企业经营环境变化的风险、科学技术发展的风险、走向国际化的风险、企业内部发展的风险、资本运营的风险。

2. 行业环境及竞争对手分析

企业应当加强对所处行业的调研、分析、发现影响该行业盈亏的决定性因素，及预期的营利性这些因素的变动情况。行业分析最常用的工具是五力模型。

3. 经营环境分析

是指企业侧重于对市场及竞争地位、消费者消费状况、融资者、劳动力市场状况等因素的分析。经营环境比宏观环境和行业环境更容易为企业所影响和控制，也更有利于企业主动应对其所带来的机会和威胁。

对于企业内部资源因素，由于内部资源是企业发展战略的重要制约条件，因此包括企业资源、企业能力、核心竞争力等各种有形和无形资源。分析企业拥有的内部资源和能力，应当着重分析这些资源和能力使企业在同行业中处于何种地位，与竞争对手相比，企业有哪些优势和劣势。

（三）制定发展战略

发展战略可以分为发展目标和战略规划两个层次。其中，发展目标是企业发展战略的核心和基本内容，是在最重要的经营领域对企业使命的具体化，表明企业在未来一段时期内所要努力的方向和所要达到的水平。战略规划是为了实现发展目标而制定的具体规划，表明企业在每个发展阶段的具体目标、工作任务和实施路径。

发展目标的制定原则：

第一，突出主业。当前我国少数大型企业存在盲目投资非主业的现象，引发了社会各界的广泛议论。因此，企业在制定发展目标时要突出主业，努力将其做精做强，不断增强核心竞争力，在行业和产业发展中发挥带头引领作用，这也是许多成功跨国公司的重要经验。

第二，稳扎稳打。为追求“超常规”“跨越式”发展，当前有些企业制定过于激进的发展目标。但这种所谓“跨越式”的发展，在企业内部管理能力难以跟上、风险管理水平不匹配的情况下，一旦外部环境发生一点“风吹草动”，企业很可能顷刻间“灰飞烟灭”，迅速走向衰败。

第三，适当开拓性。当然，企业的发展目标也不能过于保守，应当具备适当的开拓性，否则会丧失发展机遇和动力。在过于保守的战略引导下，企业由于发展目标易于实现而故步自封，长此以往在激烈的市场竞争中往往不能及时抓住市场机会，导致发展后期，最终难以逃脱被淘汰的命运。

第四，专业论证。企业制定发展目标时应组织多方面的专家和有关人员进行充分论证，主要着眼于发展方向是否正确，发展目标是否可行以及发展目标是否明确。

（四）编制战略规划

发展目标确定后，就要考虑使用何种手段、采取何种措施、运用何种方法来达到目标，即编制战略规划。战略规划应当明确企业发展的阶段性和发展程度，制定每个发展阶段的具体目标和工作任务，以及达到发展目标必经的实施路径。

（五）审议和批准发展战略

发展战略拟定后，应当按照规定的权限和程序对发展战略方案进行审议和批准。审议战略委员会提交的发展战略建议方案，是董事会的重要职责。在审议过程中，董事会应着力关注发展战略的全局性、长期性和可行性。具体包括：第一，发展战略是否符合国家行业发展规划和产业政策；第二，发展战略是否符合国家经济结构战略性调整方向；第三，发展战略是否突出主业，有助于提升企业核心竞争力；第四，发展战略是否具有可操作性；第五，发展战略是否客观全面地对未来的商业机会和风险进行分析预测；第六，发展战略是否有相应的人力、财务、信息等资源保障。董事会在审议中若发现发展战略方案存在重大缺陷，应当责成战略委员会对建议方案进行调整。企业发展战略方案经董事会审议通过后，应当报经股东大会批准后付诸实施。

三、发展战略的实施

（一）分解落实发展战略

发展战略一旦明确，就需要落实、细化。这就需要制定年度工作计划，编制全面预算，将年度目标分解、落实，确保发展战略的有效实施。第一，要根据战略规划，制定年度工作计划。第二，要按照上下结合、分级编制、逐级汇总的原则编制全面预算，将发展目标分解并落实到产销水平、资产负债规模、收入及利润增长幅度、投资回报、风险管控、技术创新、品牌建设、人力资源建设、制度建设、企业文化、社会责任等可操作层面，确保发展战略能够真正有效地指导企业各项生产经营管理活动。第三，要进一步将年度预算细分为季度、月度预算，通过实施分期预算控制，促进年度预算目标的实现。第四，要通过建立发展战略实施的激励约束机制，将各责任单位年度预算目标完成情况纳入绩效考评体系，切实做到有奖有惩、奖惩分明，以促进发展战略的有效实施。

（二）执行发展战略

发展战略实施过程是一个系统的有机整体，在目前复杂多变的市场环境和激烈的市场竞争中，对企业内部不同部门之间的协同运作提出了越来越高的要求。为此，企业应当培育与发展战略相匹配的企业文化，优化调整组织结构，整合内外部资源，相应调整管理方式。

（三）做好发展战略的宣传工作

企业的发展战略要被员工理解，要深入人心。因而，企业应当重视发展战略的宣传工作，通过内部各层级会议和教育培训等有效方式，将发展战略及其分解落实情况传递到内部各管理层级和全体员工。具体而言，在企业董事、监事和高级管理人员中树立战略意识和战略思维，充分发挥其在战略制定与实施过程中的模范带头作用；通过采取内部会议、培训、讲座、知识竞赛等多种行之有效的方式，把发展战略及其分解落实情况传递到内部各管理层级和全体员工，营造战略宣传的强大舆论氛围；企业高管层要加强与广大员工的沟通，使全体员工充分认清企业的战略目标、发展思路和具体措施，自觉地将发展战略与自己具体工作结合起来，促进发展战略有效地实施。

四、发展战略的监控、评价与调整

（一）发展战略的监控与评价

企业在战略实施过程中，其战略委员会应对发展战略实施情况进行监控，定期收集和分析相关信息。对于战略执行情况与战略目标出现的差异，应及时提请有关责任部门进行处理。

战略评价包括战略制定与实施的事前、事中和事后评价。事前评价是在战略执行前对战略是否具有可行性的分析。其目的是在外部环境和自身条件分析的基础上，发现和抓住最佳发展机遇。事中评价是对实施中的发展战略的具体执行情况进行评价，目的是及时发现战略实施中存在的偏差并予以纠正。事中评价既是战略监控的结果，也是战略调整的重要依据。事后评价是对发展战略实施后做出的评价，目的是对战略实施的整体效果进行概括性评价，总结经验教训，为未来发展战略的进一步完善和更好的落实提供信息、数据和经验。

战略评价方法的选择应采取定性与定量、财务指标与非财务指标相结合的原则。对于战略实施过程中发现的问题或偏差，应及时进行内部报告，并采取措施予以纠正。

（二）发展战略的调整

一旦经济形势、产业政策、技术进步、行业状况以及不可抗力等因素发生重大变化或者企业内部经营管理发生较大变化，即需要对发展战略做出调整。发展战略调整牵一发而动全身，确实需要对发展战略做出调整的，应当按照规定的权限和程序进行。发展战略调整的主要步骤如下：

1. 各个战略执行单位提出各自的战略规划评估报告和修订意见。

2. 战略管理部门汇总各单位意见，并提出修订后的发展战略规划草案。

3. 战略委员会对修订后的发展规划草案进行评估论证，向董事会提出发展战略建议方案。

4. 企业董事会严格审议战略委员会提交的发展战略建议方案。按公司章程规定，董事会审议通过的方案须报经股东大会批准的，还应履行相应的程序。

5. 战略管理部门将批准的新发展战略下发至各战略执行单位。

【案例2－3】沃尔玛的成功

1955年，当美国著名财经杂志《财富》首次推出“全球500强”排行榜时，沃尔玛尚在孕育之中。历经数十年的风雨历程，它在2002年、2003年、2004年连续荣登《财富》“全球500强”之首。它就是铸就“环球商业神话”的美国沃尔玛零售连锁集团。

截至2001年4月15日，该公司在国内外共有4249家连锁店，分为折扣商店、购物广场、山姆会员店、家居商店四种形式，全部由该公司控股，实行直营连锁。遍布美国、墨西哥、加拿大、波多黎各、巴西、阿根廷、南非、中国、印尼等处。它在短短几十年中有如此迅猛的发展，不得不说是零售业的一个奇迹。接下来我们来看一看沃尔玛是怎样打造这一奇迹的。

一、以顾客为导向

沃尔玛坚信“顾客第一”，这是其成功的精髓。1985年被美国《福布斯》杂志列为首富，1992年美总统自由勋章获得者，沃尔玛庞大事业的缔造者山姆·沃尔顿这样说过：“我们的老板只有一个，那就是我们的顾客。是他付给我们每月的薪水，只有他有权解雇上至董事长的每一个人。道理很简单，只要他改变一下购物习惯，换到别家商店买东西就是了”。沃尔玛的营业场所总是醒目地写着其经营信条：“第一条：顾客永远是对的；第二条：如有疑问，请参照第一条”。

二、天天低价

沃尔玛一直特别注重价格竞争，并且长期奉行薄利多销的经营方针。沃尔顿的名言是："一件商品，成本8毛，如果标价1元，可是销售数量却是1.2元时的3倍，我在一件商品上所赚不多，但卖多了，我就有利可图"。所以，沃尔玛提出了一个响亮的口号："销售的商品总是最低的价格"。在同类商品中，沃尔玛的价格要比最大的竞争对手之一凯马特的价格低5%。

三、"一站式"购物理念

在沃尔玛，消费者可以体验"一站式"购物（One – Stop Shopping）的新概念。在商品结构上，它力求富有变化和特色，以满足顾客的各种喜好。其经营项目繁多，包括食品、玩具、新款服装、化妆用品、家用电器、日用百货、肉类果菜等。

在店址选择上，沃尔玛也以方便顾客购物为首要考虑因素。在美国，它的触角伸向西尔斯、凯马特所不屑一顾的偏远小乡镇。从明尼苏达到密西西比，从南加州到俄克拉荷马，沃尔玛无所不在。只要哪座乡镇缺乏廉价商店，沃尔玛就在哪里开业。

四、激励员工

员工利益与沃尔玛紧密相连。除了让工资奖金与员工自身的工作业绩挂钩外，沃尔玛还实行职工入股、利润分享等制度。沃尔玛的员工为合伙人，坚持让员工从公司的成长中获得好处。沃尔玛的最大股东是员工分红信托基金组织。1977年，该基金只有440万美元，到1983年已达9850万美元，随着沃尔玛的成长，该基金也不断增加。1982年，沃尔玛发给每一位员工的红利，相当于其年薪的5.6%。此外，沃尔玛的员工可以利用扣薪的方式购买公司股票，公司补助15%的价款。沃尔玛股票从20世纪80年代起成为纽约证券交易所的明星，从1977年到1987年，股票价格上涨了20倍，1992年，沃尔玛公司董事会宣布自1971年以来的第10次一分为二的股票拆细，20年的股票回报高达近4000倍。参加股票购买方案的员工都得到了丰厚的回报。正因为沃尔玛与员工利益紧密相连，沃尔玛的每个基层店，都挂有这样的标记牌："今天我们公司的股票价格，就靠我们的工作。"

资料来源：改编自《中国商贸》2012年第23期"沃尔玛国际战略市场效果分析"一文，作者刘艳荣。

延伸阅读：

两种战略，两种命运

第五节 授权与责任分配的方法

授权就像放风筝，部属的能力弱，线就要收一收，部署能力强，线就要放一放。

——国际战略管理顾问 林正大

一、授权与责任分配的内涵

责任的分配与授权强调对组织内的全部活动要合理有效地分配职责和权限，并为执行任务和承担职责的组织成员特别是关键岗位的人员，提供和配备所需的资源并确保他们的经验和知识与职责权限相匹配，要使所有员工了解他们的工作行为、职责担负形式和认可方式及其与达成组织目标的关系。合理的责任分配关系到个人和团队在遭遇和解决问题时的主动性，也关系到员工所享有权利的上限。

二、责任分配与授权体系

根据企业的战略目标、经营职能和监管要求设计适当的责任分配体系，可以确保员工所承担的责任、所获得的信息与其职权相适应。

1. 企业应制定《权责指引》，明确各部门、各岗位应承担的权利和责任，并随着企业的发展及时进行维护更新。

2. 企业应根据运营目标、职能和监管要求，明确各部门的职责。

3. 企业应在明确各部门职责的基础上，组织实施员工岗位职责的描述，将各部门职责分解到具体岗位。

4. 企业应通过对岗位职责描述的规范和完善，明确各岗位在处理有关业务时所具有的权力。

5. 企业应规定授权人有权对受托人履行授权的行为进行监督、检查，发现受托人有不当行为时，应及时给予批评纠正，情况严重时应撤销对其的授权。

6. 企业应规范信息系统的授权原则，以确保相关人员获得信息系统的授权。

三、各主要部门的具体职责

一个企业有很多业务，亦有很多部门，各个部门的职责应予详细及明确划分，使每一事项的发生都有部门负责办理，而且要做到不重复、无遗漏。如果一项业务需要由两个以上部门共同完成，对各部门应负责任的范围也应该有明确的规定。各部门职责参考如下：

1. 股东大会的职责

（1）决定公司的经营方针和投资计划。

（2）选举和更换非由职工代表担任的董事、监事，决定有关董事、监事的报酬事项。

（3）审议批准董事会的报告。

（4）审议批准监事会或者监事的报告。

（5）修改公司的章程等。

对前款所列事项股东以书面形式一致表示统一的，可以不召开股东会会议，直接做出决定，并由全体股东在决定文件上签名、盖章。

2. 监事会的职责

（1）提议召开临时股东会。

（2）公司章程规定的其他职权。

（3）列席董事会会议，必要时可指定监事列席经理办公室会议。

（4）对董事会的重大决策和公司的日常经营活动进行监督。

（5）对董事会成员、经理班子成员和财务总监等高级管理人员的经营业绩和综合素质进行监督和记录，并有权向出资方、董事会提出对上述人员的任免和奖惩的建议等。

3. 董事会的职责

（1）召集股东会会议，并向股东会报告工作。

（2）执行股东会的决议。

（3）决定公司的经营计划和投资方案。

（4）制定公司的年度财务预算方案、决算方案。

（5）制定公司的利润分配方案和弥补亏损的方案等。

4. 薪酬委员会的职责

（1）研究董事、经理及其他高级管理人员的考核标准，进行考核并提出建议。

（2）根据董事、经理及其他高级管理人员的岗位的主要范围、职责和重要性并参考其他相关企业、相关岗位的薪酬水平，制定薪酬计划方案，薪酬计划或方案包括但不限于：绩效评价标准，程序及主要评价体系，奖励和惩罚的主要方案和制度等。

（3）审查公司董事（非独立）、经理及其他高级管理人员履行职责的情况并对进行定期年度绩效考核，并提交考核评价意见和独立董事互评结果。

（4）对公司薪酬制度执行情况进行监督。

（5）委员会在行使以上职能前，可以聘请专业咨询机构予以协助等。

5. 审计委员会的职责

审计委员会肩负三大职责：监督财务报告、保证审计质量、评价内部控制。

（1）监督财务报告：①复核年度已审财务报告；②复核中期未审财务报告；③复核其他财务报告；④复核公布前的盈利数；⑤评价财务报告是否遵循恰当的会计原则，采用适当的会计政策，随同年度报告向外界披露他们对财务报表公允性的看法等。

（2）保证审计质量：①主持有关外部审计的事务。选择独立审计师，讨论外部审计的范围、程序和计划，评价独立审计师的能力，观察审计结果。审计委员会应复核管理层评估审计员独立性时考虑的因素，与管理层共同协助审计人员保持其超然独立性；②领导内部审计。审计委员会与管理层应共同确保内部审计人员适当参与财务报告流程，并妥善协调内部审计人员与外部审计人员的关系。其涉及的工作有：检查内部审计计划范围，评价内部审计人员职能，决定内部审计财务预算等。

（3）评价内部控制。通过内部审计职能，监察企业的财务风险及经营风险。其涉及的工作有：①评价公司内部控制制度的充分性与有效性；②评价员工舞弊的可能性；③评价管理层舞弊的可能性；④评价公司的行为守则。

6. 风险管理委员会的职责

（1）提交全面风险管理年度报告。

（2）审议风险管理策略和重大风险管理解决方案。

（3）审议内部审计部门提交的风险管理监督评价审计综合报告。

（4）审议风险管理组织机构设置及职责方案。

（5）办理董事会授权有关全面风险管理的其他事项等。

7. 董事长的职责

（1）召集主持股东会、董事会会议。

（2）签署或授权签署公司合同及其他重要文件，签署由董事会聘任人员的聘任书。

（3）在董事会闭会期间检查董事会决议的执行情况，听取总经理关于董事会决议执行情况的汇报。

（4）在发生战争、特大自然灾害等重大事件时，可对一切事物行使特别裁决权和处置权，但这种裁决和处置必须符合国家和公司的利益。

（5）决定和指导处理公司对外事务和公司计划财务工作中的重大事项，以及公司重大业务活动等。

【案例2-4】法国兴业银行内部控制失效

法国兴业银行创建于1864年5月，1907年总资产达到411亿美元，在法国银行业位居第一，在全球银行业排名第七，并进入世界最大的100家公司之列。它提供从传统商业银行到投资银行的全面、专业的金融服务，被人们视为世界最大的衍生交易领导者，也一度被认为是世界上风险控制最出色的银行之一，但2008年1月，因其期货交易员杰罗姆·凯威埃尔在未经授权的情况下大量购买欧洲股指期货，形成49亿欧元的巨额亏空，创下世界银行业迄今为止因员工违规操作而蒙受的单笔金额损失纪录，触发了法国乃至整个欧洲的金融动荡，并波及全球股市，股价暴跌，无论从性质还是从规模来说，法国兴业银行的这起交易欺诈案都堪称史上最大的金融悲剧。

法国兴业银行的内部控制之所以不能防止令人触目惊心的交易欺诈的发生，主要源于设计上的严重缺陷。在技术发展迅速、交易系统日益复杂的趋势下，法国兴业银行没有坚持与时俱进，只依据过往的经验来拟定风险控制方法，不能适时地、前瞻性地展现出环境适应性和契合性，是其难以有效地觉察出欺诈行为的重要原因，法国兴业银行的内部控制系统在对交易员盘面资金的监督、资金流动的跟踪、后台与前台完全隔离规则的遵守、信息系统的安全及密码保护等多个环节存在漏洞，法国兴业银行关注的是欧洲交易所提供的汇总后的数据，而没有细分到每一个交易员的交易头寸数据。此外，它把监控点放在交易员的净头寸和特定时间段的交易风险上，并没有对套利“单边”交易的总头寸进行限制，忽视了全部交易的总规模。而让长期从事交易监督的中台员工直接参与交易，更是违背了最基本的不相容职务分离的原则。

资料来源：刘华．法国兴业银行内部控制案例分析．财政监督，2008（7）。

第六节　人力资源政策与实务

在任何组织内，最稀有的当然是第一流的人才。

——彼得·德鲁克

一、人力资源的定义及作用

根据《企业内部控制应用指引第3号——人力资源》第二条对人力资源的概念界定，

人力资源是指企业组织生产经营活动而录（任）用的各种人员，包括董事、监事、高级管理人员和全体员工，本质上是企业中各类人员脑力和体力的总和。

财政部发布的《企业内部控制指引第3条——人力资源》中指出，科学的人力资源制度应当对人力资源规划与实施、激励和约束、离职等作出明确的规定。内部控制中的人力资源政策至少应当包括以下内容：

用人制度，包括员工培训和职业规划；轮岗制度，尤其是会计等关键岗位员工的轮岗制衡要求；离职规定，对掌握重要商业秘密或核心技术等关键岗位员工的离岗的限制性规定；考核制，包括激励与约束、晋升与奖惩等。

良好的人力资源管理制度和机制是增强企业活力的内在源泉。良好的人力资源管理制度和机制是提升企业核心竞争力的重要基础。"百年老店"经久不衰的根本原因在于良好的人力资源政策。良好的人力资源管理制度和机制是实现企业发展战略的根本动力，良好的人力资源政策又对发展战略具有积极的促进作用。

二、人力资源管理的关键风险点

《企业内部控制应用指引第3号——人力资源》第三条指出，企业人力资源管理至少应当关注下列风险：（1）人力资源缺乏或者过剩、结构不合理、可开发机制不健全，可能导致企业发展战略难以实现；（2）人力资源激励约束制度不合理、关键岗位人员管理不完善，可能导致人才流失、经营效率低下，或关键技术、商业秘密和国家机密泄露；（3）人力资源退出机制不当，可能导致法律诉讼或企业声誉受损。

三、制定人力资源政策

通过多年的人力资源管理实践可以发现，人力资源政策的制定有规律可循，即从分层、分类、分等、分阶段和人性化这五个维度来考虑政策制定。

（1）分层是在制定政策中要考虑到不同层级的人员差别，如高层、中层和基层人员的政策制定是不同的。

（2）分类是在制定政策中要考虑到不同类别的人员差别，如技术、市场、生产等类别人员的政策制定是不同的。

（3）分等是在制定政策中要考虑到既要鼓励员工从低向高发展，更要鼓励大多数员工在本岗位深化开展工作，政策中要能体现鼓励脚踏实地、岗位内深化的含义，同时使得我们的管理更加精细化。

（4）分阶段指的是不同时期的人力资源管理重点是不同的，人力资源政策要能够因时而变、因势而变、与时俱进，建立与不同时期的不同战略相匹配的人力资源政策。

（5）人性化指的是在政策中要能体现出人性化，因为人力资源这种资源与其他资源相比，最明显的特征就是人性化。需要注意的是，可以在政策中体现人性化，但不能用人情解释政策。

四、员工选聘、培训与考评

要给员工好的待遇及前途，让他们有受重视的感觉。当然，还要有良好的监督和制衡制度，不然山高皇帝远，一个好人也会变坏。

（一）员工选聘控制

根据《人力资源内部控制指引》，企业在制定员工招聘制度时，首先进行合理的岗位设置，编写岗位说明书，说明岗位的职责、权限和任务、任职人员应具备的知识和技能。人力资源部门在选择和任命员工时，应按照用人标准对应聘人进行严格审查，在招聘中应坚持公平、公开，择优录取，全面考察的原则。选拔兼具优秀道德素养和专业素质的人员，符合内部控制要求的人员应具备以下素质：

1. 道德品质

内部控制的一个重要目的是防错纠弊，在其实施过程中，所有参与人员应当遵守职业道德，公正地对生产经营过程的各个环节进行控制、评价和监督，依据规章制度采取必要的措施纠正错误。

2. 专业技能

良好的内部控制需要以员工良好的专业技能为基础，员工都应当具备能够完成具体岗位工作的能力。例如，生产人员应当遵循专业技术标准，管理人员应当掌握管理制度和方法，财务人员应当对内部审计的内容、方法、步骤等有全面的了解。

3. 协作精神

内部控制活动的完成往往需要不同部门的配合，各部门人员应当具有良好的协作精神，包括树立全局观念、增强服务意识、具备组织能力等。

4. 沟通能力

内部控制是一项需要与被控制对象进行交流的工作，在进行检查和监督的过程中，与人员应当进行有效的沟通，全面、深入地了解情况，并客观评价各项工作。

（二）员工的培训

培训在人力资源管理中具有非常重要的作用。在知识经济时代，学习成为每个人终身的事业。第一，通过培训，员工可以了解企业对自己所在岗位的要求，包括清楚企业期望自己承担哪些责任，达到哪些目标，具备何种技能和知识，如何完成分配的任务。第二，培训可以加深员工对企业的了解，产生认同感。只有通过培训，员工才能获知企业的理念、企业文化、企业价值体系。第三，培训是推行管理制度的重要途径，这样有利于制度的有效贯彻。第四，培训可以提高员工专业技能，使之胜任所在岗位。而规范的员工培训制度包括培训目标、培训对象、培训方式、培训内容和培训经费。

（三）员工绩效的考评

绩效考评是定期考察和评价个人和部门工作业绩的一种制度。好的绩效考评制度能够起到鼓励先进、鞭策后进的目的，但是一旦有失公允就会挫伤员工的积极性。在内部控制中，制定一种科学有效的绩效考评制度对于人力资源管理至关重要。因此，在绩效考评中应遵循以下原则：

1. 公开透明原则

公开透明原则旨在最大限度地消除考核者和被考核者之间对考核的神秘感。因此，考核方法、考核标准、考核程序、考核责任、考核结果等都应当公开，使员工对考核产生信任感。

2. 客观考评原则

客观考评原则要求考核者根据明确规定的考核标准，针对客观评价资料进行评价，用事实说话，切忌主观武断或带个人感情色彩。另外，绩效考评要做到把被考评者的绩效与既定的标准作比较，而不是在人与人之间作比较。因此，考评体系的设计、考核标准的建立、考核资料的来源等是保证考核客观、公正的要点。

3. 与工作相关原则

绩效考核的标准，一般以岗位责任说明书与职务规范为依据，不宜将与工作无关的因素纳入考核范围，更不应涉及个人隐私。在现实生活中，往往不区分考核内容是否与工作有直接联系，结果将许多个人的判断掺进考核的结论中，造成不良的影响。

4. 注重反馈原则

在考核结束后，应当将考核的结果，如考核得分、考核等级、考核评语等，反馈给被考核者本人，并进行面谈讨论，否则就起不到考核的真正作用。在反馈的同时，还应当将被考核者的成绩和存在的不足，以及今后努力的方向的参考意见，告诉被考核者。要充分肯定成绩，鼓励其继续提高，不断进步。由于员工的绩效受到主客观因素的影响，因此，在绩效考核反馈过程中，除需要听取被考核者的自我评价外，还应当听取其对企业的意见和建议。对企业确实存在的问题应当承认，并加以解决，以促进员工和企业之间的相互信任。

5. 差别与公平原则

差别与公平原则要求考核结果的等级之间应当有明显的界线，针对不同的考核结果，在待遇上应当有明显的差别，使考核具有激励作用。但值得一提的是，要注意防止出现"鞭打快牛"的现象，即绩效好的员工反而获得低回报，或者因为绩效好，下期对其提出难以达到的更高要求。这些不公平的做法往往会挫伤员工的积极性。

6. 参与原则

绩效考核体系的设计，需要广大员工的积极参与。从心理学角度看，人们对自己参与设计的东西，认同度往往都比较高；而对于自己未参与的，同时又与自己的利益密切相关的东西往往抱有一种审视、评判、批评甚至抵制的态度。所以，需要尽可能吸引员工参加，以激发员工参与考评的积极性。

【案例 2－5】丰田公司人力资源管理

曾经有人说过："丰田不仅出汽车，也出人才。"这也是为什么丰田公司能够雄踞2018年《财富》杂志世界500强第五名的原因。世界许多著名管理界人士都认为，丰田最成功的管理经验是：积聚人才，善用能人，重视职工素质的培养，树立良好的公司内部形象。这让丰田公司形成了独具特色科学牢固的管理模式，也是丰田将企业文化与企业人力资源管理结合的重要策略。

首先，丰田公司将自己的价值观念与用人标准很好地结合起来。它在招聘员工的过中，进行了严格的培训；还在制定招聘要求时特地邀请专家参与；在招聘面试过程中，丰田还会选择文化高度认同的人员作为评委。

其次，丰田公司将企业文化的要求贯穿到了企业培训之中。培训既包括职业培训，也包括非职业培训。跟其他企业不同的是，丰田公司尤其重视非职业培训。因为，丰田认为非职业培训是一种比较灵活的方式，如非正式活动、非正式团体、管理游戏、管理竞赛等方式，能够很好地将企业价值观念传达给员工，并潜移默化地影响员工的行为，这比那些生搬硬套的方式好多了。

再次，丰田公司将企业文化的精髓很好地融入了对员工的考核与评价当中。目前，世界上大部分企业对员工的考评，都是以业绩指标为主。虽然，有一些企业也提出了以德为主，但他们对德的考核内容没有具体的解释，也缺乏具体量化的描述，使考核评价人员根据各自的理解进行，并未起到深化企业价值观的作用，而丰田有科学、规范的考核体系，能够将企业价值观念内容注入多元考核指标中。比如，丰田公司的解释就是通过各种行为规范来进行，即通过对鼓励或反对某种行为，达到诠释企业价值观的目的。

最后，公司还采取了有效的沟通机制，使得上下理解一致，让员工从心目中真正对企业文化形成认同感。丰田认为，人力资源管理不但要处理技术性工作，也参与教育与文化宣传工作，而且所有的管理人员参与到企业的文化建设中。只有这样，才能形成公司人力资源管理的整体能力，从而形成核心能力，建立起在市场竞争中特有的竞争优势。

如此，与企业文化相结合所形成的人力资源管理制度，才能为员工真正理解和接受，并彻底贯彻执行。这一点是我们国家许多企业人力资源管理者急需学习的。因为，在现在的中国，企业的人事制度是基于公司或者老板立场考虑问题，往往忽视了员工感受。这些制度难以落实，意见纷起，最后受伤的还是人力资源管理者。

资料来源：改编自 HR 案例网同名报道，作者 HRsee。

第七节　社会责任

天下兴亡，匹夫有责。

——顾炎武《日知录》

先天下之忧而忧，后天下之乐而乐。

——范仲淹《岳阳楼记》

一、社会责任定义、意义与风险点

（一）社会责任定义

根据《企业内部控制应用指引第 4 号——社会责任》规定，企业社会责任，是指企业在经营发展过程中应当履行的社会职责和义务，主要包括安全生产、产品质量（含服务）、环境保护、资源节约、促进就业、员工权益保护。

（二）履行社会责任的意义

企业是在价值创造过程中履行社会责任，履行社会责任可以提高企业经济效益，履行社会责任可以实现企业可持续发展。当然企业的责任始于对股东的责任，企业的目标就是股东利益最大化。随着企业规模的扩大，企业在社会中作用的突出，企业作为社会公民其社会责任也日益在加强。但是企业对股东的责任和企业对社会公民的责任并非对立关系，而是互为条件、互相促进的。

（三）履行社会责任的风险点

《企业内部控制应用指引第4号——社会责任》第三条提出，企业至少应当关注在履行社会责任方面的下列风险：（1）安全生产措施不到位，责任不落实，可能导致企业发生安全事故；（2）产品质量低劣，侵害消费者利益，可能导致企业面临巨额赔偿，形象受损，甚至破产；（3）环境保护投入不足，资源耗费大，造成环境污染或资源枯竭，可能导致企业巨额赔偿、缺乏发展后劲，甚至停业；（4）促进就业和员工权益保护不够，可能导致员工积极性受挫，影响企业发展和社会稳定。

二、社会责任的内容

（一）安全生产

近年来，由于企业安全生产意识的淡薄，众多生产经营单位的生产安全条件差、安全技术装备陈旧落后、安全投入严重不足等导致安全事故频发，不仅给企业声誉、利润带来了巨大的损失，也对社会稳定造成了极大的影响。可见，最大限度地减少劳动者的工伤和职业病，保障劳动者在生产过程中的生命安全和身体健康，是企业管理必须遵循的基本原则。

企业安全生产方面的风险主要包括：

（1）企业安全主体责任不落实；

（2）企业安全投入不足；

（3）企业员工缺乏安全意识；

（4）一些企业隐患排查治理工作不力，未建立隐患排查治理工作制度和管理台账；

（5）缺乏安全事故发生应急预案。

针对企业安全生产风险，企业应采取的防范措施有：

（1）建立健全安全生产管理机构；

（2）落实安全生产责任制；

（3）加大安全生产投入和经常性维护管理；

（4）开展员工安全生产教育，实行特殊岗位资格认证制度；

（5）建立安全生产事故应急预警和报告机制。

（二）产品质量

质量在今天之所以变得比过去更重要，是因为市场环境同商品紧缺时代相比，已经发生了根本性的变化，那种只要能生产出来就能卖出去的年代已经一去不复返了。成功的企业无一例外地重视产品和服务的质量。当前我国企业产品质量风险主要体现在：

（1）因产品瑕疵导致的产品质量风险；

（2）因产品缺陷导致的产品质量风险；

（3）售后服务风险。

针对企业产品质量风险，企业采取的对策包括：

（1）建立健全产品质量标准体系；

（2）实行严格的质量控制和检验制度；

（3）加强产品售后服务；

（4）对有缺陷的产品，应当采取及时召回、实行“三包”等措施，赢得消费者对企业产品的信赖和支持，维护消费者的合法权益。

（三）环境保护与资源节约

当前中国面临着严重的环境问题，如环境污染、生态恶化、自然灾害频发等。因此，改变传统的高投入、高消耗、低效率的粗放型增长方式，转方式、抓创新、调结构、促增长、实现可持续发展战略，是企业目前唯一的选择。

综合国内外的情况，企业在环境保护和资源节约方面可能面临的风险有：

（1）环境法律法规、行业政策的限制风险；

（2）绿色消费的推崇、绿色贸易壁垒的设置风险；

（3）企业所属行业的特点引起的环境风险；

（4）生产技术、管理水平的限制引起的环境风险。

企业应采取的相应的控制措施包括：

（1）转变发展方式，实现清洁生产和循环经济；

（2）依靠科技进步和科技创新，着力开发利用可再生资源；

（3）建立环境保护和资源节约检测考核体系；

（4）投保环境污染责任险；

（5）采取排污权交易等市场行为提升环保工作等。

（四）促进就业与员工权益保护

员工是企业最为重要的资源。坚持以人为本，尊重和保护员工的各项合法权益，是企业经营的基本原则。最大限度地创造就业、就业保障、稳定就业，是社会稳定和发展的大计，也是企业应尽的义务。

1. 促进就业

企业在促进就业方面的风险主要包括：

（1）法律风险，即企业因违反相关法律法规，形成事实上的就业歧视并由此导致被投诉的风险；

（2）招聘失败风险，一般表现为招入的员工不能胜任并由此导致的试用期工资、重新招聘的各项费用和不必要的损失与纠纷等；

（3）人才过剩风险，是指企业的人才引进计划与发展阶段脱节，导致人才过剩，加大了企业的运行成本。

相应地，企业促进就业方面的风险控制措施包括：

（1）提供公平就业机会。企业作为就业工作的最大载体，应当以宽广的胸怀接纳各方人士为国家和社会分担困难，促进充分就业；

（2）加强对应聘人员的审查。企业应当严格审查应聘人员的年龄（是否满 16 周岁）、学历、资格、工作经历等是否真实，是否有同其他企业签订的未到期劳动合同，防止由于招录尚未解除劳动合同关系的劳动者所带来的连带赔偿责任。

2. 员工权益保护

企业在保护员工合法权益方面的风险主要包括：

（1）侵犯员工民主权利的风险。通过职工代表大会和工会组织参与企业重大决策是员工重要的民主权利，而有些企业对此有意淡化处理，或者“走过场”搞形式主义；

（2）侵犯员工人身权益的风险。例如，一些企业缺乏对员工生命和人身安全的尊重与保护，不负责任，员工生产作业和居住条件极为恶劣；

（3）薪酬管理风险。是指企业未能提供合理的薪酬来保证动力的再生产；

（4）员工发展风险。是指企业未履行为员工提供公平、科学的培训和晋升机制。

为此，企业应采取相应的控制措施，保护员工的合法权益，具体包括：

（1）建立完善科学的员工培训和晋升机制；

（2）建立科学合理的员工薪酬增长机制；

（3）维护员工的身心健康。

三、社会责任的履行

（一）企业高管人员应给予充分重视

企业高管人员尤其是一把手的支持和承诺是企业社会责任管理体系的关键所在。企业高管人员应当重视履行社会责任，切实做到经济效益与社会效益、短期利益与长远利益、自身发展与社会发展相互协调，实现企业与员工、企业与社会、企业与环境的健康和谐发展。

（二）应建立或完善履行社会责任的体制和运行机制

企业要把履行社会责任融入企业发展战略，落实到生产经营的各个环节，明确归属管理部门，建立健全预算安排，逐步建立和完善企业社会责任统计指标和考核体系，为企业履行社会责任提供坚实的基础与保障。

（三）应建立健全责任危机处理机制

对于影响企业外部形象和自身发展的突发事件，要在第一时间及时处理，把损失降低到最低程度。对于可能对公众信心、消费者选择产生重大影响的事件，应由单位负责人在媒体予以说明并致歉。企业内部应保持畅通的沟通渠道，将平时的小问题及时反映、沟通并解决，避免形成大问题。

（四）应建立良好的企业社会责任报告制度

发布社会责任报告，是企业履行社会责任的重要组成部分，可使企业由外而内地深入审视企业与社会的互动关系，全面提高企业服务能力和水平，提高企业的品牌形象和价值。社会责任报告制度的建立和社会责任报告的披露反映了企业社会责任意识的强弱以及社会责任履行情况的好坏。企业应当按照国家规定的社会责任报告披露要求，选择充分、恰当的指标，对本企业社会责任制度的建设情况和社会责任的履行情况进行披露，并明确相关责任人的责任。

【案例 2－6】可口可乐公司的社会责任

可口可乐公司成立于1886年5月8日，总部设在美国佐治亚州，是全球最大的饮料公司，拥有全球48%市场占有率以及全球前三大饮料的两项（可口可乐排名第一，百事可乐第二，低热量可口可乐第三），可口可乐在200个国家拥有160种饮料品牌，包括汽水、运动饮料、乳类饮品、果汁、茶和咖啡，亦是全球最大的果汁饮料经销商（包括 Minute Maid 品牌），在美国排名第一的可口可乐为其取得超过40%的市场占有率，而雪碧（Sprite）则是成长最快的饮料，其他品牌包括伯克（Barq）的 root beer（沙士）。

1. 能源使用效率和气候保护

在全球范围内，可口可乐公司关注能源的使用效率和气候变化带来的危害，气候变化导致的极端天气对其生产和运输产生影响，并且使得农产品价格提升。可口可乐公司运用新技术，新的管理思路，提升能源使用效率，减缓企业经营过程中二氧化碳和其他温室气体的排放，减缓气候变化。

2. 水资源的管理

可口可乐的“水资源回馈”战略是指通过一系列社区水资源合作伙伴项目，如增加水供给、水源地保护、清洁饮用水、雨洪利用、中水回用、节水灌溉等，将原本未利用的或利用效率不足的水资源保留下来还之自然或供应社区使用，达到“水平衡”的远景目标。

3. 可持续的包装

可持续包装通过使用可循环材质、提高包装利用率等方式不断达成更低的包装成本，提高企业利润。同时，使用可持续包装展现企业负责人的公民形象，塑造健康的品牌形象，获得消费者好感。

4. 助建健康社区

可口可乐自进入中国市场后，累计在中国投资超过50亿美元，创造就业机会约50万个，有880万家零售终端商加入。不仅如此，它倡导健康社区，从教育、社区参与活动入手，鼓励人们接纳更健康的生活方式。可口可乐借助社区的支持，将可口可乐的产品带到世界上任何一个角落。社区的经济发展促进消费者购买力的提升，消费者购买力的提升提高了产品的销量，增加了企业利润，助力于企业的长期发展。

5. 工作环境和人权保障

可口可乐公司严格保障员工的合法权益，建立完善的《工作场所权利政策》《人权声明》等文件，定期进行工作场所权利评估，规范系统企业的劳动关系、劳工权益等方面的行为规范。公司为员工提供良好的工作环境，保护他们的利益，保护其行使公民的权利。

可口可乐公司的社会责任感不仅帮助该公司有效地规避了商业风险，提升了公司形象，减少了运营成本，保障了原材料的可持续性，更开拓了商业机遇，研发出符合未来消费者观念的产品，使得可口可乐公司稳健地应对未来的变化，实现可持续发展。

资料来源：改编自可口可乐官网。

延伸阅读：

宝洁公司的社会责任

第八节 企业文化

世界上一切资源都可能枯竭，只有一种资源可以生生不息，那就是文化。

——任正非

一、企业文化定义与意义

按照《企业内部控制应用指引第 5 号——企业文化》的定义，企业文化是指企业在生产经营实践中逐步形成的价值观、经营理念和企业精神，以及在此基础上形成的行为规范的总称。

企业文化是一个企业的中枢神经，它所支配的是人们的思维方式、行为方式。在良好的企业文化基础上所建立的内部控制制度，必然会成为人们的行为规范，如果能够得到更好的贯彻执行，会有效地解决公司治理和会计信息失真的问题，可以为企业提供精神支柱，可以提升企业的核心竞争力，还可以为内部控制有效性提供有力保证。

《企业内部控制基本规范》第十八条规定："企业应当加强文化建设，培育积极向上的价值观和社会责任感，倡导诚实守信、爱岗敬业、开拓创新和团队协作精神，树立现代管理理念，强化风险意识"。一方面，企业内部控制制度的执行需要企业提供文化氛围和实施环境；另一方面，在内部控制制度实行过程中不断丰富企业文化的内涵，为加强企业文化建设做出贡献。内部控制与企业文化同为现代企业制度，两者在各自的制度建设中互为前提、相互支撑齐头并进、共同完善。企业文化的核心是其思想观念，它决定着企业成员的思维方式和行为方式。

二、企业文化建设的关键风险点

《企业内部控制应用指引第 5 号——企业文化》第三条强调，加强企业文化建设至少应当关注下列风险：

（1）缺乏积极向上的企业文化，可能导致员工丧失对企业的信心和认同感，使企业缺乏凝聚力和竞争力；

（2）缺乏开拓创新、团队协作和风险意识可能导致企业发展目标难以实现，影响可持续发展；

（3）缺乏诚实守信的经营理念，可能导致舞弊事件的发生，造成企业损失，影响企业的声誉；

（4）忽视文化间的文化差异和理念冲突，可能导致并购重组的失败。

三、企业文化建设要点

（一）塑造企业核心价值观

所谓企业核心价值观就是在企业哲学的统率下，为追求愿景、实现使命而提炼出来的并予以践行的指导企业上下形成共同行为模式的精神元素。企业核心价值观是企业在经营过程中坚持不懈、努力使全体员工都必须信奉的信条。核心价值观是企业哲学的重要组成部分，它是解决企业在发展中如何处理内外矛盾的一系列准则，如企业对市场、对客户、对员工等的看法或态度，它使企业表明企业如何生存的主张。

（二）打造以主业为核心的品牌

打造以主业为核心的品牌，是企业文化建设的重要内容。品牌通常是指能够给企业带来溢价、产生增值的一种无形的资产，其载体是用来和其他竞争者的产品或服务相区分的名称、术语、象征、记号或者设计及其组合。品牌之所以能够增值，主要来自于消费者脑海中形成的关于其载体的印象。品牌价值的核心是信誉，品牌管理的核心是对企业信誉的管理。

（三）充分体现以人为本的理念

“以人为本”是企业文化建设应当信守的重要原则。一家企业经营的好坏关键看企业能不能聚人，能不能人尽其才，能不能才尽其用。一家有灵魂的企业，可以通过核心价值观、企业文化，使每个人充分发挥自己的才能。

（四）强化企业文化建设中的领导责任

《企业内部控制应用指引第 5 号——企业文化》第七条指出，“董事、监事、经理和其他高级管理人员应当在企业文化建设中发挥主导和垂范作用，以自身的优秀品格和脚踏实地的工作作风，带动影响整个团队，共同营造积极向上的企业文化环境。”

（五）高度重视并购重组中的文化整合

企业并购，应当特别注重文化整合，一定要在组织架构设计环节考虑文化整合因素。

（六）推进文化创新

没有创新，企业文化建设就没有活力，就无法结出有生命力的硕果。企业文化建设不是静止和一成不变的，必须与时俱进，适应形势变化。企业应当建立企业文化评估制度，明确评估的内容、程序和方法，落实评估责任制，避免企业文化建设流于形式。

本章案例分析

海尔内控环境

海尔集团的前身是青岛冰箱总厂，是一个濒临倒闭的集体企业。1984 年有员工 820 人，年生产电冰箱 740 台，销售收入 384 万元，固定资产 500 万元，年亏损 147 万元。目前，海尔在49个国家和地区拥有18000个营销点，产品销往87个国家和地区。海尔短短20多年从一个濒临破产的集体企业变成我国家电行业的龙头老大和国家化公司，良好的内控环境是重要的因素。

1. 管理哲学和文化建设

管理层重视内控制度，是海尔内控发挥效用的关键。海尔坚持管理高质量，不做表面文章，管理制度、标准、程序确定以后必须坚持执行，依法治厂，无一例外。1984年，一位用户要买一台冰箱，挑出了许多毛病，最后买了一台还有缺陷的冰箱。客户走后，张瑞敏厂长派人将仓库内所有冰箱翻箱，将70多台有缺陷的冰箱摆在车间让每位职工参观，让大家发表处理意见，大家一致的处理意见是折价卖给职工。当时一台冰箱的售价是800多元，而职工工资每月是40多元，一台冰箱售价接近职工两年的工资。张瑞敏说，今天将这70多台冰箱折价处理给职工，明天就可能出现700多台有问题的冰箱，因为大家认为有问题的冰箱企业可以生产。他的处理意见是将问题冰箱全部砸掉。职工在砸冰箱时流下了眼泪。从此，这种依法治厂的观念根植于职工之心，使职工认识到企业的管理制度要严格执行，这样的制度才有效。迄今为止，海尔是我国家电企业唯一一家五大产品全部通过ISO 9001国际质量体系认证和国内首家通过ISO 14001认证的家电企业，是我国第一家产品在国内就可以获得国际认证的企业。企业文化有助于在企业职工中形成向心力，使内控制度得以顺利实施。多年来，海尔将企业文化作为与高科技发展同等重要的系统工程来建设。海尔文化由企业理念和管理构成，渗透到海尔的各种机构和管理活动中，贯穿于海尔的管理、质量、检测、销售、服务，体制转化，国际经营、科研、教育等各个领域。具体体现在企业的经营管理策略和规章制度的实践中。如发展战略、经营目标体系、组织结构、人力资源开发和利用、奖惩制度、职业规范、环境建设、员工行为和仪表等方面。

2. 管理组织结构

合理的组织结构可以保障内控活动有条不紊地进行。1991年，海尔着手进行体制创新和组织结构调整问题，当年以海尔电冰箱总厂、青岛空调器、青岛电冰柜总厂为基础共同组建了股份制的集团总公司。1993年在上交所上市，标志着海尔在体制上的创新。集团内部形成了适应经营特点的联合舰队体制框架，下属企业也按照《公司法》进行了产权规范，建立了母公司、子公司和子公司之间相互交叉持股、参股的多元化投资主体的产权关系。集团兼并的18个企业，无论是国有企业还是其他所有制企业，均与集团形成了出资和被出资明晰的产权关系。随着集团规模的扩大，完全靠集团公司指挥每一个企业不现实，海尔又进行了一次组织结构的调整，改为事业部制，形成了责权明晰的四个层次的管理体系，集团总部是投资决策中心，各事业部是利润中心，生产工厂、公司为成本控制中心，员工为质量中心，各层次各负其责。这一事业部制为基础的联合舰队模式，使每个加入海尔集团的单位，都成为具有很强战斗力的舰只，既能各自为政，又是联合作战的一部分，最终实现了整体大于各部门之和的经营效果。

3. 人事政策和程序

海尔的成功其本质是人力资源控制和开发的成功。海尔认为企业发展来源于员工个人价值的实现，因此，海尔将员工的管理摆在了第一位。海尔对人的管理原则是：充分发挥人的潜能，让每个人不仅感到来自企业内部竞争和市场竞争的压力，而且能将压力转化为竞争的动力。集团各企业根据实际情况制定自己的管理规章制度，做到事事有章可循，处处有法可依。

第一，聘用机制。企业实行管理人员公开招聘，竞争上岗，每月由干部管理部门公布空岗情况和招聘条件，经过笔试、面试和实绩考核，进行选拔上岗或进入人才储备库。上岗干部由人才储备库提供信息和建议，经公司党政联席会议决定、总裁同意后生效。

第二，考核机制。对已经在岗的干部进行控制，每月考评一次，根据考评的结果进行选拔上岗或淘汰降职，实行“三工”并存，动态转换的用工制度，即设置优秀员工、合格员工、适用员工三个等级，依据考核标准有升有降，每年必须有一定比例的员工淘汰，以保证企业人员的活力；将实际完成值、目标值和上期完成值进行对比，给予A、B、C三个等级的评价，月末按照考核成绩计算出该岗位的工资金额。

第三，激励机制。海尔的工资分档次发放，绩效联酬，为管理人员设立了海尔金、银、铜奖，为工人设立了海尔希望奖、合理化建议奖、信得过班组奖、自主管理班组奖，根据考核绩效给予突出员工以奖励。

第四，培训机制。海尔有上岗前培训、适用性培训、提高再培训几种培训方式，培训内容根据具体岗位而定。工人接受入厂培训、中级工培训等；管理人员实行继续教育；科研开发岗位员工除继续教育外，还可根据需要参加短期培训和出国培训。

4. 授权和职责

海尔有一套层次分明、内容完整、职责明确的目标计划体系。每年12月，集团公司根据市场变化情况和本年度目标完成情况，制定下一年度的总目标，然后将总目标分解到各个部门，由各个部门再分解为月度目标和计划，各部门将子目标分解为各车间控制的项目，由各车间再分解到每个岗位、每个员工每天的工作项目和责任。

要求：简述内部控制环境的基本原理；并运用原理分析案例。

复习思考题

1. 内部环境因素在内部控制中的地位及作用如何？
2. 何谓企业的组织架构？分为哪几个层面？
3. 如何理解企业发展战略的意义及其重要性？
4. 如何理解人力资源管理中的主要风险？
5. 如何理解企业的社会责任？具体包括哪些内容？
6. 如何理解企业文化？其作用有哪些？

能力拓展题

请在网站中自行查找最近10年入选世界500强的中国企业并做相应整理，基于内部控制视角对这些入选企业开展比较分析，系统总结这些企业在内部控制中的共同特征。

第三章

风险评估

所谓的专家也不过是能够看到更多的可预测的风险。他们或许能够让我们少走弯路，却不是能够保佑我们通向胜利彼岸的神仙。我们能做的，无非也就是避免部分风险，承担剩下的风险，然后努力做好每一步，减小负面风险发生的可能性。

——摘自短文学网

【案例导入】

共享单车企业该如何进行风险管理?

一、押金事件

不少共享单车的用户遇到了退押金难的问题。有多名网友反映，在个别共享单车企业申请退押金超过两个月后，仍未收到退款。在共享单车退押金潮中，还出现了黄牛，声称收取130元至150元不等的费用可以帮助用户退款。

小鸣单车：2017年7月，小鸣单车用户反映押金难退问题，引发用户退押金爆发。小鸣员工爆料，小鸣单车实际控制人邓永豪，同时也是国内知名的自行车制造公司、新三板上市公司凯路仕的老板，电话不接、短信不回、钉钉退出、微信不理，已经失联了。与此同时，杭州公司大部分资产已经变卖，位于西斗门路9号福地创业园的办公室，已到期清退，员工跟公司失去联系了。

酷骑单车：2018年3月15日，央视“3·15”晚会报道，消费者反映向商家申请退还押金，而酷骑单车押金迟迟不退还的问题。据了解，酷骑单车押金不退被投诉21万次。2017年9月，酷骑单车押金难退就开始爆出，许多消费者发现之前能顺利退回账户的298元押金被冻结，随后是押金被清零。仍有大量用户反映押金无法退还。2017年11月，酷骑公司停止北京公司现场退款，然后公布三部退款电话，但电话很难打通。

哈罗单车：2018年3月13日，哈罗单车对外宣布，对信用好的用户（芝麻分650以上）不再收任何押金，通过支付宝“扫一扫”即可解锁并免押金骑行。

ofo小黄车：2018年6月15日，ofo进一步取消了在上海、杭州、广州、深圳、厦门五个城市的信用免押。ofo方面表示，信用免押金城市（原25个城市）用户，可购买95元“福利包”，享受全国免押金骑行服务。或可直接缴纳199元押金使用ofo小黄车。

二、占道事件

随着共享单车和骑行人数的激增，共享单车与机动车抢道、与行人抢路的矛盾日渐凸显。机动车占用自行车道，自行车骑上了超车道、人行道的混乱场景，成为不少城市交通面临的新考验。

2018 年 5 月 22 日，国家层面对共享单车的“顶层设计”出炉，交通运输部等 10 部门起草《关于鼓励和规范互联网租赁自行车发展的指导意见》，并公开征求意见。征求意见稿中明确：各城市要积极推进自行车道建设，纠正占用非机动车道等违法行为。

为缓解骑行系统压力，2019 年 4 月，北京在《鼓励规范发展共享自行车的指导意见（试行）》中提出，对共享单车进行总量控制，拟按照“属地管理”原则，由区级政府编制辖区发展和停放规划，设定辖区最大投放数量。

三、转运错误

2019 年 1 月 9 日，根据徐汇区发布的《互联网租赁自行车专项调研课题现场速记》显示，同比 2018 年 9 月，徐汇区互联网租赁自行车约 12 万辆，至 2019 年 12 月底，已控制到约 3 万辆（不包括暂扣车辆 2 万辆）。其中，摩拜、ofo、赳赳、享骑、哈罗单车数量分别约为 15000 辆、8000 辆、4000 辆、500 辆和 5000 辆。该调研速记明确指出，哈罗在徐汇区的 5000 辆共享单车，属于未经允许便在市区投放。上海从中华新路 955 号开始一路向前，数十辆哈罗单车停放在路边。根据扫码显示，该批车辆为未上牌车辆。

哈罗单车回应澎湃新闻称，此次“投放”是由于运维人员对地点不熟悉导致转运错误造成的，后续会配合政府部门做好车辆的转运工作。对于已投放在静安区范围内的哈罗单车，如不回收，静安区建管委将联合街镇对车辆进行清运。

思考：你认为共享单车企业面临哪些风险？可以从哪些方面进行风险应对？

第一节 风险概述

一、风险的定义

根据国务院国资委《中央企业全面风险管理指引》，企业风险是指未来的不确定性对企业实现其经营目标的影响。这种不确定性既包括正面效应也包括负面效应，即既有收益又有损失。风险主要有以下特征：

1. 客观性。风险是不以企业意志为转移，独立于企业意志之外的客观存在。企业只能采取风险管理办法降低风险发生的频率和潜在的损失幅度，而不能彻底消除风险。

2. 普遍性。风险无处不在、无时不有。在现代社会，企业面临着各式各样的风险。随着科学技术的发展和生产力的提高，企业所处的经营环境更具复杂性和多变性，因此会不断产生新的风险，且风险事故造成的损失也会越来越大。

3. 不确定性。不确定性是风险的最基本特征。它主要表现为空间上的不确定性、时间上的不确定性、发生概率的不确定性、损失成都的不确定性。

4. 动态可变性。风险一般是动态而非静态的，在一定的条件下，风险可以发生转化。风险或者按正反馈的规律不断增强，或者经过人们的努力予以减弱以致消除。

5. 可测性。风险虽具有客观性和不确定性，但就大量的风险事件而言，则必然呈现出一定的规律性。因此，风险的发生可以用概率等方法加以测度。

二、风险的分类

按照不同的标准，风险具体可以分为以下几类：

1. 按构成风险因素的性质划分为：（1）自然风险，是由于自然因素的不确定性给企业带来的风险，如洪水、风暴、地震等均属于此类风险。这种风险通常是灾难性的，多数情况是人力无法抗拒的。（2）经济风险，是由于与企业生产经营活动想联系的各种经济因素的不确定性，而给企业带来的风险称经济风险。这种风险是企业经常遇到的，它既可以给企业造成获益机会，也可以使企业承受损失。（3）政治风险，是由政治因素变动对企业构成的风险。它包括国际政治风云变幻，也包括国内政治、政策的改变。（4）技术风险，是由于科学技术的发展，给企业带来的风险，这种风险通常是积极的，可分为企业发展提供机会，但如果企业不能及时抓住机遇，墨守成规，也可能蒙受风险损失。

2. 按风险形成原因划分为：（1）主观风险，指由于主观决策上的原因所构成的风险，它是由主观认识的局限性造成的；（2）客观风险，指由于客观原因的影响而构成的风险。客观风险不是由企业主观因素引起的，但企业可以根据客观条件的变化及时准确地预测客观情况的变化趋势，以便及时采取应变措施，力求保证企业长久立于不败之地。

3. 按风险范围划分为：（1）局部性风险，这是指在某一局部范围内存在而未波及全局的风险；（2）全局性风险，这是指在一个整体内涉及全局性的风险。

4. 按风险程度划分为：（1）轻度风险，这是风险程度最低的，在一般情况下即使有风险，对整体不发生大的影响；（2）中度风险，这比轻度风险要大，这种风险虽然未达到左右整体的程度，但对整体却会产生明显的影响；（3）高度风险，也称为重大风险或严重风险。这种风险一旦发生，就会使整体陷入困境，必须经过一定的时间才能恢复正常状态，严重时能造成企业无法生存，置企业于死地而不再逢生。

5. 按风险存在方式划分为：（1）潜在性风险，风险作为一种可能性存在着，并已估计到风险的程度和范围，但这种可能性尚未变成现实性；（2）延缓型风险，由于有利条件的增强，使不利因素发生的影响暂时受到抑制，因而风险的发生比原来估计的时间推迟，但风险尚未排除；（3）突发性风险，这主要是由偶发事件引起的风险，是人们事先没有估计到并在没有思想准备的情况下出现的；（4）转移型风险，由于客观条件的改变，而使构成风险的因素发生作用方向改变，从而导致风险向别的主体转移；（5）竞争性风险，指由于企业间的竞争，而彼此对对方构成的风险，这种风险所形成的后果，主要由企业竞争能力和策略决定，风险存在的范围广，形式复杂，企业应予以足够的重视。

6. 按风险控制程度划分为：（1）可控制风险，是指人们对风险形成的原因和条件认识的比较清楚，并能通过采取相应的措施，把风险控制在一定的范围内；（2）不可控制风险，这主要是由于自然因素和外界因素而构成的风险，人们对这种风险形成的原因和条件认识不清，或者即使对构成这种风险的原因和条件认识比较清楚，但无力改变外界的条件，因而失去控制能力。

7. 按企业经营类型划分为：（1）维持型风险，是指企业在不增加新的投入，维持原有经营规模条件下所遇到的风险；（2）扩展型风险，是指企业追加新的投入，扩大规模或提高质量的条件下所遇到的风险；（3）开拓型风险，是指企业的生产经营活动越出原有范围，或者改变原来的经营范围，向新领域开发所遇到的风险；（4）开放型风险，是指在开放条件下，企业在对外经济联系过程中所遇到的风险。

8. 按风险效应划分为：（1）纯粹风险，这种风险的结果只有遭受风险损失，而不会带来风险效益；（2）投机风险，是指既有损失可能又有获利机会的风险。例如，新项目的建设、新产品的开发既可能使企业蓬勃发展，也可能使企业陷入困境；股票行情的变化既可能给股票持有者带来盈利，也可能带来损失。

9. 按风险的承受能力可以划分为：（1）可接受风险，是指分析本身承受能力、经济状况的基础上，在能够接受的最大损失限度之内的风险；（2）不可接受风险，是指分析本身承受能力或大大超过所能承受的最大损失限度的风险。

【案例 3-1】美团与大众点评并购

2015 年 10 月 8 日，美团与大众点评联合发布声明，正式宣布达成战略合作，双方共同成立一家新公司，新公司将成为中国 O2O 领域的领先平台。

这意味着我们生活服务领域的两大巨头，即将从对立走向合作。此次双方达成新的合作战略，改变了以往服务需要同时下载两个 APP 的消费群体利益分流的现状，无形中减少了双方因为竞争而带来的一定贸易摩擦。

资料来源：刘慧坡．互联网企业并购风险及防范措施——基于美团并购大众点评的案例分析［J］．现代企业，2018（08）：88-89。

思考：点评并购前、并购中、并购后的风险分别是什么，及其相应的风险防范措施。

延伸阅读：

“中航油”事件看企业风险管理

第二节　目标设定

公司的目标可以集中企业资源，统一企业意志，振奋企业精神，从而指导，激励企业取得出色的业绩，战略制定者的任务就在于认定和表明企业的目标。

——约翰·基恩

一、目标设定的定义

目标设定是指企业在识别和分析实现目标风险并采取行动来管理风险之前，采取恰当的程序去设定目标，确保所选定的目标支持和切合企业的发展使命，并且与企业的风险承受能力相一致。

《企业内部控制基本规范》第二十条规定，企业应当根据设定的控制目标，全面、系统、持续地收集相关信息，结合实际情况，及时进行风险评估。可见，目标设定是企业风险评估的起点，是风险识别、风险分析和风险应对的前提。

企业应当根据自身的风险偏好和风险承受能力制定战略目标，然后在此基础上确定业务层面的目标，并对这些目标与该企业的风险偏好与风险承受度的一致性进行检验。

二、战略目标

1. 战略目标的定义

战略目标是指企业在实现其使命过程中所追求的长期结果，是在一些最重要的领域对企业使命的进一步具体化。它可以帮助企业找准市场定位、指导企业执行层的行动，并为企业内部控制指明方向。

企业应当在董事会下设立战略委员会，或指定相关机构负责发展战略管理工作，履行相应职责，并在充分调查研究、科学分析预测和广泛征求意见的基础上制定战略目标，如表 3－1 所示。

表 3－1　一些企业的战略目标

企业名称	战略目标
福特汽车	提高汽车质量，开发新产品，减少新车上市时间
联想	做一个长久性的公司，做百年的老字号，做有规模的公司，做有国际性市场定位、高技术的公司
万达	国际万达，百年企业

2. 战略目标的内容

由于战略目标是企业使命和功能的具体化，一方面，有关企业生存的各个部门都需要有目标；另一方面，目标还取决于个别企业的不同战略。因此，企业的战略目标是多元化的，既包括经济目标，又包括非经济目标；既包括定性目标，又包括定量目标。尽管如此，各个企业需要制定目标的领域却是相同的，所有企业的生存都取决于同样的一些因素。

德鲁克在《管理实践》一书中提出了八个关键领域的目标：（1）市场方面的目标。应表明本公司希望达到的市场占有率或在竞争中达到的地位。（2）技术改进和发展方面的目标。对改进和发展新产品，提供新型服务内容的认知及措施。（3）提高生产力方面的目标。有效的衡量原材料的利用，最大限度地提高产品的数量和质量。（4）物资和金融资源方面的目标。获得物质和金融资源的渠道及其有效的利用。（5）利润方面的目标。用一个或几个经济目标表明希望达到的利润率。（6）人力资源方面的目标。人力资源的获得、培训和发展，管理人员的培养及其个人才能的发挥。（7）职工积极性发挥方面的目标。对职工激励，报酬等措施。（8）社会责任方面的目标。注意公司对社会产生的影响。

企业的战略目标一般包括以下内容：（1）盈利能力。用利润、投资收益率、每股平均受益、销售利润等来表示。（2）市场。用市场占有率、销售额或销售量来表示。（3）生产率。用投入产出比率或单位产品成本来表示。（4）产品。用产品线或产品的销售额和盈利能力、开发新产品的完成期来表示。（5）资金。用资本构成、新增普通股、现金流量、流动资本、回收期来表示。（6）生产。用工作面积、固定费用或生产量来表示。（7）研究与开发。用花费的货币量或完成的项目来表示。（8）组织。用将实行变革获奖承担的项目来表示。（9）人力资源。用缺勤率、迟到率、人员流动率、培训人数或将实施的培训计划数来表示。（10）社会责任。用活动的类型、服务天数或财政资助来表示。

一个企业并不一定在以上所有领域都规定目标，并且战略目标也并不局限于以上 10 个方面。

3. 战略目标设定的步骤：

（1）明确企业发展目标；

（2）制定实现企业目标的战略计划；

（3）编制年度计划；

（4）企业编制年度预算。

4. 战略目标的制定原则：

（1）S（Specific）代表具体，不能笼统；

（2）M（Measurable）代表可计量，可以量化并可被验证；

（3）A（Attainable）代表可行，可以达到；

（4）R（Relevant）代表相关性，实实在在，可以证明和观察；

（5）T（Time - based）代表时限，具有明确的截止期限。

5. 战略目标设定的方法：

（1）时间序列分析法；

（2）相关分析法；

（3）盈亏平衡分析法；

（4）决策矩阵法、决策树法。

【案例3－2】华为的战略

作为一家成功的企业，华为在战略上有许多与其他企业不一样的地方。中国有很多企业做战略纯粹是抓机会，但是抓机会也是“狗熊掰棒子”，不聚焦。华为是在战略思维上想明白后就高度聚焦，不是纯粹的机会导向。就像任正非讲的，一旦发现了战略机会，就不在非战略机会上浪费时间和资源。这是华为和其他企业不一样的地方，别人是机会导向的“等不及”，华为是真正“等得及”。战略是一种选择，华为一旦选择了干什么，就心无旁骛，就傻干傻付出。华为舍得在长远的战略目标上加大对技术、人才、市场的投入；其他企业是发现了战略机会，但不愿意在重大战略机会上投入。

华为之所以能够具有超强的执行力。首先是能够集中配置资源。华为在技术、组织、人才等方面舍得投入，敢于砸钱，比如，华为的产品有差异化，有技术创新能力，早在华为基本法时期，华为在技术创新方面每年投入10%，现在是15%、16%，管理方面每年投入约300亿元。其次才是工具的运用，用一套工具落实战略、分解战略，把战略目标分解到业务系统，通过战略解法体系，通过PPC系统使战略能够落地。

现在很多企业也学习IBM的BLM和战略解码，但是为什么做不到？就是因为没有像华为这样在战略配置上真抓实干，把资源配置真正聚焦到战略要素上。有人比喻说，华为和其他企业同时发现了猎物，其他企业派出去的是游击队，拿着“三八大盖”去打；华为派出去的是航空母舰、核导弹。这个比喻很形象、很贴切。

资料来源：彭剑锋，CFP. 华为的战略和战略的华为［J］. 企业观察家，2017（10）：92－93。

思考：查阅相关资料，讨论华为有哪些成功的战略管理目标。

延伸阅读：
华为战略管理案例

三、设定业务层面目标

业务层面目标包括经营目标、报告目标、合规目标和资产安全目标，它来自企业战略目标及战略规划，并制约或促进企业战略目标的实现。业务层面的目标应具体并具有可衡量性，且与重要的业务流程密切相关。业务层面目标的制定需要经过以下四个阶段：

（1）制定业务层面目标；

（2）根据企业的发展变化，定期更新业务活动的目标；

（3）配置资源以保证业务层面目标的顺利实现；

（4）分解业务目标并下达。

四、目标设定与风险偏好、风险承受度

目标设定是否科学有效，取决于其是否与企业的风险偏好和风险承受度保持一致。

1. 风险偏好。风险偏好是指企业在实现其目标的过程中愿意接受的风险的数量。可以采用定性和定量两种方法对风险偏好加以度量。在战略制定阶段，企业应进行风险管理，考虑将该战略的预期收益与企业的风险偏好结合起来，帮助企业的管理者在不同的战略方案之间选择与企业的风险偏好相一致的战略。

2. 风险承受度。风险承受度是指企业能够承担的风险限度，是企业在风险偏好的基础上设定的对相关目标实现过程中所出现的差异的可容忍度，包括整体风险承受能力和业务层面的可接受风险水平。在确定各目标的风险承受度时，企业应考虑相关目标的重要性，并将其与企业风险偏好联系起来。

3. 风险组合观。风险管理要求企业管理者以风险组合的观点看待风险，对相关的风险进行识别并采取措施，以使企业所承担的风险在风险偏好的范围内，对企业内的每个部门而言，其风险可能落在该部门的风险承受度范围内，但从企业总体来看，总风险可以超过企业总体的风险偏好范围。因此，应从企业总体的风险组合观看待风险。

延伸阅读：
法国兴业银行巨亏

第三节 风险识别

一、风险识别的概念与内容

（一）风险识别的概念

风险识别是对企业面临的各种潜在事项进行确认。所谓潜在事项，是指来自于企业内部

和外部可能影响企业战略的执行和目标的实现的一件或者一系列偶发事项。企业应采用一系列技术来识别有关事项并考虑有关事项的起因，对企业过去和未来的潜在事项以及事项的发生趋势进行计量。

《企业内部控制基本规范》第三章第二十一条规定："企业开展风险评估，应当准确识别与实现控制目标相关的内部风险和外部风险，确定相应的风险承受度"。风险识别是否全面、深刻直接影响风险评估的质量，风险识别的目的就是确认所有风险的来源、种类以及发生损失的可能性，为风险分析和风险应对提供依据。由此可见，风险识别是整个风险评估过程中重要的程序之一。

（二）风险识别的内容

风险识别主要内容包括如下两方面：（1）感知风险事项。通过调查和了解，识别风险事项的存在；（2）分析风险事项。通过归类分析，掌握风险事项产生的原因和条件以及风险事项具有的性质。感知风险事项和分析风险事项构成风险识别的基本内容，两者是相辅相成，互相联系的。感知到风险事项的存在才能进一步有意识、有目的地分析风险，进而掌握风险的存在及导致风险事项发生的原因和条件。

按风险的来源不同，企业可能存在的风险事项可以划分为内部风险和外部风险。企业的内部风险来源于企业的决策和经营活动。企业决策的风险一方面表现在与外界环境不相适应、另一方面表现在企业本身的经营活动中，经营活动中的风险来自企业的各个流程相各个部门。企业的外部风险来自企业经营的外部环境，包括外部环境本身和外部环境的变化对企业目标的影响，如社会政治风险、供应链风险、市场风险、竞争对手风险、技术革新风险、法律法规风险、自然地理环境风险、灾害风险。企业开展风险评估，应当准确识别与实现控制目标相关的内部风险和外部风险。

企业识别内部风险，应当关注下列因素：（1）董事、监事、经理及其他高级管理人员的职业操守，员工专业胜任能力等人力资源因素；（2）组织机构、经营方式、资产管理、业务流程等管理因素；（3）研究开发、技术投入、信息技术运用等自主创新因素，包括增加资源以应对批量变动、安全故障以及潜在的系统停滞，它们会导致订货减少、欺诈性的交易以及不能持续经营业务等；（4）财务状况、经营成果、现金流量等财务因素；（5）营运安全、员工健康、环境保护等安全环保因素，包括工作场所的意外事故、欺诈行为以及劳动合同到期，它们会导致企业失去可利用的人员、货币性或者声誉性的损失以及生产中断等；（6）其他有关企业识别内部风险的因素。

企业识别外部风险，应当关注下列因素：（1）经济形势、产业政策、融资环境、市场竞争、资源供给等经济因素，包括价格变动、资本的可获得性，或者竞争性准入的较低障碍，它们会导致更高或更低的资本成本以及新的竞争者；（2）法律、法规、监管要求等法律因素，包括新的法律和监管，它们会导致诸如对国外市场的新的开放或限制进入，或者更高或更低的税收；（3）安全稳定、文化传统、社会信用、教育水平、消费者行为等社会因素；（4）技术进步、工艺改进等科学技术因素，包括电子商务的新方式，它会导致数据可取得性的提高、基础结构成本的降低以及对以技术为基础的服务的需求增加；（5）自然灾害、环境状况等自然环境因素，包括洪水、水灾或地震，它们会导致建筑物的损失，限制获取原材料，或者人力资本的损失；（6）其他有关外部风险的因素。

需要注意的是，这些影响企业风险状况的事项通常不是孤立的，一个事项可能引发另一个事项。在事项识别的过程中，企业应清楚事项彼此之间的关系，通过评估这种关系，才能确定采取何种风险应对措施是恰当的。例如，我国2010年实行的提高存款准备金的政策，使利率、汇率、股票价格、房地产价格等都发生了一系列的变化。由此可见，企业对风险事项的识别需要具有一定的前瞻性和系统性。

二、风险识别的过程

风险识别的过程包括以下几个方面：

（一）发现或者调查风险因素

在风险事项发生以前，发现引发风险的因素，是风险识别的核心。发现了风险因素才能有的放矢地改变风险因素的存在条件，防上风险因素增加或聚集。风险因素大致分为以下几类：

1. 自然环境。这是企业面临的最基本的风险来源，自然环境的改变不可避免地会对许多行业带来重大影响，例如运输业因泥石流等地质灾害而影响运输效率。

2. 社会经济因素。人们的价值观不断改变，物质要求不断提高，人类行为及社会框架也间接成为风险源。一个社会的政治环境往往能影响其经济环境，如政府行动可以影响国际资本市场或导致通货膨胀。经济增长或萧条也是经济系统内互相影响的要素，而一个地方的利率变化、贷款政策改变也会给企业带来一定的风险。

3. 政治及法制因素。政治环境是最难以捉摸的风险源，执政党的变更、外交关系的建立、区域联盟的形成都会对商业活动产生巨大的影响。经济全球化、一体化使得特定政府越来越难以控制国际经济环境。对于地方经济而言，财政政策和货币政策是企业面临的重要风险因素，如政府制定严格的处理条例会使企业面临风险。除了政治因素外，国家法制健全与否会构成风险，司法制度的健全与否也会影响投资者的风险大小，例如政府奖惩标准的变化都会给企业的经营带来一定的风险。

4. 营运环境。企业的内部运作过程也是产生风险及不确定性的来源。例如，企业有责任为员工提供一个健康安全的工作环境，从正面来说健全的营运环境能使企业赢得美好的声誉促进企业的利润的提升，从反面来说发生事故企业要面对的则是巨额的赔偿和名誉的下降，这是最大的损失。

（二）减少风险因素增加的条件

包括但不限于以下内容：（1）产品或服务的市场前景、行业经营环境的变化、商业周期或产品生命周期的影响、市场饱和度等；（2）经营模式发生变化，经营业绩不稳定，主产品或主要原材料价格波动，产品或服务过度集中或分散等；（3）技术不成熟、技术尚未产业化、技术缺乏有效保护或保护期限短、缺乏核心技术或产品技术面临被淘汰的危险等；（4）投资项目在市场前景、技术保障、产业政策、环境保护、融资安排等方面存在的问题，因营业规模、营业范围扩大或者业务转型而导致的管理风险、业务转型风险。针对这些风险因素，应采取相应的措施，对于可能引发重大事故的风险因素要及时处理。

（三）预见危害或者危险

无论是由什么风险因素引发的风险事故，都会产生危害，造成损失。事项识别的重要步骤就是能够预见危害，将产生危害的条件消灭在萌芽状态。

（四）重视风险的暴露

这是风险识别的重要组成部分，可能面临损失的物体都有风险暴露的可能，必须重视风险的暴露。任何企业的所有部门都有可能暴露于风险事项的威胁之下。为了事项识别的方便，一般把风险暴露分为：实物资产风险暴露、金融资产风险暴露、客户资产风险暴露、雇员或供应商资产风险暴露和组织资产风险暴露。

【案例 3－3】近期中美贸易摩擦

2018 年 2 月 4 日，中国商务部决定即日起对原产于美国的进口高粱进行反倾销和反补贴立案调查。2017 年 12 月 5 日，美国商务部宣布将对来自越南、原材料为中国的钢铁产品征收高额的进口关税。2017 年 11 月 28 日，美国商务部表示，将使用贸易政策手段对从中国进口的铝箔主动发起反倾销反补贴调查，以确定是否存在以非法的低廉价格销售产品的行为。2017 年 11 月 16 日，美国商务部宣布对原产于中国的进口可用于机加工的冷拔管作出反倾销初裁。2017 年 11 月 13 日，美国商务部公布对华胶合板产品反倾销与反补贴调查最终裁定。2017 年 11 月 13 日，美国商务部宣布对进口自中国和越南的工具箱（柜）作出反倾销初裁。（记者马琳整理）

资料来源：大公报，2018 年 2 月 5 日第 A7 版：要闻。

三、风险识别的方法

风险识别主要有以下几种方法：

（一）现场调查法

现场调查法是指通过直接进行实地观察和分析，了解企业生产经营中存在的风险隐患的方法。现场调查法一般分为三步：调查前的准备，现场调查和访问，形成调查报告与反馈。

现场调查法的优点是：可获得第一手资料；可与现场工作人员建立良好的关系，宣传风险概念，为之后的风险管理措施的落实做铺垫。其局限性是耗时较长，成本较高，有时因疲于应对调查还会引起被调查人员的反感。

（二）德尔菲法

德尔菲法又称专家调查法，是指在识别风险时，对多位相关专家进行反复咨询及意见反馈，直到得到比较一致的意见，最终确定影响企业的主要风险因素的方法。

德尔菲法的优点是能充分发挥各位专家的作用，集思广益；参与者可以免受团体的压力，不必附和他人的看法，可以避免个性特征和相容性问题。其局限性是过程比较复杂，花费时间较长。

（三）风险清单分析法

风险清单分析法是指将企业可能面临的风险和潜在的损失分类，按照一定的顺序排列，形成风险清单，再逐项对照检查的方法。保单对照法是风险清单分析法的一种。

风险清单分析法的优点是：风险识别过程简单迅速；可以同时跟踪检测整个风险管理过程，不断修订风险清单以适应环境的变化。其局限性是风险清单的初次制作以及回收都比较费时、回收率可能较低，而且质量难以有效控制。

（四）流程图法

流程图法是将企业的各项经济活动按照内在的逻辑联系绘制成作业流程图，然后针对其中的关键步骤或薄弱环节进行调查、研究和分析，以识别企业风险的方法。

流程图法的优点是可以将复杂的生产过程或业务流程简单化，从而易于发现风险。其局限性是流程图的绘制一般要由具有专业知识的风险管理人员绘制，需要花费的时间比较长，其管理成本也比较高；流程图的准确与否决定着风险管理部门识别风险的准确性。

（五）因果图法

因果图法是指将造成某项结果的各种原因，以图解的方式表达，即用图表达结果与原因的关系。但使用因果图法需要分析的业务流程较多，对分析人员的专业水平要求较高。

（六）财务报表分析法

财务报表分析法又称杜邦分析法，是指以企业的资产负债表、利润表和现金流量表等财务报表为依据，通过水平分析、垂直分析、趋势分析、比率分析等方法，从财务角度发现企业面临的风险的方法。其中，杜邦分析法能够将财务指标逐层分解，揭示指标之间的相互关系，对财务指标进行综合分析，为识别企业财务风险提供了有力的切入点。

财务报表分析法的优点是较为方便有效，且易于被内部和外部人员接受。其局限性是不能反映以非货币形式存在的问题，如人员素质、创新能力、业务流程和其他经济因素的变化等，需要辅以其他识别方法和手段。

第四节　风险分析

一、风险分析的定义

《企业内部控制基本规范》第二十四条规定，企业应当采用定性与定量相结合的方法，按照风险发生的可能性及其影响程度等，对识别的风险进行分析和排序，确定关注重点和优先控制的风险。

企业进行风险分析，应当充分吸收专业人员，组成风险分析团队，按照严格规范的程序开展工作，确保风险分析结果的准确性。

二、风险分析的内容

风险分析的内容复杂多样，简单地说，就是分析风险发生的可能性和影响程度。可能性表示一个给定事项将会发生的概率，影响程度则代表它的后果。一般来说，对识别出来的风险，从可能性和影响程度两个方面进行分析后，就可以根据分析的结果采取应对措施。

1. 风险发生的可能性分析

可能性分析是指假定企业不采取任何措施去影响经营管理过程，将会发生风险的概率。它通常是通过实际情况的收集和利用专业判断来完成。科学的方法是使用数理统计原理，以数值为依据，根据现象特征，采用二项分布、泊松分布等数学模型，进行科学测算。风险的可能性分析应该遵循“大数法则”，即如果有足够的事例可供观察，则这些未知与不测力量将有趋于平衡的自然倾向，那些在个别情况中存在的不确定性和风险，将在大数中消失。大数法则告诉我们，在有足够多的风险单位时，实际损失结果与预期损失结果的误差将很小。例如，在确定销售退回率过程中，要求有足够多的销售退回数额，这样才能得出合理的销售退回率。

风险可能性分析的结果一般有“很少”“不太可能”“可能”“很可能”和“几乎确定”五种情况。“很少”意味着在例外情况下可能发生；“不太可能”意味着在某些时候不太能够发生；“可能”意味着在某些时候能够发生；“很可能”意味着在多数情况下很可能发生；“几乎确定”意味着在多数情况下预期会发生。对可能性的定性测评见表3－2。

表3－2　　可能性的定性测评表

序号	描述	详细描述举例
1	几乎确定	在多数情况下预期会发生
2	很可能	在多数情况下很可能发生
3	可能	在某些时候能够发生
4	不太可能	在某些时候不太能够发生
5	很少	在例外情况下可能发生

2. 风险产生的影响程度分析

影响程度分析主要是指对目标现实的负面影响程度分析。按照影响的结果（通常量化成数值），一般将风险划分为“不重要”“次要”“中等”“主要”和“灾难性”五级。影响程度的定性分析见表3－3。

表3－3　　影响程度的定性分析

序号	描述	详细描述举例
1	不重要	不受影响，较低的损失
2	次要	轻度影响（情况立刻受到控制），轻微的损失
3	中等	中度影响（情况需要外部支持才能得到控制），中等的损失
4	主要	严重影响（情况失控，但无致命影响），重大的损失
5	灾难性	重大影响（情况失控，给企业致命影响），极大的损失

风险影响程度大小是针对既定目标而言的，因此对于不同的目标，企业应采取不同的衡量标准。这里应注意的是，风险是一种变化的动态事物。基于动态条件的预测和分析其结果不可能做到精确可靠。所有风险分析的目的，都是尽量避免项目失控，或发生突发事件后留有足够的后备措施和缓冲空间。

在进行风险分析的过程中，公司从自身的具体状况出发，运用适当的风险分析技术定量或定性地评估相关事项，根据风险分析的结果，按风险发生的可能性及影响程度进行排序分析，分清哪些是主要风险，哪些是次要风险，从而筛选出企业的关键风险，为风险应对提供依据。

三、风险分析的方法

（一）定性分析的方法

定性分析方法是目前风险分析中采用比较多的方法，它具有很强的主观性，往往需要凭借分析者的经验和直觉，或者世界的标准和惯例，对风险因素的大小或高低程度进行定性描述，譬如高、中、低三级。定性分析的操作方法多种多样，有问卷调查、集体讨论、专家资讯、人员访谈等。

最常见的定性分析方法是风险评估图法。风险评估图法是把风险发生的可能性、风险发生后对目标的影响程度，作为两个维度绘制在同一个平面上（即绘制成直角坐标系）。如图 3 – 1 所示，A 区域为不利事件发生的可能性很高且影响很大或者后果严重，B 区域为不利事件发生的可能性较低且影响较小或者后果轻微，A 区域为高风险区域应高度重视，B 区域为低风险区域，无须高度重视。

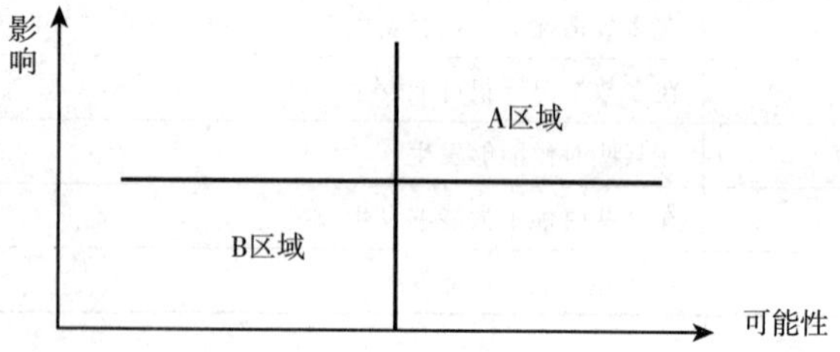

图 3 – 1 风险评估图法

（二）定量分析的方法

定量分析法，就是对构成风险的各个要素和潜在损失的水平赋予数值或货币计量的金额，从而量化风险分析的结果。比较常用的定量分析法有情景分析法、敏感性分析、VaR 值、压力测试、蒙特卡洛方法等。

1. 情景分析法。情景分析法是通过假设、预测、模拟等手段生成未来情景，并分析其对目标产生影响的一种分析方法。情景分析法对这些情况特别有用：提醒决策者注意某种措施或政策可能引起的风险或危机性的后果；建议需要进行监视的风险范围；研究某些关键因素对未来过程的影响；提醒人们注意某种技术的发展会给人们带来哪些风险。

2. VaR 值。风险价值（VaR），是指在正常的市场条件和给定的置信水平（通常是 95% 或 99%）下，在给定的特有期间内，某一投资组合预期所面临的潜在的最大损失金额。VaR 把对预期的未来损失的大小和该损失发生的可能性，是一种数量化市场风险的重要量度工具。

3. 蒙特卡洛方法。蒙特卡洛方法是先建立一个概率模型或随机过程，然后以随机产生的风险因子回报值来模拟组合的收益分布的一种随机模拟数学方法。该方法用来分析评估风险发生的可能性、风险的成因、风险造成的损失或带来的机会等变量在未来变化的概率分布，其可以随机模拟各种变量间的动态关系，解决某些具有不确定性的复杂问题。

4. 敏感性分析。敏感性分析是通过分析，预测项目主要因素发生变化时对经济评价指标的影响，从而找出敏感因素，并确定其影响程度。虽然敏感性分析已得到广泛的应用，但也有其弱点。这种方法要求每一关键变量的变化是相互独立的。然而，管理层更感兴趣的是两个或两个以上关键变量的变化的综合影响。仅仅考虑独立的因素是不现实的，因为它们往往是相互影响的。敏感性分析，是要针对影响项目的若干因素，分析其发生某一幅度地变化后，对盈亏平衡点产生的影响，对生产能力占用的影响，对投资回收、贷款偿还、净现值以及内部收益率的影响，以此判断出，在若干影响效益的因素中，哪些因素对效益影响大。进而提示决策者要慎重和加倍仔细地推敲这些因素在未来将带来怎样的后果，使项目减少风险、决策减少失误。

确定敏感性分析的步骤如下：

（1）确定敏感性分析指标；

（2）选择不确定性因素及其变动幅度；

（3）计算不确定因素的变动对分析指标的影响程度；

（4）寻找敏感因素；

（5）对敏感因素进行分析、采取措施，提高抵抗风险的能力。

延伸阅读：

敏感性分析在企业经营决策中的应用

5. 压力测试。压力测试是指评估那些具有极端影响事件的情景下，分析评估风险管理模型或内控流程的有效性，发现问题，制定改进措施的方法。压力测试一般被用作概率度量方法的补充，用来分析那些通过与概率技术一起使用的分布假设可能没有充分捕捉到的低可能性、高影响事件的结果。

【案例 3－4】美国银行业压力测试情况简介

2008 年国际金融危机爆发后，美国政府强烈意识到金融体系稳定的重要性，加大了推行金融改革、加强监管的力度。

2009 年初，奥巴马提出了以资本援助为核心内容的金融救援方案，要求美联储、货币监理署等四部门联合开展资本评估计划（SCAP），对 2008 年末资产超过 1000 亿美元的 19 家银行控股公司开展压力测试，以决定哪些银行需要资本援助和援助的具体金额。

2010 年 7 月 15 日，美国参议院正式通过了大萧条时期以来规模最大、最为严厉的银行业改革法案——《多德—弗兰克法案》。按照《多德—弗兰克法案》，美国各级金融监管机构建立了对应不同资产规模的压力测试标准。资产在 100 亿美元以上的美国大型银行每年都要进行自我管理的“压力测试”，超过500亿美元的金融机构还要接受由美联储负责执行的单独测试。

由此，“压力测试”逐渐成为美国监管当局监测银行业稳定性的一项常规措施，从2009—2012年美国已经进行了四次压力测试。四次压力测试的基本情况见表3-4：

表3-4　　2009—2012年美国银行业四次压力测试基本情况

测试时间	2009年2月	2010年11月	2011年11月	2012年11月
测试主体	美联储，货币监理署，联邦存款保险公司，储蓄机构监理局	美联储	美联储	美联储
测试对象	19家大型银行（资产>1000亿美元），占美国银行业总资产的66%	19家大型银行（资产>1000亿美元），占美国银行业总资产的66%	19家大型银行（资产>1000亿美元），占美国银行业总资产的66%	18家总资产超过500亿美元的美国大型银行
测试时段	2009—2010年	2010年第四季度—2012年第四季度	2011年第四季度—2013年第四季度	2012年第四季度—2014年第四季度
情景假设	包括基准情景和不利情景，主要指标包括GDP增长率、失业率和房价	基准情景和压力情景由各银行自行设定；监管压力情景 由美联储设定，主要包括GDP增长率、失业率和房价指标	包括监管情景和银行自行设定情景，监管情景包括基准和压力情景，由美联储设定，主要包括GDP增长率、失业率、房价和道琼斯指数等25个指标	失业率上升至12.1%，股市暴跌超过50%，以及房屋价格缩水超过20%
测试结果	19家银行中有10家需要增资，共需要补充资本746亿美元	未统一披露详细结果，经过压力测试，美联储加强了对银行资本充足水平的前瞻性和综合性监管，大多数银行的资本规划和流动性管理得到改善	15家银行通过测试，4家未通过，分别是花旗集团，美国联合汽车金融公司，太阳信托银行公司，大都会人寿保险	17家银行通过测试，美国联合汽车金融公司未能过关

资料来源：卞家涛，余珊萍，李骎．商业银行压力测试的国内外实践［J］．安徽工业大学学报（社会科学版），2015，32（01）：21-25。

第五节　风险应对

在交易中，风险控制永远是第一位的，并贯穿交易的全过程。

——华尔街名言

一、风险应对的定义

风险应对，是指在风险分析的基础上，针对企业所存在的风险因素，根据风险分析的原则和标准，运用现代科学技术知识和风险管理方面的理论与方法，提出各种风险解决方案，经过分析论证与评价从中选择最优方案并予以实施，来达到降低风险目的的过程。《企业内部控制基本规范》第二十五条规定，企业应当根据风险分析的结果，结合风险承受度，权衡风险与收益，确定风险应对策略。风险应对是指在风险识别和风险分析的基础上，针对企业存在的风险因素，采取适当的方法，对风险加以有效应对，以降低风险的过程。

二、风险应对的策略

风险应对策略主要包括风险规避、风险降低、风险转移与风险承受，如表 3－5 所示。

表 3－5　　风险应对策略原则

风险规避	风险降低	风险转移	风险承受
完全放弃 中途放弃 改变条件	损失预防 损失抑制	保险转移 财务型非保险转移 控制型非保险转移	接受 计划

（一）风险规避

风险规避（risk avoidance）是指企业对超出风险承受度的风险，通过放弃或者停止与该风险相关的业务活动以避免和减轻损失的策略。风险规避能将特定风险造成的各种可能损失完全消除，因此，常被称为称为最彻底的风险管理技术。

1. 风险规避的方式

（1）完全放弃，是指企业拒绝承担某种风险，根本不从事可能产生某些特定风险的活动。例如，某 IT 企业打算开展软件外包业务，但是发现市场上开展此类业务的企业之间竞争极其激烈，于是该 IT 企业考虑完全放弃开展软件外包业务的计划。

（2）中途放弃，是指企业终止承担某种风险。例如，一个经销家庭日用品的企业在经销小儿麻痹疫苗的过程中发现，有缺陷的小儿麻痹疫苗在某些情况下会导致小儿麻痹症，于是决定终止这种经销活动，以免引发该产品责任索赔案。这种风险规避通常与环境的较大变化和风险因素的变动有关。由于发生了新的不利情况，经过权衡利弊后，认为得不偿失，故而放弃。

（3）改变条件，是指改变生产活动的性质、改变生产流程或工作方法等。其中，生产性质的改变属于根本的变化。例如，梧州电子仪器厂在开发生产高频接插件时，如果选择从日本引进全套设备，需要投资 800 万元，企业难以承受由此带来的财务压力，于是，企业采取逐步改变条件的策略，先投资 200 万元，引进散件和后续工序设备，待收回投资后再成套引进，最终使新产品开发获得成功。

2. 风险规避的优点和局限性

风险规避是通过中断风险源，规避可能产生的潜在损失或不确定性，是处理风险的种有用的、极为普遍的方法。风险规避也是风险应对策略中最简单亦较为消极的方法。比如，一家企业为了避免企业出现坏账的风险而拒绝在任何情况下的赊销行为，即在规避该种风险的情况下，企业同时也失去了从风险中获益的可能性，更何况有些风险根本无法避免，因此，风险规避的适用范围受到一定限制。（1）有些风险无法规避，对企业而言，有些基本风险如世界性的经济危机、能源危机、自然灾害等绝对无法规避；（2）有些风险可以规避但成本过大，即对某些风险即使可以避免，但就经济效益而言也许不合适；（3）消极地避免风险，只能使企业安于现状，不求进取。一家企业固然可以借着不从事任何营业行为而避免风险，但从整体情况来看，一家企业没有营业行为自然也就没有，营业收入，当然也就无法赚取利润，获得发展。

3. 风险规避的适用范围

最适合采用风险规避策略的情况有以下两种：（1）某种特定风险所致的损失概率和损失程度相当大；（2）应用其他风险处理技术的成本超过其产生的效益，采用风险规避方法可使企业受损失的程度等于零。

实践工作中企业通常规避风险的办法有：通过公司政策、限制性制度和标准，阻止高风险的经营活动、交易行为、财务损失和资产风险的发生；通过重新定义目标，调整战略及政策，或重新分配资源，停止某些特殊的经营活动；在确定业务发展和市场扩张目标时，避免追逐“偏离战略”的机会；审查投资方案，避免采取导致低回报、偏离战略以及承担不可接受的高风险的行动；通过撤出现有市场或区域，或者通过出售、清算、剥离某个产品组合或业务，规避风险。

（二）风险降低

风险降低（risk reduction）是企业在权衡成本效益之后，准备采取适当的控制措施降低风险或者减轻损失，将风险控制在风险承受度之内的策略。风险降低的目的在于积极改善风险特性，使其能为企业所接受，从而使企业不丧失获利机会。因此，相对于风险规避而言，风险降低是较为积极的风险处理策略。

风险降低依目的的不同可以划分为损失预防和损失抑制两类。前者以降低损失概率为目的，后者以缩小损失程度为目的。如汽车安全气囊的装设是损失预防措施，而火灾警报器和自动喷淋系统则是损失抑制措施。

1. 损失预防

损失预防是指在损失发生前为了减少或消除可能引起损失的各项因素所采取的具体措施，也就是消除或减少风险因素，以便降低损失发生的概率，即做到预先防范。损失预防与风险规避的区别在于，损失预防不消除损失发生的可能性。而风险规避则使损失发生的概率为零。例如，企业销售产品形成的应收账款占流动资产比重较高的，应对客户信用进行评级，确定其信用期限和信用额度，从而降低坏账发生的概率。

例如，某建筑公司要盖一幢大楼，在施工合同签订时，明确索赔权利，防止违约；项目施工前，建立安全规程和制度，并对员工进行安全教育，防止事故发生；楼房交付使用前，得到相关部门的验证审批及相关责任人签字盖章，明确责任，防止交付后不必要的麻烦。

2. 损失抑制

损失抑制，是指在事故发生过程中或事故发生后，采取措施减少损失发生范围或损失程度的行为。如通过给计划提供支持性的证明文件并授权合适的人做决策，应对偶发事件。

【案例 3-5】茅台的风险应对策略

2012 年 11 月 19 日对中国白酒行业来说是个重要的日子，酒鬼酒股份有限公司在这一天被爆料称由上海天祥质量技术服务有限公司查出该公司产品塑化剂超标 2.6 倍。此条消息一出，可谓一石激起千层浪。全国白酒行业立即陷入信任危机。仅仅2012年11月19日一天我国股市白酒板块就遭受重挫，截至收盘，白酒板块跌幅居首。据相关估算，两市白酒股票总市值共蒸发近330亿元，在跌幅前15位的个股中，酒类占据10席。面对此次行业危机，贵州茅台迅速做出正面回应，从可能导致危机升级、市场崩溃的两大主要渠道入手：一方面连续发出公告，向媒体做出澄清。另一方面发布质检报告，力求挽救企业形象。中国贵州茅台酒厂面对危机做出的应对措施在很大程度上降低了企业的损失。

事实上，一项风险降低的实践计划往往将预防损失和损失抑制两者结合起来，从而做到更有效地降低风险。比如，美国在20世纪70年代限制高速公路车速的风险管理措施，一方面由于限制车速减少了车祸发生的概率；另一方面因为司机有更多的时间认识风险，同时又减少了车祸发生时或发生后的损失程度。

实践工作中损失控制通常采取的具体方法有：（1）风险预防和减少风险源和风险因素的产生；（2）抑制已经发生的风险事故的扩散速度和扩散空间；（3）增强被保护对象抵抗风险的能力；（4）设法将风险与保护对象隔离；（5）妥善处理风险事件，尽力减轻被保护对象遭受的损失；（6）加强职业安全教育，避免由于人为因素所导致的损失等。

（三）风险分担

风险分担（risk sharing）又称风险转移，是企业准备借助他人力量，采取业务分包、购买保险等方式和适当的控制措施，将风险控制在风险承受度之内的策略。风险分担是种事前的风险应对策略，即在风险发生前，通过各种交易活动，如业务外包、购买保险租赁等，把可能发生的风险转移给其他人承担，避免自己承担全部风险损失。通过分担方式应对风险，风险本身并没有减少，只是风险承担者发生了变化风险分担的方式主要可以分为3种：财务型非保险转移、控制型非保险转移和保险转移。

1. 财务型非保险转移

财务型非保险转移，是指利用经济处理手段转移经营风险。比较常用的手段有保证、再保证、证券化、股份化等。

（1）保证。保证是保证人与被保证人通过某种契约签署的，为使保证人履行相关义务以确保被保证人合法的既得利益的文件，其中有执行合约双方应尽责任的要求，如有违背，保证可能被取消或作相应调整。

（2）再保证。由于事项重大，为使被保证人的利益确实得到保护，在“保证”的基础上，由实力或声望更高的团体或个人通过合约或契约对被保证人所做的承诺。

（3）证券化。利用可转换债券、双汇率债券等金融工具方式，满足投资人、筹资方利益的需要，这是一种双赢的风险转移。

（4）股份化。又叫公司化，指通过发行股票的方式，将企业风险转嫁给多数股东，这种操作实际上只是分散原始股东的风险，增强了企业抵抗风险的能力，而企业的运营风险并未得到转移。

2. 控制型非保险转移

控制型非保险转移是通过契约、合同将损失的财务和法律责任转嫁给他人，从而解脱自身的风险威胁。常用的方法有外包、租赁、出售、回租等。

（1）外包。又称转包或分包。转让人通过转包或分包合同，将其认为风险较大的务转移给非保险业的其他人，从而将相应的风险全部或部分转移给承包人。

（2）租赁。出租人通过合同将有形或无形的资产交给承租人使用，承租人交付一定租金，承租人对所租物只有使用权。

（3）出售。通过买卖契约将与财产或活动相关的风险转移给他人。

（4）售后回租。这是将出售和租赁合并操作的风险转移方式。为避免错过市场行情或由于资金紧张将资产整体卖掉，然后租回部分资产。

3. 保险转移

保险，是指通过签订保险合同，向保险公司缴纳一定的保险费，在事故发生时就能获得保险公司的赔偿，从而将风险转移给保险公司。采用保险的方式，一方面，风险转移到保险公司之前，投保人须履行其义务，有责任缴付保险金；另一方面，当损失出现时，保险公司将会代替投保人承受因风险所带来的损失。企业对于自身不能控制、无法通过抑制实现转移的风险，或者根据外部与内部环境的变化对风险控制效果有一定的担忧时，可以采用投保的方式转移风险。

（四）风险承受

风险承受（risk acceptance）是企业对风险承受度之内的风险，在权衡成本效益之后不准备采取控制措施降低风险或者减轻损失的策略。风险承受是一种风险财务技术，企业明知可能有风险发生，但在权衡了其他风险应对策略之后，出于经济性和可行性的考虑将风险留下，若出现风险损失，则依靠企业自身的财力去弥补风险所带来的损失。风险承受的前提是自留风险可能导致的损失比转移风险所需代价小。

风险承受对策包括非计划性风险承受和计划性风险承受两种。非计划性风险承受是非计划的和被动的，主要是由于风险识别过程的失误、风险的评价结果认为可以忽略、风险管理决策延误等原因造成的。如果在风险管理规划阶段已对一些风险有了准备，当风险事件发生时马上执行应急计划，自留风险就是计划性风险承受。风险自留的计划性主要体现在风险自留水平和损失支付方式两方面。风险自留水平，是指选择风险事件作为风险自留的对象。确定风险承受的水平可以从风险发生的概率及损失期望值大小的角度考虑，一般应选择风险发生概率小、损失期望值小的风险事件作为风险自留的对象。损失支付方式，是指风险承受应预先制订损失支付计划。常见的损失支付方式有从现金净收入中支出；建立非常基金储备；建立风险准备金等。

在决定是否选择风险承受时，应考虑以下原则：（1）企业具有承受这些自留风险的能力；（2）同其他可行的风险应对策略相比，风险承受的预期损失较小。应用风险承受策略还应考虑到，风险的意外性扩大而使企业面临着更加严重的损失。甚至在极端情况下，风险承受可能使企业承担巨大风险，以至于可能危及企业的生存和发展。

风险承受策略的优点有：（1）成本较低。承受风险可以使企业直接避免许多费用支出；（2）控制理赔进程。相对保险复杂的理赔过程及不能使企业满意的赔偿金额，风险承受避免了保险在理赔工作上的不及时和对企业恢复生产的延误；（3）提高警惕性。在采用风险承受策略的情况下，企业更加注重损失控制，会尽可能减少损失发生的概率和损失的严重程度；（4）有利于货币资金的运用。损失发生前，可以将不必支出的应急费用（如其他策略下的保险费用）用于生产经营，并获得一定的效益。

应用风险承受策略也存在一些弊端：（1）可能的巨额亏损。在特殊情况下，例如，发生自然灾害等，采用风险承受策略可能使企业面临承担巨额风险损失的危险；（2）可能产生更高的成本费用。在承受风险策略下，企业往往需要聘请专家进行指导和评估，在某些情况下，可能比采用其他策略支出的费用更大；（3）获得服务的种类和质量受限制。由于企业自身实力有限，当采用风险承受策略时，本来由保险公司提供的一些专业化服务就失去了作用；（4）可能造成员工关系紧张。例如，为企业职工安排福利补偿的问题，无论如何处理，在很多情况下都会有员工认为不公平，造成企业员工关系紧张。而如果通过企业外部保险公司来处理，则会避免该类情况的发生。

三、选择风险应对策略

上述风险策略必须基于风险分析的结果，根据企业的实际情况进行选择性使用。可以选择使用某一风险应对策略，也可以选择两种或两种以上的应对策略进行综合使用。选择合理的风险应对策略的关键是要有针对性，要实现对风险的有效控制。

（一）风险应对策略选择时应考虑的因素

1. 风险承受度。企业抵抗风险的能力决定了企业能够承受多大的风险，也决定了企业应对策略的选择。企业抵抗风险的能力取决于多种因素，包括管理者的风险偏好、企业的资源和财力水平、企业的风险态度等。《企业内部控制基本规范》尤其强调，企业应当合理分析、准确掌握董事、经理及其他高级管理人员、关键岗位员工的风险偏好，采取适当的控制措施，避免因个人风险偏好给企业经营带来重大损失。

2. 成本和效益。实际上每一种风险应对策略在设计和实施过程中都会产生一些直接或间接成本，这些成本要与其创造的效益相权衡。只有风险应对策略的成本小于其带来的收益时，这种风险应对策略才是可行的。

3. 风险的特性。制定风险应对策略，必须以风险的特性为依据，对不同特性的风险制定相应的应对措施。例如，对于风险较大（超出企业的风险承受度）的业务，企业一般采用风险规避策略；对于自然灾害等不可抗力风险，企业一般采用风险转移策略。

4. 可供选择的措施。对于某一特定风险，如果可以采取多种应对策略，那么风险应对措施的制定就需要在多种策略中进行比较，选择最有效的风险应对措施。

（二）风险应对策略选择时应注意的问题

企业应当结合不同发展阶段和业务拓展情况，持续收集与风险变化相关的信息，进行风险识别和风险分析，及时调整风险应对策略。因此，风险应对策略与企业的具体业务或者事项相联系，不同的业务或事项采取不同的风险应对策略，同一业务或者事项在不同的时期要采取不同的风险应对策略，同业务或事项在同一时期也可以综合运用多种风险应对策略。

1. 一般情况下，对战略、财务、运营和法律风险，可采取风险承受、风险回避、风险分担等方法。

2. 对能够通过保险、期货、对冲等金融手段进行理财的风险，可以采取风险分担、风险降低等方法。

3. 风险应对策略的选择还可以从企业范围内组合的角度去考虑。

延伸阅读：

芬达美年达应对致癌风波风险的措施

【案例3－6】海尔外汇风险管理的应对

中国海尔集团在美国南卡罗来纳州设立一家生产电视机的工厂。公司决定从日本引进一条彩色显像管生产线，总额为140000000日元，两个月后支付。公司财务人员担心两个月后日元升值。一个解决办法是委托中国银行买两个月远期合约。两个月远期汇率为1日元＝0.007042美元。但公司财务部又不情愿通过远期合约锁定一固定汇率，因为它希望日元贬值时也能受益，即公司希望日元升值时能得到保护，但当日元贬值时又能受益。花旗银行为公司设计了这样的套期保值方案。

公司买进一份协定价格为1日元＝0.007143美元的日元看涨期权，合约金额140000000日元，期权价格50000美元。同时，公司卖出一份协定价格为1日元＝0.006667美元的日元看跌期权合约，合约金额和期权价格皆与看涨期权相同。由于两份期权合约的期权费相同，海尔开始时没有任何现金支出，不外乎有三种情况。

1. 如果日元汇率大于0.007143美元：

（1）看涨期权有价，公司行使该期权，按协定价格0.007143买进140000000日元，支付1000000美元。

（2）看跌期权无价，买方放弃期权。海尔无任何负担。

2. 如果日元汇率小于0.007143美元但大于0.006667美元：

（1）看涨期权无价，公司不会行使期权，按当时的即期汇率买进所需的140000000日元，假设当时的即期汇率为0.006888美元，则支付964320美元。

（2）看跌期权无价，买方不会行使。海尔无任何负担。

3. 如果日元汇率小于0.006667美元：

（1）看涨期权无价，公司放弃期权。

（2）看跌期权有价，买方决定行使。按0.006667美元卖给海尔140000000日元。海尔别无选择，只能按此价格买进这笔日元，支付933333美元。

资料来源：改编自百度文库，海尔外汇风险管理案例（lvyanxi0121）。

思考：

1. 银行制定的这套期权组合策略为公司提供了何种保护和受益机会？

2. 银行制定的这套期权组合是如何帮助企业应对风险的？

本章案例分析

案例分析一

2001年2月，A公司（国有企业）按照财政部门要求，决定在公司系统全面开展《会计法》执行情况检查。

4月初，A公司派出检查组对设在外省的销售分公司B公司（以下简称“B公司”）进行检查，发现B公司存在多头开户、私设“小金库”等问题。正当检查组准备对有关问题进行深入检查时，A公司接到有关部门通报，A公司财会部经理许亮、B公司经理赵强、副经理张志刚携巨款潜逃国外。A公司立即向公安机关报案，同时决定对B公司几年来的经营管理和财务会计工作情况进行全面检查。经过6个多月的检查，一桩作案多年、涉案金额高达近2000万元的资金盗用案被揭开了面纱。

经查，许亮等人的主要作案手段和有关情形如下：1998年，许亮被任命为B公司经理，赵强担任B公司副经理，张志刚任会计兼出纳。当时，A公司出于开拓市场扩大经营规模等考虑，授予B公司产品销售定价自主权和对外投资自主权。由于尚未建立销售网络计算机控制系统，对各销售分公司的销售情况，A公司每月手工统计汇总一次，并要求各销售分公司每月末将当月销售款集中汇缴A公司账户，确认销售收入。许亮等人利用A公司授予的销售定价权，采用高价销售低价向A公司汇总报账的手法截留销货款形成“小金库”，并利用销售货款上缴的时间差，挪用销售货款由赵强负责炒股，非法所得也流入“小金库”。然后，由会计兼出纳的张志刚将“小金库”款项源源不断地汇往境外许亮等人控制的账户。1999年，许亮调任A公司财会部经理，赵强接任B公司经理，张志刚任副经理仍兼任会计和出纳工作。此后的几年间，许亮、赵强、张志刚三人继续采用上述手法大肆作案，直到2001年4月A公司检查组进驻。

案发后，A公司对此案高度重视，针对此案暴露出的分公司权力过大及内部控制方面存在的缺陷等问题，A公司董事会作出以下决定：第一，建立健全公司的内部控制制度，由总经理组织制定与实施，今后如果内部控制方面再出现问题，应由总经理承担全部责任。第二，加强对外投资的控制，收回各分公司的对外投资权，公司所有的投资均由A公司董事长审批。第三，加强财务管理，会计和出纳人员分设，出纳人员不得兼任账目登记工作，A公司的银行预留印鉴等一律由总会计师统一保管。第四，加强销售与收款的控制，所有的销售业务（包括制定销售价格、签订销售合同、组织货物发运、结算销售货款等）均由A公司销售部统一负责，各销售分公司仅负责市场宣传推广、协助催收货款。第五，加强计算机系统建设和内部审计工作，实现销售网点计算机控制，由A公司财会部每年组织对本公司及下属分、子公司内部控制制度执行情况和会计资料进行审计。

案例来源：改编自2003年高级会计专业技术资格真题。

根据上述案例，请你结合本章相关知识，思考：

1. 针对A公司发生的案件，指出A公司董事会所作决定可能面临的风险。

2. 如何有效地对A公司发生的案件还未暴露之前进行风险识别，结合案例谈谈自己的看法。

3. 在该案例中。如果你是该公司的董事，你将采取什么措施应对风险？

案例分析二

甲有限责任公司（以下简称“甲公司”）是一家造纸为主业的集团企业。近年来，其业务不断扩大，经营领域已涉足北上广深等一线城市。风险管理职能部门主要负责人李莫，在对2016年及以前的经营情况进行了分析后，对公司的风险情形进行了归纳：

（1）近年来，随着造纸产业环保标准逐步提高和行业竞争日益激烈，造纸行业经营困难。甲公司为积极应对这一情况，扩展经营范围，涉足建材销售、提供装修服务等多元化经营以减少造纸行业的经营风险。

（2）甲公司在生产过程中，要委托其他企业代为加工一部分产品。与甲公司合作的委托加工企业共有10家，其中9家长期合作。经查，新增的一家管理较松懈，对检验工人的操作规范要求不达标。甲公司检验部门与该公司沟通后不明显，甲公司已经拒绝与其合作。

（3）甲公司在本年年初试运行一条新生产线，由于工人操作初期对新生产线和操作规范不熟悉，加上处于生产高峰期，一位工人手指受到伤害。考虑到公司业务繁忙和更换新生产线的频率会加快，因此，甲公司为所有员工购买了人身意外伤害险。

（4）内部审计部门正就旗下造纸厂排放的污水处理情况进行测试。内部审计部门发现，公司针对污水处理情况向外公布的信息与内部记录的实际数据有重大差异。内部审计部门经理表示，测试样本显示的污水处理实际达标情况低于对外公布的数据，有可能涉及虚假披露和违反环保法律法规。虽然已向董事会和经理层报告，但该公司未采取改进措施。

要求：

1. 针对事项（1）至（3），判断甲公司针对各种情况采用的风险应对策略的类型并说明理由。
2. 针对事项（4），简要说明企业在该事件中所暴露的与风险相关的主要问题。
3. 针对事项（4），简要说明应对企业内部控制的内部环境方面提出哪些改进措施。

复习思考题

1. 目标设定应遵循哪些原则？
2. 风险识别的方法有哪些？各种方法的优点和局限性是什么？
3. 风险分析的方法有哪几种？
4. 定量分析法和定性分析法有哪些具体方法？如何理解两类方法之间的关系？
5. 风险应对策略有哪些？各种策略的优点和局限性是什么？
6. 选择风险应对策略应考虑哪些因素？
7. 某产商要将生产的产品运送到销售商手中，运送过程存在哪些风险？有哪些风险应对策略？

能力拓展题

请利用相关数据并查阅相关资料，分组整理最近十年我国上市公司普遍存在的风险类型，并提出相应的应对策略。

第四章

控制活动

控制就是核实计划落实情况，以便发现缺点、采取措施、加以纠正，以使实际活动与计划活动保持一致。

——管理大师　法约尔

【案例导入】

电器王国的“功臣”

电器王国——海尔集团自 1984 年成立以来经历了四个发展阶段：名牌战略阶段（1984—1991 年）、多元化战略阶段（1992—1998 年）、国际化战略阶段（1999—2005 年）和全球化品牌战略阶段（2006 年至今）。海尔集团在短短的几年间成为国内家电行业的旗舰，成为较早走出国门并在国外享有很高知名度的中国企业。如此的发展正是得益于海尔健全的内部控制系统。海尔集团的内部控制系统涵盖了内部控制的五个要素。在不同的发展阶段，海尔会做出适当的调整。

海尔集团非常重视经济业务的授权审批权限。在集团内部，一般授权与特定授权有严格的界限和责任，每类经济业务的完成都需要经过一系列相应的授权批准程序。同时，集团内部还有与授权审批权限相匹配的检查制度，以保证授权后所处理经济业务的工作质量。

在预算控制方面，海尔集团实施的全面预算管理。每年 12 月，集团公司都会根据市场变化情况和本年度目标的完成情况，制定下一年度的总目标，然后将总目标分解到各个部门，由各个部门再分解为月度目标和计划。依次类推，直至将总目标分解到每个岗位、每个员工每天的工作项目和责任。在海尔内部，每名员工既是责任者又是管理者。

在运营控制方面，海尔采用了 SAP 公司提供的 ERP 系统，使得顾客订单不仅能在 1 天内完成“客户—商流—工厂计划—仓库—采购—供应商”的过程，而且准确率极高。

在会计系统控制方面，ERP 使得企业在收货的同时自动生成入库凭证，效率与准确性都有了较大提高。

可见，海尔今天所实现的业绩确实得益于它健全的内部控制系统，那么电器王国的“功臣”属于谁就显而易见了。

思考：海尔集团控制活动主要有哪些类型？每一种类型的基本原理是什么？

资料来源：池国华，樊子君．内部控制学（第三版）［M］．北京：北京大学出版社，2017。

第一节 不相容职务分离控制

一、不相容职务分离控制的定义

（一）不相容职务的含义

不相容职务是指某些如果由一名员工担任，既可以弄虚作假，又能够自己掩饰作弊行为的职务。经济业务活动通常可划分为授权、签发、核准、执行和记录五个步骤，这五个步骤所对应的职务和岗位应由不同人员担任，这便形成了组织内部的不相容职务。常见的不相容职务通常为：授权、批准、业务经办、会计记录、财产保管、稽核检查等。举例来说，如果仓库的保管人员既负责存货的保管，又负责存货的定期盘点与会计记录，这就违反了不相容职务相分离的原则。因为存货的盘点、记录和保管都由同一员工进行时，如果存货不明原因发现缺失，保管人员为了掩饰自己的过失，会自己修改存货记录，企业无法发现丢失的存货；另外，保管人员同时负责盘点与记录，那么会使得他有机会去私自倒卖企业存货，使自己获利而不被发现。由此可见，这三项职务必须由三个不同的员工分别担任进行控制。

（二）不相容职务分离控制的含义

《企业内部控制基本规范》规定，不相容职务分离控制要求企业全面系统地分析、梳理业务流程中所涉及的不相容职务，实施相应的分离措施，形成各司其职、各负其责、相互制约的工作机制。不相容职务分离控制的核心是内部牵制，包含职责牵制、程序牵制和核算牵制。内部牵制出于两点假设：一是两个或以上的人或部门无意识地犯同样错误的机会很小；而是两个或以上的人或部门有意识地合伙舞弊的可能性大大低于单独一个人或部门舞弊的可能性。

企业通过不相容职务分离控制活动，能降低错误和不当行为发生的风险，不相容职务分离控制是企业防范风险的重要手段之一。

在实际生活中，尤其是小微型企业或组织，由于人员有限，往往是一个员工承担几个职能，不相容职务分离存在难度，但也会尽可能分割职权，通过内部牵制达到控制。如果实在无法分离，那么高级别管理人员或所有者会直接对控制不相容职务进行监督控制，如在许多小微企业中，出纳、会计往往是由所有者的直系亲属担任，或者所有者对于企业资金活动进行直接控制，如直接核对银行对账单和企业现金账簿。

二、不相容职务分离的内容

企业在组织架构设置时应遵循不相容职务分离的原则，特别是对于企业重点业务和具有较高风险的事项，要考虑到不同层级、不同部门、不同岗位职责的分离和相互牵制。并且企业在设置过程中，应根据所处的环境和经营特点，自身的业务、内外部竞争及经营规模，针对现有的风险水平进行职务设置。确定岗位名称、职责和要求，明确各个岗位的权限。

根据大部分企业的经营管理特点和一般业务性质，如图 4－1 所示，需要分离的不相容职务主要包括以下六种：

（1）可行性研究职务与授权审批相分离职务；
（2）授权审批职务与业务经办职务相分离；
（3）业务经办职务与审核监督职务相分离；
（4）业务经办职务与财产保管职务相分离；
（5）业务经办职务与会计记录职务相分离；
（6）财产保管职务与会计记录职务相分离。

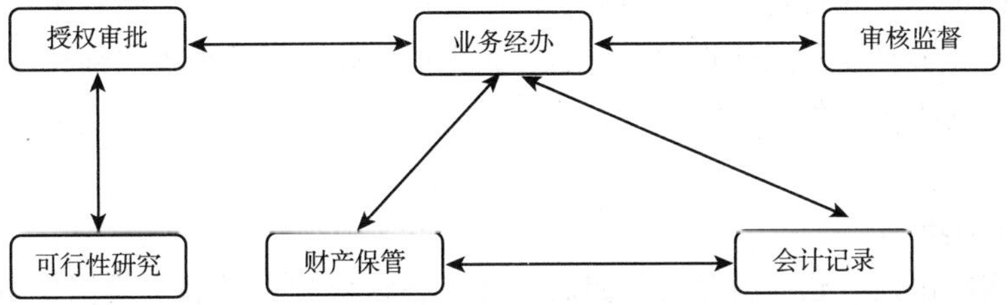

图 4－1　不相容职务图解

【案例 4－1】某商业配送公司内控问题

某商业配送公司市场客户主要是零售药房，客户分布较为分散且需求量较小，配送频繁，公司为节约成本，未单独设置专门的物流部门，配置专职司机，而是由销售人员根据客户的订单需求，直接从仓库取货，送到零售药房，药店收到货款后，有些会签字进行确认，有些则由销售人员代签后，交回公司，证明客户收到货物。零售药房会将现金交给业务人员或者直接银行转账打入销售人员的账户，再由销售人员将款项交回公司财务处。2018 年 9 月，公司新到任一位业务副总，对前期业务进行清理时发现，有 100 万元的销售款，零售药店反映已经结清了款项，但公司账面未销账，经进一步调查才发现，有 60 万元的销售款业务人员进行了截留，贪污挪作他用，未上交公司财务；另外的 40 万元业务人员未将货物送给零售药店，药品不知去向；且前期的业务员都已经离职，现在的业务员任职不满一个月，双方未办理交接手续。针对 40 万元的货款销售，有侵占嫌疑的业务员坚称未侵占货款，零售药店也坚持未收到药品的说法，损失无人承担。

这是一个典型的不相容职务未分离引发的业务员侵占案。

第一，销售业务的执行与办理发货未分离。业务员既要接受客户订单，又负责办理发货，以致销售员将货物发向非真实的需求客户，但所有单据却指向该客户，药品不知所踪。

第二，销售执行与收付款未分离。销售业务员既要负责销售又要收取货款，为其截留、挪用、贪污销售款直接提供了便利条件。实践中，很多公司不重视此项控制，往往相信某某人，认为其人品过硬，不会出现舞弊情况，未进行监督和限制。

第三，授信审批与执行未分离。销售业务员直接即可决定是否给予零售药店账期以及给予多少账期，无须审批，为业务员侵占提供了机会。

资料来源：《内部控制管理之不相容职务分离控制（含案例）——财会业务探讨》，https://bbs.esnai.com/forum.php?mod=viewthread&tid=5362502&page=1。

三、轮岗制度

（一）轮岗的定义

《企业内部控制具体规范——货币资金》（征求意见稿）规定，企业应当结合岗位特点和重要程度，明确关键岗位员工轮岗的期限和有关要求，建立规范的岗位轮换制度，对关键岗位的员工，可以实行强制休假制度，并确保在最长不超过五年的时间内进行岗位轮换，防范并及时发现岗位职责履行过程中可能存在的重要风险。关键岗位是指在组织运营过程中处于业务流程关键环节且涉及风险控制点，承担较大的风险责任，根据内部控制原理应当进行重点管理和监督的工作岗位。

（二）轮岗的组织

企业应从实际出发，建立科学的轮岗制，确定各级管理人员和关键岗位员工轮岗制度，明确轮岗目标、计划、年限、比例及轮岗工作协调机制。同时，要建立有效的长期监督机制，从轮岗的计划制定到实施及员工在轮岗过程中的表现，都应做到全程监督，防止勾结，并适时根据情况做出相应调整。组织轮岗工作要注意以下问题：

（1）确定轮岗职务和核查轮岗对象；

（2）做好前期培训工作，详细说明轮岗制度；

（3）轮岗不提前通知，防止提前知晓造成勾结；

（4）对于企业关键岗位人员离职，应根据相关法律法规进行工作交接或离任审计。交接时一般应有三方人员在场，包括被轮岗人员、接岗人员、监督交接人员。

（三）轮岗的意义

1. 控制风险

轮岗制的首要作用就是防止员工长时间在同一岗位上工作，积累过多资源，容易形成个人垄断资源，对企业利益造成损害。员工在某一职位上长期任职，容易形成各种裙带关系和人际网，轮岗制能帮助打破关系网、人情网，增强企业内部的信息透明。长期在同一岗位，某些员工会利用其熟悉工作流程、工作漏洞的“优势”进行舞弊，在损害企业利益的基础上为自己谋利。

2. 培养人才

学习与成长是员工职业生涯中最为核心的需求之一。通过轮岗，员工能开阔视野、积累人脉资源、发现真正的兴趣与能力所在、锻炼多方面的能力。并且长期在统一岗位上，容易造成员工工作经历和知识结构单一、视野狭窄、思维模式固定、方法陈旧，通过轮岗能拓宽视野，提高员工的职业素养与职业胜任能力。

3. 提高效率

通过企业轮岗制度，企业内部横向和纵向的信息流动起来，从而促进各部门之间的沟通交流，使得上、下游部门对于彼此的需求以及制度执行中的缺点更加明确，从而进行制度和沟通中的改良。轮岗制也使得员工之间能够位置互换，在沟通时能更多地进行换位思考，使沟通更加顺畅，提升企业办事效率。

四、强制休假制度

强制休假是指根据风险控制工作需要，在不事先征求本人意见和不提前告知本人的情况下，临时强制要求关键岗位人员在规定期限内休假，并暂停行使职权，同时对其进行离岗审计的一种该制度安排。强制休假属于风险管理的一种方式，可以发现休假期员工不在的情况下是否会出现异常风险。强制休假的时间原则上不超过10个工作日。

（一）强制休假的适用情形

（1）因特殊原因需要延期实行岗位轮换；

（2）为强化管理、防范风险而进行的专项安排；

（3）根据主管领导或公司的决定；

（4）其他工作需要。

（二）强制休假的工作流程

1. 制定实施方案

方案应包括休假时间、代职安排、工作交接和离岗审计方式等内容。

2. 宣布休假决定

强制休假决定要以书面形式通知强制休假人员，休假前一天，由当事人部门和办公室共同填写《强制休假通知单》，经主管领导审批签字同一后通知休假人员。对于休假日期、休假人员的信息必须做到严格保密，不得提前告知休假当事人。

3. 落实交接手续

组织实施机构按有关规定办理强制休假人员和代职人员的交接手续并限期离岗，未经允许，强制休假人员在强制休假期间必须暂停行使其职权，不得返回岗位，也不得向公司内的其他人员发出任何工作指令或处理有关工作。交接工作在指定专人的监督下进行。

4. 实施离岗审计

组织实施机构根据具体情况专门组织相应的审计小组对强制休假人员实施离岗审计，并出具书面的审计报告。审计要求采取现场检查方式进行，重点是检查业务操作是否严格执行内控制度、经办业务有无漏洞、是否进行违规操作。审计人员开展审计要求做好工作底稿作为存档和复查，审计结论要提交主管审阅签字，并作为被审计人员全年绩效考核的重要依据。

第二节　授权审批控制

一、授权审批控制的定义及内容

（一）定义

《企业内部控制基本规范》规定，授权审批控制要求企业按照授权审批的相关规定，明确各岗位办理业务和事项的权限范围、审批程序和相应责任。企业内部各级管理人员必须在授权范围内行使职权和承担责任，业务经办人员必须在授权范围内办理业务。

（二）内容

1. 授权审批的范围。通常包括企业的全部经营活动，贯穿企业的整个采购、生产、销售等环节。

2. 授权审批的层次。应当依据金额大小和经济活动的重要性划定。

3. 授权审批的责任。明确被授权者在行使职权时应负责的范围，避免职能重复或混乱，保证权责分明。

4. 授权审批的程序。规定每一类业务的审批程序，按程序进行审批。

二、授权控制

企业各级员工必须在获得相应的授权，在权限范围之内才能实施决策或执行业务。清晰的权限指引让不同层级的员工了解自己的职责并承担相应的责任，使得庞大的企业机器能够顺利运转，而不会在运转时收到重复指令或缺失指令。

（一）授权的类型

1. 常规授权

常规授权是指企业在日常经营管理活动中按照既定的职责和程序进行的授权，用以规范经济业务的权力、条件和有关责任者。这种授权有效时间较长，无特殊情况下被授权人可长期行使该权利。一般在企业正式颁布的岗（职）位说明书中予以明确，或通过制定专门的权限指引予以明确。

2. 特别授权

特别授权是指企业在特殊情况下、特定条件下进行的授权，一般是由董事会给经理层或经理层给内部机构及其员工授予处理某一突发事件、作出某项重大决策、代替上级处理日常工作的临时性权力。特别授权时临时性的，通常是一次有效。《企业内部控制基本规范》规定，企业应规定特别授权的范围、权限、程序和责任，严格控制特别授权。

（二）授权控制的基本原则

1. 授权依据——依事不依人

这里的“依人”包含两方面：一是个人知识与才能，二是授权者与被授权的裙带关系。授权控制的根本目的是为了实现企业的内部控制。企业应本着最有利于实现战略目标、有利于实现资源的合理及最优配置的目的来进行授权，而非被授权者的个人能力。最好的不一定最适合，要选择最适合岗位特性的员工，并且在此过程中不造成企业人才资源错位或浪费。

2. 授权界限——不能越权、越级授权

授权者对下级的授权不能超越自己拥有的权限进行授权，必须在自己的权力范围之内。同时不能越过级别去授权，遵照企业制度，否则容易出现管理层凌驾于内控之上、企业的层级混乱、既定规章制度成为摆设的后果。

3. 授权的“度”——适度授权

对于度的把握，是授权控制的关键，也是企业管理制度的一门艺术，既不能过于把握权力，贪恋权力或不信任下级因而不愿下放，也不能过度授权。权力下放不到位会影响下级部门的积极性以及工作效率，而过度授权等于放弃权力，容易出现滥用职权的现象，同时过于广泛的权力下放不利于企业管理层的跟踪与控制。在下放职权时，要做到权力和责任相匹配，将下级在行使职责时必需的权力下放。对于重大事项的权力不能轻易下放。且授权的“度”应随着企业经济业务活动的变化而进行不断更新，集权与放权要相结合，这也需要管理层要熟悉下级的业务活动。

4. 授权的保障——监督

在授权之后，相应的负责人员应给予适当的监督，既不能干涉过度，也不能放任不管。如果常加干涉，授权等于没授，易挫伤下级的积极性和创造性，但如果放任不管，则可能发生越权、滥用职权、牟取私利的行为，并且对于授权需要更新变化的职务也不能及时发现。对授权监督的重点主要是防止下级越级操作和“先斩后奏”的行为。

（三）授权的形式

授权一般包括两种形式：口头授权和书面授权。

1. 口头授权

口头授权一般是上级领导利用口头语言对下属进行工作交代，或者是上下级之间会根据会议所产生的工作分配。这种授权形式一般适合临时性与责任较轻的任务。

2. 书面授权

书面授权一般是上级领导利用文字形式对下属工作的目标任务、职责范围、组织情况、等级规范、负责办法与处理规程等进行明确规定的授权形式。这种授权形式较适合正式与长期的任务。

企业应尽量采用书面授权的形式，这样在事后能有证明可依，并且书面授权能更清晰明确相关人员的责任与权限，口头授权下容易误解权责范围、滥用职权，并且出事后容易发生无法问责、相互推诿的情况。

授权控制通常采用权限指引的形式。所谓权限指引，就是对企业管理的决策权、审批权根据业务的性质和管理的层级予以明确的量化规定，通常采用业务活动类型与管理权限系列相结合的矩阵表格形式。矩阵表格的纵向项目列示授权的业务活动类型，横向项目则列示相应的管理层级。因此，矩阵表格的每一行指企业不同的管理层级对企业的某一具体业务是否具有审批权限，有多大金额的审批权限。

权限指引能帮助企业以清晰明确的标准体系对各不同管理层级的权限范围进行界定和约束，建立完善的授权控制系统，进行分权管理。同时，权限指引具有很强的可操作性，对于职权部门而言能明确自身的权限类型和执行标准，能一定程度上杜绝越权审批；对业务部门而言，能直接按照权限指引履行权责，且将权责具体落实到个人或某个职务，事后能进行有效跟踪追溯，加强执行的效果，提升执行效率。

三、审批控制

（一）审批控制的原则

1. 审批要有界限——不得越权审批

越权审批就是超越被授权权限进行审批，通常表现为下级行使了上级的权力。如资金的调度权按规定属于总会计师，但总经理直接通知出纳将资金借给其他企业，这种情况就属于越权审批。

2. 审批要有程序——不得越级报批

企业应对筹资、投资、工程项目、担保业务等活动方案进行科学缜密的可行性研究。方案需报经有关部门批准的，应履行相应的报批程序。方案发生重大变更的，应重新进行可行性研究并履行相应的审批程序。

3. 审批要有依据——不得随意审批

审批人要根据公司的有关规定、预算、计划或决议进行审批。如固定资产的采购一般应由董事会确定年度计划和预算，固定资产管理部门负责人应在计划和预算之内审批固定资产的采购，而不是随意确定采购种类。

（二）审批的形式

审批应采用书面形式，因为审批程序大多涉及企业的资金活动，书面形式既方便上级进行批示，也可以避免口说无凭、责任不清，还便于监督检查人员对活动进行监控。

四、"三重一大"

（一）"三重一大"的含义及要求

《企业内部控制基本规范》第三十条规定，企业对于重大的业务和事项，应实行集体决策审批或联签制度，任何个人不得单独进行决策或者擅自改变集体决策。《企业内部控制应用指引第1号——组织架构》第五条指出，企业的重大决策、重大事项、重要人事任免及大额资金支付业务等，应当按照规定的权限和程序实行集体决策审批或者联签制度。重大决策、重大事项、重要人事任免及大额资金支付业务的具体标准由企业自行确定。

1. 重大决策一般包括企业的发展战略、重大资产处置、利润分配、增加和减少注册资本、财务预算和决策、改制重组、破产、合并、分立等事项。

2. 重大事项一般包括年度投资计划、融资项目、担保项目、重大或关键性设备引进、重要物资招投标管理、重大功能工程承发包等事项。

3. 重要人事任命一般包括企业中层以上经营管理人员以及所属二级子公司领导团队成员的选聘、任免，向控股、参股企业委派或更换股东代表（包括委派高级经营管理人员），推荐董事会、监事会成员等。

4. 大额资金使用一般包括年度计划的大额度资金使用、较大额度预算外资金使用、较大额度非生产性资金使用、重大捐赠、赞助。

（二）"三重一大"审批程序

1. "三重一大"事项提交会议集体决策前应当认真调查研究，提前告知所有参与决策人员，并为所有参与决策人员提供相关资料，经过必要的研究论证程序，充分吸收各方面意见，对于专业要求较高的项目，也应听取拥有相应资质的专家的意见；重要的人事任免应该事先征求相关企业主要投资者等主要利益相关者的意见；关于企业改制等关系企业员工切身利益的重大事件，应当听取企业工会的意见，并通过职工代表大会或者其他形式听取职工群众的意见和建议。

2. 企业应当以会议的形式，对职责内的“三重一大”事项进行集体决策。不得以个别征求意见的等方式作出决策。紧急情况下由个人或少数人临时作出决定的，事后应及时向相关领导部门报告；临时决定人应当对决策情况负责，相关负责部门应当在事后按程序予以追认。

3. 决策会议的召开需要符合规定的人数。与会人员应充分讨论并发表意见，主要负责人应当最后发表总结性意见。若会议涉及多个事项，则应逐项研究决定。若存在严重分歧，一般应当推迟作出决定。会议决定的事项、过程、参与人及其意见、结论等内容，应当完整、详细记录并存档备查。

4. 决策作出后，企业应当及时向股东或履行出资人职责的机构报告有关决策情况；企业负责人应当按照分工来组织实施，并明确责任部门和责任人。参与决策的个人对集体决策有不同意见的，可以保留或者向上级反映，但在没有作出新的决策前，不得擅自变更或者拒绝执行。如遇特殊情况需对决策内容做重大调整，则应当重新按规定履行决策程序。

5. 建立“三重一大”事项决策审批的回避制度和决策考评制度；逐步健全决策失误纠正机制和责任追究制度。

【案例 4－2】《杜拉拉升职记》内控小故事

在职场小说《杜拉拉升职记》中，描写了一个非常典型的费用报销舞弊案例：销售部的大区经理黛西伙同部门行政助理伊莎贝拉，通过伪造签名、涂改报销单据等方式虚报费用 20 多万元，最后舞弊被发现曝光。

我们来看小说当中是如何描写这段情节的：

财务部送来上月的部门费用报告，王伟（注：销售总监，黛西的上级）特别留心地研究了黛西的费用，这研究，在一个不起眼的地方让他看出问题来了，他发现了一笔他并没有签过字的费用在财务部得到了顺利报销。

王伟的记性非常好，他确定自己并没有签过这张单子，按公司的相关流程，财务部一定要看到他的签字才能给黛西的单子付钱，这里面一定出了问题！

王伟马上给财务部的应付经理打电话询问，对方说单子上面肯定有他的签名，并答应把原始单据找出来给他看。

王伟把伊莎贝拉叫进办公室，准备让她去财务部取回那张单子，却忽然多了一个心眼，胡乱说了件其他的事情让她去办。

等伊莎贝拉一出房间，王伟连忙打电话给应付的经理，说自己会亲自过去拿单子，让对方暂时不要告诉任何人这件事情。

王伟把单子取回来，研究了一番，心里明白是有人仿造了他的签名。

财务部马上拿出王伟签名的底单比对，确实仿造的很像，但是还是有区别的。这下财务部慌了，他们有责任核对所有报账上签名是否是总监们本人的签名。王伟安慰对方说："财务部又不是银行管信用卡的，不关你们的事。麻烦你们把黛西升大区经理后，她所有的费用，逐笔列出来发给我一下。请注意保密。"

应收应付经理知道出大事了，一个劲儿点头说："我马上自己到系统里调记录，保证保好密。"

王伟查了两天，发现十来笔合计 20 万元左右的报销是有问题的，要么干脆是仿造他的签名；要么是在他签名后，再改动金额。DB 是美国公司，报销单上的最终金额只填写阿拉伯数字即可，并不填写中文大写数字壹贰叁肆之类的，这就非常方便涂改，比如总监签名的时候报销的金额是 2.1 万多元，等他签字后，再改成 2.9 万多元。从涂改动作本身来看，不算困难。

根据 DB 的梳理，各项费用根据其金额大小，在直接主管和有相关签字权的老板们签字后，部门总监的助理会负责把所有的单据汇总做好费用登记。然后每月一至两次统一将单据送财务部审核支付。也就是说，理论上，黛西的费用应该是经伊莎贝拉的手送到财务部的。

王伟和财务部查询后，证实每个月的单据确实都是由伊莎贝拉交给财务部的。由于有问题的次数不少，基本上，黛西不可能避开伊莎贝拉自己独立完成改单和冒签的动作，而且，每个月财务部做账后，都会把费用清单发回给各部门，这时候伊萨贝拉需要协助王伟再核对一遍明细，如果发回来的数字和送出去的数字不符，不可能那么多次她都没有发现，所以应该是两人串通了。

总监们一般每个月也就看看大致的数字，不会去核对细节，尤其像王伟这样的销售总监，手下每个月基本上都要签出几百万的费用，如果不是盯着看，他不太会发现黛西每个月那些小几万元的猫腻了。

资料来源：根据资料整理，http：//m.doc198.com/p－1378617.html。

第三节　会计系统控制

一、会计系统控制的定义

会计系统是指企业为了汇总、分析、分类、记录、报告公司交易等而建立的方法和记录的工作系统。会计系统对内向管理层提供经营管理的信息，对外向投资者、债权人等提供相关的决策信息。

会计系统控制是指利用记账、核对、岗位职责落实和职责分离、档案管理、工作交接程序等会计控制方法，确保企业会计信息真实、准确、完整。会计系统控制通过不相容职务的分离可以防弊查错，保护企业资产的安全、完整；通过每项业务的处理程序、各环节的职责分工、审批稽核手续、业务处理手续等过程，做到证证、账证、账账、账表、账实相符，促使企业各业务部门和人员建立有机地协作关系和制约关系，提高责任感和工作效率，从而确保会计信息质量。会计系统控制贯穿于企业整个经营管理活动，在控制筹资业务、投资业务、销售业务、担保业务、外包业务等风险方面发挥了重要作用。《企业内部控制基本规范》第三十一条的规定，会计系统控制要求企业严格执行国家统一的会计准则制度，加强会计基础工作，明确会计凭证、会计账簿和财务会计报告的处理程序，保证会计资料真实完整。

二、会计系统控制的内容

（一）会计准则选择

企业管理层应当依据企业具体情况选择适用的会计准则和相关会计制度。例如，大中型企业应选择《企业会计准则》，小企业应选择《小企业准则》。

（二）会计政策选择

企业的会计政策是指，企业在会计确认、计量和报告中采用的原则、基础和会计处理的方法。《企业会计准则》给企业和企业会计处理留下了足够大的会计政策选择空间，企业应当以能否真实、公允地反映企业状况为标准选择适当的会计政策，变更会计政策时要说明合理变更的原因。

（三）会计估计确定

会计估计是指，企业对其结果不确定的交易和事项以最近可利用的信息为基础所做出的判断。企业管理层要依据能反映真实情况的信息，作出合理的会计估计。例如，固定资产折旧方法的选择，管理者要考察该固定资产在企业的用途、使用环境、使用频率等因素，最终合理确定是采用直线法还是加速折旧法计提折旧。

（四）文件和凭证控制

企业应当对经济业务处理的文件记录和凭证连续编号，避免业务记录的重复或遗漏，同时也便于业务查询，并在一定程度上防范舞弊行为的发生。

（五）会计账簿登记和财务报表编制

一方面，企业应按照规定设置会计账簿，在填写“启用表”后启用会计账簿，会计账簿审核无误后才能登记入账，对会计账簿的账页或账户应连续编号，并按照规定的方法与程序登记进行错误更正；另一方面，企业应按照规定的方法和时间编制及报送财务会计报告，并且一定要由单位负责人、总会计师以及会计主管人员审阅、签名并签章。

（六）会计档案保管控制

会计档案是指会计凭证、会计账簿和财务报表等会计核算专业资料，是记录和反映经济业务的重要证据。《会计法》规定，企业每年形成的专业档案，都应由财务会计部门按照归档的要求，负责整理立卷或装订成册。当年的会计档案，在会计年度终了后，可暂由本单位财务会计部门保管一年；期满之后，原则上应由财务会计部门编造清册，移交本单位的档案部门保管。财务会计部门和经办人员必须按期将应当归档的会计档案，全部移交档案部门，不得自行封包保存。

（七）业务流程控制

企业应当采用业务流程图的形式清晰的反映其业务流程，使得员工能够充分理解企业的业务流程，明确在整个业务流程中的作用，采取适当的方式履行责任。

（八）组织和人员控制

企业应当依法设置会计机构，配备会计从业人员。从事会计工作的人员，必须取得会计从业资格证书。会计机构负责人应当具备会计师以上专业技术职务资格。大中型企业应当设置总会计师。设置总会计师的企业，不得设置与职权重叠的副职。

（九）建立会计岗位制度

企业根据实际需要设置会计主管、出纳、流动资产核算、固定资产核算、投资核算、存货核算、工资核算、成本核算、利润核算、往来核算、总账报表、稽核、综合分析等岗位。在设置岗位时要注意不相容职务相分离原则，如出纳人员不得兼任稽核、会计档案。

三、会计系统控制的方法

（一）会计凭证控制

会计凭证控制是指在填制或取得会计凭证时实施的相应控制措施，包括原始凭证与记账凭证的控制。会计凭证控制的内容主要包括：（1）严格审查取得的原始凭证；（2）连续编号取得的凭证；（3）确定凭证传递程序；（4）明确装订与保管手续。

（二）会计账簿控制

会计账簿控制是指在设置、启用及登记会计账簿时实施的相应控制措施。其具体内容包括：（1）按照相应规定设置会计账簿；（2）启用账簿时填写启用表；（3）会计凭证必须经过审查后才能登记入账；（4）会计账簿的账页也应连续编号；（5）会计账簿应当按照规定的方法和程序登记并进行错误更正；（6）按照规定的时间和方法进行结账。

（三）财务报告控制

财务报告控制是指在编制财务报告时相应的控制措施。其具体内容包括：（1）按照规定方法，在规定时间内编制以及报送财务报告；（2）编制的会计报表要按照要求，在单位负责人、总会计师以及会计主管人员审阅、签名及盖章后才能报送；（3）对报送给各有关部门的会计报表要装订成册，加盖公章等。

（四）会计复核控制

会计复核控制，是指对各项经济业务采用复查核对的方法进行的控制，其目的是避免发生差错和舞弊，保证财务会计信息的准确，及时检查出并更改会计记录中的错误，做到证、账、表记录相符。其主要内容包括：（1）证证复核，即凭证之间的复核；（2）证账复核，即凭证与会计账簿的复核；（3）账账复核，即账簿与账簿、账簿与报表之间的复核。且企业内部生成的会计记录应与外部往来业务生成的记录相核对，如每月核对银行对账单和企业的现金账簿。会计复核要遵循准确、及时的原则，要对会计凭证、会计账簿、报表和所附单据逐笔复核，而如应收、应付账款等，要在收款后、付款前及时复核，未经复核的应付账款，出纳人员不得对外付款。

【案例4－3】海科集团的会计信息系统“困境”

海科集团是一家以石油冶炼为主的化工企业。随着集团规模的不断扩大，集团已发展为除石油冶炼之外的集生物制药、氯碱及精细化工为一体的多方涉及的化工企业。但随着集团公司的不断扩大，集团财务信息化也出现了问题。

首先是会计核算方面。公司并没有明确一致的会计核算政策；基础数据资料与会计核算方式没有一致的标准，以至于收集的数据信息不准确；系统软件具有滞后性导致财务数据信息不能及时有效的传递到数据使用者手中；对下属公司的财务无法实现完全管控；财务报表格式无标准，会计科目运用不合理，致使报表与实际信息存在偏差；公司内部往来数据（明细账）相互核对过程复杂、工作量大且存在数据不准确的情况。

其次在财务管理方面。集团欠缺有力的信息技术手段，导致构建的财务管理基本体系存在缺陷，系统仅涉及财务报表、总账等会计核算功能，财务管理相关的功能未能利用及开发，并且缺乏良好的财务风险预警及管控系统，同时，该集团并未构建成功完全有效的财务管理体制，制约了集团对财务管理方面的管控效果。

并且集团公司没有对所需的财务软件及相关模块制定规范，无法利用计算机进行统一数据核算，导致财务信息无法共享，容易成为“信息孤岛”。海科集团各部门对于预算管理方面存有认知的偏差，认为只需要财务机构进行预算编制便可，预算管理所需的数据信息也仅是各部门简单估算得出的结果，使得全面预算流于形式。由于海科集团下属公司众多，目前大多采用人工方式编制财务预算，人工编制存有弊端，易受到主观因素的影响，造成数据信息与实际信息不符，并且，手工方式在编制过程中不能及时有效地完成相关指标的核算，进而制约了下一环节的实施。海科集团目前拥有的财务系统仅适用于简单的数据分析，并不具备专业高效的财务数据分析机制，导致数据信息出现不对称的情况。

资料来源：范享玖．集团公司会计信息系统优化探讨——以海科集团为例［J］．财会通讯，2018（12）：108－112。

第四节　财产保护控制

一、财产保护控制的定义

《企业内部控制基本规范》的目标之一就是保证财产安全。财产安全主要是指保护财产在使用价值上的完整性，防止货币资金和实物资产被侵占、挪用、转移、盗窃等。《企业内部控制基本规范》第三十二条规定，财产保护控制要求企业建立财产日常管理制度和定期清查制度，采取财产记录、实物保管、定期盘点、账实核对等措施，确保财产安全。这里所述的财产主要包括企业的现金、存货以及固定资产等。

二、财产保护控制的内容

企业财产保护控制可以分为财产账务保护控制和财产实物保护控制两个部分。

（一）财产账务保护控制

财产账务保护控制是指对财产进行账务记录的部门进行管理。

1. 财务部门。会计账务要能全面反映企业的所有财产。特别是对于低值易耗品的管理，如果未能在账簿上进行反映，应当建立相应的备查账，同时要定期复制软件或相关文件资料。以前年度的会计账簿也应按照法律要求进行规定年限的保管，销毁时必须获得相关负责人员的签字，按照法定程序进行销毁。

2. 生产部门。生产部门应建立机器设备等相关固定资产的管理台账，定期与财务部门对账，同时也应做好存货等材料领用的会计记录，便于和仓库进行对账。

3. 仓库。仓库对于存货的进出应及时开具票据、登记账目，按时与财务部门、生产部门、采购部门进行对账。

4. 行政部门。行政部门应该建立房屋、家具、电子设备等相关资产的管理台账，以便定期与财务部门进行对账。

（二）财产实物保护控制

1. 财产档案的建立和保管

企业应建立财产档案，全面、及时反映企业财产的增减变动，实现对企业资产的动态记录和管理。企业应妥善保管涉及财产物资的各种文件资料，避免记录受损、被盗、被毁。由计算机处理、记录的文件材料要进行备份，防止数据丢失。

2. 限制接触

内部控制的一条重要原则就是严格限制未经授权的人员接触和处置资产，只有经过授权批准的人员才能接触该资产。限制接触包括限制对资产本身的接触和通过文件批准方式对资产使用或分配的间接接触。

对于货币资金、有价证券、存货等变现能力强的资产必须限制无关人员的直接接触。现金的保管与记账人员相分离，将现金放在保险箱并由出纳人员保管钥匙；支票、汇票、发票、油价证券等易变现的非现金资产，一般要求至少两人一组同时接近资产加以控制或在银行租用保险柜存放这些特殊资产；对于实物财产如存货、固定资产的控制，让保管人员看管，或安装监视系统，采取防盗措施。

3. 财产清查

财产清查是指定期或不定期地对各项财产物资进行实物盘点和对库存现金、银行存款、债权债务进行清查核对，将盘点清查的结果与会计记录进行比较核对。在盘点清查的过程中，最好使用空白表格进行盘点且空白表格要连续编号，如果使用企业相应资产的记录去盘点资产，容易导致只盘点账上有的财产种类或数量，可能会少计资产。如果实际清查与会计记录存在差异，要及时分析原因，提出处理意见，出具清查报告并进行责任人签字，并将结果及处理办法向企业的董事会或相关机构报告。

一般来说，盘点清查范围主要包括存货、库存现金、票据、有价证券以及固定资产。

清查的方式要采取定期清查和抽查相结合的原则，并且企业应在每个会计年度财务报告之前进行一次全面的财产清查。

4. 建立相应的财产记录监控制度

企业应建立相关财产项目的记录和监控制度，利用信息技术手段加强监控，对于各财产项目的每一笔进出都予以详细记录和监控。如固定资产，应当编制详细目录，对每项固定资产进行编号，按照单项资产建立固定资产卡片，详细记录各项固定顶资产的来源、验收、使用地点、责任单位和责任人、运转、维修、改造、折旧、盘点等相关内容。

5. 财产保险

企业可根据实际情况，对重要或特殊的财产进行投保。这样做可以使企业在意外情况发生时，通过保险补偿减轻损失程度。

【案例4-4】从《疯狂的石头》看资产保护

2011年9月，黑龙江联合产权交易所党总支结合电影《疯狂的石头》组织了一次生动的业务学习培训会。影片《疯狂的石头》是一个喜剧故事：重庆某濒临倒闭的工艺品厂在推翻旧厂房时发现了一块价值连城的翡翠，为此搞了一个展览，希望卖出天价以改善几个月发不出工资的局面。不料，环球大发展集团的冯董雇用的国际大盗麦克、本地以道哥为首的小偷三人帮都盯上了翡翠，通过各自的“专业技能”一步步向翡翠逼近。他们相互拆台的同时，又要共同面对工艺品厂保卫科科长包世宏这一最大的障碍。经过一系列明争暗斗的较量及真假翡翠的交换之后，两拨贼被彻底地黑色幽默了一把。穿过荒唐搞笑的情节，我们看到，这实际上反映的是国有资产争夺战。

下面我们就影片看盗窃国有资产的几个主要环节。

1. 内部决策环节时，由厂长个人决策，不召开职工代表大会。工艺品厂搞展览，准备将翡翠卖出天价，发工资、还欠款，全厂工人等着开工生产。在展览即将结束、欠款有望还清、工厂有望开工的时候，冯董通过行贿谢厂长的方式，召开新闻发布会宣布了工厂兼并事宜。可以看出，国有资产的受让方会事先与转让方相互串通，约定好交易条件后，再走公开程序。通过这种暗箱操作，许多资产都以“合理价格”“合法方式”出售给受让方，造成资产的流失。影片最后，保卫科科长包世宏质问谢厂长“你是不是把我们厂给卖了？”这充分表明工艺品厂改制在进行内部决策时存在问题，没有召开职工代表大会。

2. 审批环节，缺少主管部门审批环节。出售工艺品厂的最终决定是由厂长谢千里做出的。国有企业厂长是国企的经营者，而非所有者，因此谢厂长没有权利决定出售工艺品厂。

资料来源：徐松之．从《疯狂的石头》看国有资产保护［J］．产权导刊，2012（12）：45－47。

第五节 预算控制

公司预算不仅是出资者与经理人之间的游戏规则，还体现出经营者与其下属员工之间的权力、责任安排，即在为实现整体利益的目标下，明确各单位的权利和责任区间。

——汤谷良

一、全面预算和预算控制

（一）预算

预算是针对企业自身而言的，是企业在一定时期为达到一定的目的对资源进行配置的计划。预算是用数字或货币编制出来的某一时期的计划。预算是计划的有机组成部分，预算也称为预算计划。

企业的战略计划和通常所说的预算不是同一个概念，战略计划既是对未来财务结果的预测，又是对未来财务结果实现途径的安排，包括了非财务活动，年度预算包含在战略计划之中，企业的经营计划反映的是战略计划非财务的部分。

（二）全面预算

全面预算是一系列预算的总称，是企业根据其战略目标与战略规划所编织的经营、资本、财务等方面的年度总体计划。全面预算作为一种全方位、全过程、全员参与编制与实施的预算管理模式，凭借其计划、协调、控制、激励、评价等综合管理功能，整合和优化配置企业资源，提升企业运行效率，成为促进实现发展战略的重要途径。

全面预算包括经营预算、资本预算和财务预算三大内容，整个预算体系是以财务报表体系作为终结的。经营预算是明确所有日常经营活动如销售、采购、生产等需要多少资源以及如何获得和使用这些资源的计划，如销售预算、采购预算、生产预算等。资本预算包括投资预算和筹资预算两类。资本预算是公司对将要进行的长期工程和将要引进的固定资产等的投资和筹资计划，如研究与开发预算、固定资产投资预算、银行借款预算等。财务预算是一系列专门反映公司未来一定预算期内预计财务状况和经营成果以及现金收支等价值指标的预算的总称，具体包括预计资产负债表、预计利润表和现金收支预算等内容。

（三）预算控制

1. 预算控制的定义

预算控制是指通过预算的形式规范组织的目标和经济行为的过程，调整与修正管理行为与目标偏差，保证各级目标、策略、政策和规划的实现。《企业内部控制基本规范》第三十三条规定，预算控制要求企业实施全面预算管理制度，明确各责任单位在预算管理中的职责权限，规范预算的编制、审定、下达和执行程序，强化预算约束。预算控制系统作为管理控制系统的一种模式，是确保战略有效执行、战略目标最终实现的一种机制。预算控制系统的基本特征是强调过程控制，注重及时纠正偏差。

2. 预算控制的基本要求

（1）企业所编织的预算必须体现其经营管理目标，明确权责。

（2）在实际执行预算过程中，应根据实际情况，在获得授权批准后对预算进行调整。

（3）应持续监控预算的执行情况并及时或定期反馈。

3. 全面预算控制的作用与意义

（1）全面预算控制是企业实施内部控制、防范风险的重要手段与措施。预算本质是企业内部管理控制的一项工具，预算本身不是最终目标，企业的最终目标是企业采取管理与控制手段来实现对企业风险的有效控制并达成企业目标。全面预算的制定和实施过程，就是企业不断用量化的工具，使自身所处的经营环境与拥有的资源和企业的发展目标保持动态平衡的过程，也是企业在此过程中所面临的各种风险的识别、预测、评估与控制过程。

（2）全面预算控制为控制组织日常活动提供标准。预算的编制为组织的各项活动确定了数量化的财务预算标准，通过标准对活动的实际效果进行评估，方便了控制过程中的绩效衡量工作。同时预算在一定程度上作为“警戒线”存在，使各部门提高资源利用效率。

（3）全面预算控制为考核、评价实际工作绩效提供可量化的数据标准。预算使管理控制目标更加明确，使人们清楚地了解所拥有的资源和开支范围。在评定各部门工作业绩时，可以根据预算的完成情况，分析偏离预算的程度和原因，划清责任，实现奖罚分明。

（4）全面预算控制是企业实现发展战略和年度经营目标的有效方法和工具通过实施全面预算，将根据发展战略制定的年度经营目标进行细化、分解、落实，可以使企业的长期战略规划和年度具体行动方案紧密结合，“化战略为行动”，确保企业发展目标的实现。

（5）全面预算控制利于企业进行资源的合理配置。全面预算是为数不多能够将企业的资金流、实物流、业务流、信息流、人力流等相整合的管理控制方法之一。全面预算以经营目标为起点，以提高投入产出比为目的，其编制和执行过程就是将企业有限的资源加以整合，通过对企业资金流动分析进行预算编制的过程，能够更加清晰了解到企业真正增值的活动，了解哪些企业活动是不必要或者可以外包的，预算控制帮助企业将资源合理分配到各个部门，为真正增值的企业活动提供资源，提高资源的价值创造能力，提高企业的经济效益。

延伸阅读：

预算控制的强化措施

二、预算控制的主体

《企业内部控制应用指引》指出，企业应当加强全面预算工作的组织领导，明确预算管理体制以及各预算执行单位的职责权限、授权批准程序和工作协调机制。企业设置全面预算管理体制，应遵循合法科学、高效有力、经济适度、全面系统、权责明确等基本原则。其实施主体一般分为全面预算管理决策机构、工作机构和执行单位三个层次。

（一）全面预算管理决策机构——预算管理委员会

预算管理委员会是预算管理的领导机构和决策机构，应作为预算控制的最高级别控制主体承担监控责任。预算管理委员会成员由企业负责人及内部相关部门负责人组成，总会计师或分管会计工作的负责人应当协助企业负责人负责企业全面预算管理工作的组织领导。具体而言，预算管理委员会一般由企业负责人（董事长或总经理）任主任，总会计师（或财务总监、分管财会工作的副总经理）任副主任，其成员一般还包括各副总经理、主要职能部门（财务、战略发展、生产、销售、投资、人力资源等部门）、分（子）公司负责人等。

预算管理委员会主要负责拟定预算目标和预算政策，制定预算管理的具体措施和办法，组织编制、平衡预算草案，下达经批准的预算，协调解决预算编制和执行中的问题，考核预算执行情况，督促完成预算目标。

（二）全面预算管理工作机构——预算管理工作机构

预算管理工作机构履行与预算管理委员会的日常管理职责，对企业预算执行情况进行日常监督和控制，收集预算执行信息，并形成分析报告。预算管理工作机构一般设在财会部门，其主任一般由总会计师（或财务总监、分管财会工作的副总经理）兼任，工作人员除了财务部门人员外，还应有计划、人力资源、生产、销售、研发等业务部门人员参加。

（三）全面预算执行单位——各责任中心

全面预算执行单位是指根据其在企业预算总目标实现过程中的作用和职责划分的，承担一定的经济责任，并享有相应权力和利益的企业内部单位，包括企业内部各职能部门、所属分（子）公司等。企业内部预算责任单位的划分应当遵循分级分层、权责利相结合、责任可控、目标一致的原则，并与企业的组织机构设置相适应。根据权责范围，企业内部预算责任单位可以分为投资中心、利润中心、成本中心、费用中心和收入中心。各责任中心既是预算的执行者，又是预算执行的监控者，各责任中心在各自职权范围内以预算指标作为生产经营行为的标准，同预算指标比较，进行自我分析，并上报上级管理人员以便采取相应措施。

三、全面预算的流程

完整的全面预算流程主要包括预算编制、预算执行和预算考核三个阶段。

（一）预算编制阶段

预算编制阶段主要由预算编制、预算审批和预算下达三个环节构成。

预算编制是企业总目标的具体落实以及将其分解为责任目标并下达给预算执行者的过程。预算编制是预算控制循环的一个重要环节，预算编制质量的高低直接影响预算执行的结果，也影响对预算执行者的绩效考评。因此，预算编制应根据企业的实际需要选用合适方法进行。

预算审批是指企业全面预算应该按照《公司法》等相关法律、法规及企业章程的规定报经审议批准。

预算下达是指企业全面预算经过审议批准后应及时以文件形式下达执行。

企业在预算编制环节应当关注以下风险：不编制预算或预算不健全，可能导致企业经营缺乏约束或盲目经营；预算目标不合理或编制不科学，可能导致企业资源浪费或发展战略难以实现。

（二）预算执行阶段

预算执行是全面预算的核心环节。预算执行即预算的具体实施，它是预算目标能否实现的关键。预算执行主要包括预算指标的分解和责任落实、预算执行控制、预算分析和预算调整等四个部分。

预算管理委员会以董事会批准的企业预算为依据，分解预算指标，将整个企业的预算分解为各责任中心的预算并下达给各责任中心，以此来约束和考评责任主体；各责任中心以下达的预算为依据，安排生产经营活动并制定专门的预算管理员登记预算台账，形成预算执行统计记录，定期与财务部门核对；在预算执行的过程中，对于预算内支出按照预先授权审批，对于预算外支出需要提交预算管理委员会审议；财务部门对各责任中心的日常业务进行财务监督和审核，重点是财务支出的审核，尤其是成本支出和资本支出。

企业在预算执行环节应当关注以下风险：预算缺乏刚性、执行不力。它们可能导致预算管理流于形式。

在预算执行阶段，也要重视执行过程中进行反馈，这样便于根据企业经营的实际情况及时调整预算，降低企业风险。这就要求实行预算管理的公司要建立相应的预算报告制度。预算报告属于内部管理报告，与对外披露的财务报告在报告主体、报告对象、报告形式以及报告时间上均存在一定差异，因此，不能直接用财务会计报告代替预算报告。预算报告应该由各预算责任单位编制并向上层反映。由于各预算责任单位具有各自不同的预算目标和责任，预算报告的内容和形式可因各预算责任单位的目标与责任而异。

（三）预算考核

预算考核时对企业内部各级责任部门或责任中心预算执行结果进行评价，将预算的评价结果与预算执行者的薪酬相挂钩，实行奖惩制度，即预算激励。预算考核应该科学合理、公开公正，确保预算目标的实现，真正发挥预算管理的作用。

企业在预算考核阶段应注意严格预算考核，否则可能导致预算管理流于形式。

四、预算控制方法

预算控制方法主要包括三种类型：预算授权控制、预算审核控制、预算调整控制。

1. 预算授权控制

预算授权控制是指预算的执行必须通过授权进行，即有关预算执行部门和执行人员在处理业务时，必须得到相应的授权，经过相应的批准程序后方可进行。授权控制是一种事前控制，通过授权控制，可以有效地对一切不正确、不合理、不合法的经济行为进行预防。

对于预算控制而言，事前设定授权事项、权限和金额是非常必要的。预算授权又可以进一步分为预算权分配、预算内授权和预算外授权。

2. 预算审核控制

预算审核控制是指在业务发生之后，通过会计核算信息系统对与业务相关的费用报销和资金拨付进行事中控制。将预算与会计核算相结合，建立相对应的关系，这要求在设计预算控制系统时，考虑预算控制系统的软件化和信息化。公司可以通过在预算控制系统中设置结构性的、系统性的定义，使预算控制项目与会计核算科目形成一种对应关系，并保证两者对应关系的明晰、准确。在预算执行过程中，当进行凭证录入保存时，首先不是进入会计核算系统，而是进入预算控制系统，该系统会自动地检查凭证中所涉及的费用预算、资金预算是否超过该明细项目的年度、月度费用预算控制标准，并分别记录发生的费用额、资金支出额，从而进行控制预警和余额控制。

3. 预算调整控制

预算调整控制属于一种事后控制，是指当公司内外环境发生改变时，预算与实际出现较大偏差，原有预算不再适宜所进行的预算修正。

原则上，预算一经制定并下达执行，不应随意变动，但当企业内外部环境发生与预算制定时所预测的情况显著不同的变化时，如果依旧遵循现有预算是不可取的，这时应该考虑进行预算调整，这体现了预算具有弹性。当然预算调整也不是随意的，需要满足一定的前提条件、遵循一定的审批程序。

【案例4-5】全面预算管理在上汽集团的应用

作为一家大型制造业集团，上海汽车集团股份有限公司（以下简称“上汽集团”）早在10年前就不断提高管理精细化程度，将全面预算管理融入日常管理中。经过10余年的操作和完善，上汽集团逐渐将全面预算管理工作制度化、系统化和常态化。预算管理已经成为企业管理的基石。

其一，上汽集团形成了完善的预算内控制度。

内控制度涵盖了全面预算管理的各个方面，包括预算政策、预算审核权限、预算编制、预算审批、执行跟踪、监督评价等环节。这套预算内控体系是上汽集团在多年预算管控经验基础上逐步提炼和完善的，具有较强的可操作性。

近年来，上汽集团经营规模不断增长，企业数量不断增加，明确一套可操作、可复制的预算内控制度，对于统一集团预算管控要求、提升预算管控效率都起到了积极的作用。

其二，上汽集团建立了系统的预算管理流程。

预算编制、预算执行、预算评价等各个预算管控环节紧密相连，形成了一套完整的闭环管理系统。对于系统中每一个预算管控环节，上汽都作为一项重点工作来落实，做好每一个预算管控环节，确保预算管控系统平衡、有效地运行。

其三，上汽集团将全面预算管理融入日常运营和管理中。

全面预算管理是企业管理系统中的工具，要真正发挥其作用，还需要与其他管理手段联合使用，比如与绩效管理相结合，与风险预警相联系等。全面预算管理重点在于“全面”二字。其要求不仅把预算管控落实到企业经营的方方面面，还要让预算管理理念渗透到企业的其他各项管理系统中，渗透到企业的文化中，这样才能让全面预算管理发挥出最大的效用。

五项实践措施：

一是建立具有上汽特色的预算管理系统。上汽集团不断向合资外方学习先进的预算管理理念以及领先的预算管理系统，并积极将其用于实际经营管理中。集团将这些成熟的预算管理方法付诸实践，不断总结提炼经验并结合集团自身运营的实际情况，逐步形成了现有的具有上汽特色的全面预算管理系统。这套全面预算管理系统是可复制、可操作的。随着上汽集团经营规模的不断扩大，新设和收购的企业数量也在不断增加，上汽预算管控的理念和方法能很快地在新企业中得到应用。

二是集团对全面预算管理高度重视。上汽集团设立了预算管理委员会，在预算管理委员会的领导下开展预算编制、预测执行、预算控制和监督等工作。集团总裁牵头落实预算目标的制定工作，负责预算编制总体要求的下达。年度预算目标经过多次“由上而下、由下而上”的充分沟通和讨论，经董事会审核批准后执行。在上汽集团预算管控过程中，无论是工作汇报还是考核评定等具体工作，管理层都以预算目标的执行情况作为主要评价依据。这些都充分体现了集团管理层视预算管理为重心，视预算目标为抓手，将全面预算管理工作作为集团基本的管理工具之一。

三是全面预算管理重点突出“全面”。“人人成为经营者”的管理模式，是上汽独创并长期实践的管理模式。这一管理模式突破了传统的管理理论和思维方法，以人为本，把市场机制引入企业内部管理，精细有效地整体优化了企业的管理结构、管理环节和管理过程，把员工当家作主真正落实到实处，极大地调动了广大员工的创造性和积极性。

四是做好目标的持续跟踪与分析。上汽集团一贯将预算跟踪和分析作为预算管控的重点。

对于预算目标的跟踪，也不仅仅局限于财务数据，还要求关注业务数据。比如，在关注收入、利润预算完成情况的同时，还会关注业务的完成情况（如销售订单的获得情况），生产运营的效率情况（如单台产品的制造费用），并通过与先进企业的对标，寻找差距、积极改进。

因此，全面预算管控不仅仅是对财务指标的控制，而且关系到企业经营业务的方方面面。只有通过全方位的跟踪和深入的分析，才能对企业目前的经营情况和未来的发展趋势有比较准确的判断和预测。

五是将信息系统运用于全面预算管理。随着市场竞争日趋激烈，企业生产经营规模日益扩大，所分析的数据量呈几何级增长。为了提升预算管控效率，引入信息系统的解决方案尤为必要。信息系统的使用，使得日常预算预测工作效率得到了提升，为财务人员完成从数据收集到更有价值的数据分析的转变创造了条件。

全面预算管理在集团内的推行和不断完善，保障了上汽集团经营目标的合理制定和有效执行。数据显示，上汽集团近年来销量、收入和净利润等各项指标都呈较快速增长。

资料来源：中国会计报，2015-04-16。

第六节　运营分析控制

一、运营分析控制的定义

运营分析，是指以统计报表、会计核算、管理信息、计划指标和相关资料为依据，运用科学的分析方法对一段时期内的经营管理活动情况进行系统的分析研究，旨在真实地了解运营情况，发现和解决经营过程中的问题，并按照客观规律指导和控制企业经营活动。

《企业内部控制基本规范》第三十四条规定，运营分析控制要求企业建立运营情况分析制度，经理层应当综合运用生产、购销、投资、筹资、财务等方面的信息，通过因素分析、对比分析、趋势分析等方法，定期开展运营情况分析，发现存在的问题，及时查明原因并加以改进。

运营分析控制的意义在于，企业用合理的分析方法将实际经营结果通过与同行业横向对比、与历史经营情况纵向对比和预算标准对比，及时发现不利偏差。同时，进一步深入分析企业的供、产、销与人、财、物各环节的经营管理活动，找出差异，分析原因，采取措施，扬长避短，达到不断提升公司生产经营管理水平、提高公司经营效率和经济效益的目的，确保企业的经营活动始终不偏离战略方向。在具体的操作实践中，企业应该建立购销分析会制度、生产分析会制度、仓储运输分析会制度、融投资分析会制度等来进行运营分析控制。

二、运营分析的流程

运营分析控制的流程一般包括以下五个步骤：

（1）收集相关数据。企业各职能部门应根据本部门运营分析的目的收集相关数据，一方面在履行本部门职责过程中应注意相关数据的收集与积累，另一方面可以通过外部各种渠道（如网络媒体、行业协会、中介机构、监管部门等）广泛收集各种数据。

（2）计量经营成果。利用采集到的数据，企业对发展战略的阶段性实施情况进行总结，主要是采用不同类型的财务指标和非财务指标，从不同的角度计量企业的经营活动结果，以及时掌握战略执行动态。

（3）寻找不利偏差。企业应就这些结果同预算目标进行对比，明确企业预算执行偏差。由于企业的外部环境常常发生变化，因此，为客观评价企业的经营状况，企业还须将财务结果与同行业进行横向对比、与自身历史标准进行纵向比较。在综合比较的基础上，最终确定企业经营过程中发生的重大不利偏差。

（4）分析偏差原因。企业应当就这些不利偏差从外部环境和内部管理两个方面入手，逐层分解追溯到相关的责任部门，分析导致这些不利偏差的原因。

（5）提出管理建议。在总结前四个步骤的基础上，提出纠正不利偏差的管理建议，以提高企业的经营效率和财务效率，确保全年经营目标的实现并保证企业的经营活动始终不偏离发展战略。

三、运营分析的方法

（一）比较分析法

比较分析法包括纵向比较法和横向比较法。纵向比较法也称水平分析法，纵向与企业历史数据比较，可以指导企业某一方面的变动情况。如将企业销售额和以前年度的销售额进行比较，分析企业销售情况并对差异进行分析。横向与同行业内其他企业比较，看本年销售额是否过低或过高，并分析原因，衡量企业在同行业中的竞争力和地位，知道企业与同行业竞争对手的差距。

（二）比率分析法

比率分析法主要用于财务报表分析，也称财务比率分析法，是利用两个或若干个数据之间的某种关联关系，运用相对数形式来考察、计量和评价，借以评价企业运营状况的一种分析方法。比率分析法主要反映的企业的偿债能力、盈利能力、营运能力和发展能力的比率。

1. 偿债能力比率

企业的偿债能力分为短期偿债能力和长期偿债能力。短期偿债能力可称为企业的变现能力，主要通过流动比率和速动比率衡量。流动比率是流动资产和流动负债之比。流动比率较高说明企业的短期偿债能力较强，但如果过高，说明企业采取保守的营运资本政策，企业的盈利能力较弱，可能存在存货积压等问题，过低说明企业采取激进的营运资本政策，有较高的短期偿债风险。速动比率是剔除了存货之外的流动资产和流动负债的比率。长期偿债能力比率主要指资产负债率。资产负债率越高，表明企业的长期偿债能力越差，但是企业可以从中享受到较大的财务杠杆效应。

2. 盈利能力比率

企业的盈利能力是指企业在一定时期内赚取利润的能力。盈利能力是一个相对的概念，即利润是相对于一定的资源投入或一定的收入而言的。因此，不能以利润的绝对数判断一个企业的盈利能力强弱，而要看企业是用多少资源换来的利润，即利润相对于资源投入或收入的比率衡量一个企业的盈利能力。利润率越高，盈利能力越强，利润率越低，盈利能力越弱。

利润率分为两大类，一类是收入利润率，包括销售毛利率、销售净利率；另一类是投入利润率，包括总资产报酬率、净资产收益率等。利用这些比率衡量企业的盈利能力，可以使得企业管理层清楚企业目前的投入产出状况，不断完善企业的经营管理。

由于利润 = 收入 − 成本费用，因而提升企业的利润不仅需要增加收入，也需要降低成本费用。

3. 营运能力比率

企业的营运能力是指企业充分利用现有资源创造价值的能力，其实质就是要以尽可能少的资产占用，在尽可能短的周转时间内，生产尽可能多的产品，创造尽可能多的营业收入。

营运能力分析主要通过对资产使用效率的分析来反映一个企业的资产管理水平和资金周转情况。企业的营运能力分析，实际上就是分析企业资源运用的效率，通常主要是从企业资金使用角度来进行的。常用指标包括总资产周转率、流动资产周转率、固定资产周转率、存货周转率、应收账款周转率等。

4. 发展能力比率

企业的发展能力通常是指企业未来生产经营活动的发展趋势和发展潜能，也可以称之为增长能力。从形成看，企业的发展能力主要是通过在自身的生产经营活动中不断扩大积累而形成的，主要依托于不断增加的资金投入、不断增长的营业收入和不断创造的利润获得一种增长能力。从结果看，一个发展能力强的企业，应该是资产规模不断扩大、股东财富持续增长的企业。

企业发展能力的大小是一个相对概念，是就分析期的股东权益、利润、收入和资产相对于上一期的股东权益、利润、收入和资产而言的，仅仅利用增长额只能说明企业某一方面的增减额度，无法反映企业在某一方面的增减幅度，既不利于不同规模企业之间的横向对比，也不能准确反映企业的发展能力。因此，在实践中通常使用增长率来进行企业发展能力分析，包括股东权益增长率、利润增长率、收入增长率、资产增长率等指标。

延伸阅读：

企业运营管理能力研究

（三）趋势分析法

趋势分析法，是根据企业连续若干会计期间（至少 3 期）的分析资料，运用指数或动态比率的计算，比较与研究不同会计期间相关项目的变动情况和发展趋势的一种财务分析方法，也叫动态分析法。

（四）因素分析法

因素分析法是通过分析影响重要指标的各项因素，计算其对指标的影响程度，来说明指标前后期发生变动或产生差异的主要原因的一种分析方法。

因素分析法按分析特点可以分为连环替代法和差额计算法两种。连环替代法是在通过比较分析确定差异的基础上，利用各种因素的顺序“替代”，从数值上测定各个相关因素对指标差异的影响的计算方法。差额计算法是连环替代法的一种简化形式。它是利用各个因素的分析期值与基期值之间的差异，以此按顺序替换，直接计算出各个因素对指标变动影响程度的一种分析方法。

因素分析法主要适用于多种因素构成的综合性指标的分析，如成本、利润、资金周转等。

（五）综合分析法

综合分析法是指将反映企业运营各个方面的指标纳入一个有机的整体之中，以系统、全面、综合地对企业运营状况进行分析评价。目前实践工作中应用较广泛的综合分析体系包括杜邦财务分析体系、可持续增长率分析体系、EVA 价值树分析体系、沃尔评分法、帕利普财务分析体系等。

【案例 4－6】康美药业内部控制问题

康美药业股份有限公司成立于 1997 年，于 2001 年在上交所上市，是国内率先把互联网布局中医药全产业链，全面打造“大健康 + 大平台 + 大数据 + 大服务”体系的中医药全产业链精准服务型“智慧 +”大健康产业大型上市企业、国家高新技术企业。

2019 年 4 月 30 日，康美药业股票一字跌停，与此同时，康美药业 2015 年发行的公司债“15 康美债”暴跌 20%，原因在于康美药业同日发布了 2018 年年度报告，其中包括了一份《前期会计差错更正公告》，对 2017 年财务报表进行了重述，解释了被广泛质疑的

"存贷双高"的原因，并亲自承认其2017年财务报表中货币资金多计299.44亿元，存货少记195.5亿元，营业收入多计89亿元，营业成本则多计76.6亿元，近300亿元货币资金陡然消失。

康美药业财务造假由以下几个迹象看出：

首先是存贷双高。存贷双高是康美药业被质疑最多的地方，康美药业短期借款和货币现金的激增几乎处于同一时间段，在存在巨额负债的同时，又拥有巨额存款，这本就不可思议。而且巨额负债的背后是高额的财务费用，而康美药业却不购买理财不做资金管理，利息收入非常低，这不得不让人怀疑管理者的商业逻辑。

其次，应收账款和存货均高于同行业。

与此同时，消耗性生物资产在市场价格下降的时候不计提跌价准备；在关联方资金往来中其他应收款余额中坏账准备为0元。

同时，其经营现金流量净额连年来远低于净利润。这可能存在两种情况：一是企业近年来的实际收入和利润都是虚高的；二是应收账款存在坏账。而无论是哪一种情况，都与净利润存在虚构的假设相符。

资料来源：赵遥遥．上市公司财务造假问题研究——以康美药业股份有限公司为例［J］．现代营销（信息版），2019（07）。

第七节　绩效考评控制

我的经营理论是，要让每个人都能感觉得到自己的贡献，这种贡献看得见，摸得着，还能数得清。

——杰克·韦尔奇

一、绩效考评控制的定义

绩效考评是指运用科学的方法，对企业或其各分支机构一定经营期间内的生产经营状况，资本运营效益、经营者业绩等进行定量和定性的考核、分析，作出客观、公正的综合评价，作为一个反馈控制手段，绩效考评在内部控制中作用显著。

《企业内部控制基本规范》第三十五条规定，绩效考评控制要求企业建立和实施绩效考评制度，科学设置考核指标体系，对企业内部各责任单位和全体员工的业绩进行定期考核和客观评价，将考评结果作为确定员工薪酬以及职务晋升、评优、降级、调岗、辞退等的依据。

二、绩效考评系统的内容

一个典型的绩效考评系统应有评价主体、评价客体、评价目标、评价指标、评价标准、评价方法、评价报告等基本要素构成。

（一）评价主体与客体

绩效考评系统的评价主体主要是公司董事会和各级管理者，评价客体是各级管理人员和全体员工，也涉及对部门的绩效考评。

（二）评价目标

评价目标是指通过绩效考评所要达到的目的。评价目标与组织目标相关联，多依赖于战略目标的层层分离。企业应当建立以绩效为核心的分配激励制度，将绩效考核与薪酬相挂钩，切实做到薪酬安排与员工贡献相协调，既体现效率优先又兼顾公平，杜绝高管人员获得超越实际贡献的薪酬；同时，要注意发挥企业福利对企业发展的重要促进作用，既吸引企业所需要的员工、降低员工的流动率，同时激励员工、提高员工士气及对企业的认可度与忠诚度。

（三）评价指标

评价指标是指对评价客体的哪些方面进行评价。目前，评价指标的反映内容已经从过去的仅仅关注财务结果逐步拓展到关注驱动财务结果的非财务活动。考虑到绩效考核的目的不同，故要准确、客观地评价客体的业绩，必须对不同目的的绩效考核的评价指标进行个性化处理。

（四）评价标准

评价标准最初是以实际的业绩水平为准来评判，但随着组织背景的逐渐变化，评价标准也随之变化，就目前而言，绩效考评系统最常用的三类标准是预算标准、历史标准和行业标准。

（五）评价方法

评价方法解决的是如何评价的问题，即采用一定的方法运用评价指标和评价标准，从而获得评价结果。目前，在实践中应用比较广泛的评价方法主要有三类：单一评价方法、综合评价方法和多角度平衡评价方法。

（六）评价报告

评价报告实际上属于绩效考评系统的输出信息，也是绩效考评系统的结论性文件。评价报告的编制应按照评价指标制定与计算、评价指标的实际值与评价标准的差异计量与分析、评价结论的得出、形成评价报告、奖惩建议等几个步骤进行，但其关键步骤在于评价指标计算和差异分析。

三、绩效管理的流程

绩效考评控制以绩效的考核评价为基础，以纠正偏差的控制机制为手段，以绩效的持续改进为目的，其本质上是绩效管理系统的一种内在运行机制。绩效管理的基本流程包括：绩效计划、绩效实施、绩效评价、绩效反馈与改进以及绩效结果应用。

（一）绩效计划

绩效计划是绩效管理的起点。企业战略要付诸实施，必须先将战略分解为具体的任务或目标，落实到各个岗位上。为了反映任务或目标的完成或实现情况，必须选择恰当的绩效评价指标。绩效指标要满足五个要求：独立性、一致性、稳定性、可操作性、可接受性，应将绩效评价的目标和被评价人员所承担的工作内容作为绩效评价指标的选择依据。此外，还需考虑到可操作性，绩效评价指标的选择还应考虑取得评价所需信息的便利程度。在绩效计划中，还需制定科学的绩效评价标准，只有将评价指标和评价标准相结合，才能正确地评价绩效。绩效评价标准既是绩效评价阶段衡量绩效评价完成情况的标杆，也是绩效实施阶段控制绩效偏差的工具。

（二）绩效实施

明确绩效计划之后，就是实施绩效计划中所确定的工作或任务。绩效实施的关键是对绩效实现的过程进行管理，对可能影响绩效的不利因素进行控制，防止和纠正那些可能偏离绩效目标的决策和行为。在这个过程中，需要实施者和评估者进行持续的绩效沟通。这种沟通是关于双方追踪进展情况、找到并及时纠正影响绩效实现的障碍以保证最终实现绩效的沟通。

（三）绩效评价

绩效评价就是根据事先确定的工作目标及其衡量标准，对绩效的结果进行考察和评价的过程。绩效评价可以根据具体情况和实际需要进行月度、季度、半年度和年度考核评价。将在绩效实施过程中收集到的能够说明绩效的数据，通过一定的方法量化为相关的绩效评价指标，并与预先制定的绩效评价标准相对照，做出评价结论。

（四）绩效反馈与改进

绩效反馈是绩效评价的延续，能够指出过去绩效评价实现的过程中存在的问题及未来努力的方向，从而持续提高企业的整体绩效。绩效改进是绩效管理过程中一个重要环节，绩效考核的目的不只是对工作绩效进行评估，将评估结果作为确定薪酬、奖惩的标准，绩效的持续改进才是其根本目的。

（五）绩效结果应用

绩效考核的成功与否，关键的一点在于绩效考核的结果如何应用。很多绩效考核实施的不成功，主要原因就在于没有有效合理地运用绩效考核的结果。组织可以建立绩效提升的培训管理体系，构建绩效模型，即企业为实现当前和未来战略目标所表现出来的绩效行为的总和。在此基础上，分析差距，再根据差距分析培训需求。

四、绩效考评的模式

目前在实践中广泛应用的绩效考评模式主要有三种：会计基础绩效考评模式、经济基础绩效考评模式和战略管理绩效考评模式。

（一）会计基础绩效考评模式

会计基础绩效考评模式的主要特点就是采用会计基础指标作为绩效考评指标。会计基础指标的计算主要是利用财务报表的数据。

会计基础绩效考评的方法主要包括：综合指数法、综合评分法、功效系数法等。

会计基础绩效考评模式的优点在于：会计基础指标计算数据相对容易取得，而且严格遵循公认会计准则，具有较高程度的可比性和可靠性。

会计基础绩效考评模式的局限性在于：（1）会计收益的计算未考虑所有资本的成本，仅仅解释了债务资本的成本，然而却忽略了对权益资本成本的补偿；（2）由于会计方法的可选择性以及财务报表的编制具有相当的弹性，使得会计收益存在某种程度的失真，往往不能准确地反映企业的经营业绩；（3）会计收益是一种“短时指标”，片面强调利润容易造成企业管理者为追求短期效益而牺牲企业长期利益的后果。

（二）经济基础绩效考评模式

经济基础绩效考评模式的主要特点就是采用经济基础指标作为绩效考评指标。经济基础指标的计算主要是采用经济利润的理念。与传统的会计基础绩效考评模式相比，经济基础绩效考评模式更注重股东价值的创造和股东财富的增加。

经济增加值（Economic Value Added，EVA）方法是经济基础绩效考评模式的典型代表。EVA 的基本定义可以表述为经过调整的税后营业净利润减去投入资本的成本，指企业资本收益与资本成本之间的差额。EVA 最重要的特点就是从股东角度重新定义企业的利润，考虑企业投入的所有资本（包括股东权益资本）的成本。这种利润实质上就是属于投资者所有的真实利润，也就是经济学上所说的经济利润。EVA 指标由于在计算上考虑了企业的股东权益资本成本，并且在利用会计信息时尽量进行调整以消除会计失真，因而能够更加真实地反映一家企业的业绩。更重要的是，EVA 指标的设计着眼于企业的长期发展，而不是像净利润一样仅仅是一种短视指标，因此，应用该指标能够鼓励经营者进行能给企业带来长远利益的投资决策，如新产品的研究和开发、人力资源的建设等。这样就能杜绝企业管理者短期行为的发生。此外，应用 EVA 能够建立有效的激励报酬系统，这种系统通过将管理者的报酬与从增加股东财富的角度衡量企业业绩的 EVA 指标相挂钩，正确引导管理者的努力方向，促使管理者充分关注企业的资本增值和长期经济效益。

EVA 方法也存在局限性：（1）由于 EVA 评价系统所选择的评价指标是唯一的（即 EVA 指标），从而造成评价主体只关心管理者决策的结果，而无法了解驱动决策结果的过程因素，结果 EVA 评价系统只能为战略制定提供支持性信息，而为战略实施提供控制信息这一目标不易达到；（2）EVA 指标的计算十分复杂，其难点主要体现在 EVA 的会计调整与资本成本的计算两个方面。这两个问题的存在增加了 EVA 计算的复杂程度，从而对 EVA 的应用造成了一定的负面影响。

（三）战略管理绩效考评模式

战略管理绩效考评模式最显著的特征就是引入非财务指标并将评价指标与战略相联系。最具代表性的是平衡计分卡。

平衡计分卡将影响企业运营的各种因素划分为四个主要方面，即财务、客户、内部运营和学习与成长等，并针对这四个主要方面，设计出相应的评价指标，以便系统、全面地反映企业的整体运营状况，为企业的平衡管理和战略的实现服务。因此，平衡计分卡是以企业的战略为导向，以管理为核心、以各个方面相互影响、相互渗透为原则，建立起来的一个网络式的绩效考评系统。

平衡计分卡的优点在于：(1) 将目标与战略具体化，加强了内部沟通；(2) 有效地实现了指标间的平衡，强调了指标间的因果关系；(3) 兼顾了不同相关利益者的利益，有利于获取和保持竞争优势；(4) 兼顾非财务业绩计量，增强了过程控制和结果考核的联系。

而局限性在于：(1) 在评价目标的确定方面，尽管平衡计分卡从不同方面关注了客户、员工等利益相关者的利益，但忽略了通过利益相关者分析企业经营目标和发展战略，因而可能导致不能准确地确定提高利益相关者满意度的关键动因。(2) 在评价指标的选择方面，平衡计分卡对于如何选择特定的绩效考评指标并没有具体展开。正是由于这种因果关系的不明确，导致平衡计分卡遭到了许多的质疑。另外，非财务评价指标的设计和计算也是一个难题。(3) 在评价方法方面，平衡计分卡并没有给出明确的答案，单个指标的计分方法、权重的确定是一个产生问题的重要领域。

延伸阅读：
联想的绩效管理

第八节　合同控制

一、合同控制的定义

《企业内部控制应用指引第 16 号——合同管理》对合同的定义作出了明确的规定，合同是指企业与自然人、法人及其他组织等平等主体之间设立、变更、终止民事权利义务关系的协议，其中不包括企业与职工签订的劳动合同。

所谓合同控制，就是企业通过梳理合同管理的整个流程，分析关键风险点，并采取有效措施，将合同风险控制在企业可接受范围内的整个过程。

二、合同控制的意义

在市场经济环境中，合同是最常见的契约形式。如果企业未订立合同、未经授权对外订立合同、合同对方主体资格未达要求、合同内容存在重大疏漏和欺诈，可能导致企业合法权益受到侵害；如果合同未被全面履行或监控不当，又可能导致企业诉讼失败、经济利益受损；合同纠纷处理不当，则可能损害企业利益、形象。

因此，加强合同管理对于企业防范和降低合同风险、促进长期可持续发展具有重要意义。具体而言，加强合同管理有助于防范企业法律风险，维护合法权益；有助于降低企业营运风险。提高经营管理水平；有助于控制企业财务风险，提升资金使用效率。

三、合同业务的一般流程

合同业务的一般流程大致分为两个阶段：合同订立和合同履行。合同订立阶段主要包括合同调查、订立前的谈判、合同文本拟订、合同审批、合同签署等环节；合同履行阶段主要包括合同履行、合同补充和变更、合同解除、合同结算、合同登记等环节。

四、合同控制的措施

企业加强合同控制的措施主要包括：

（一）建立分级授权管理制度

企业应当根据经济业务性质、组织机构设置和管理层级安排，建立合同分级管理制度。属于上级管理权限的合同，下级单位不得签署。对于重大投资类、融资类、担保类、知识产权类、不动产类合同上级部门应加强管理。下级单位认为确有需要签署涉及上级管理权限的合同，应当提出申请，并经上级合同管理机构批准后办理。上级单位应当加强对下级单位合同订立、履行情况的监督检查。

（二）实行统一归口管理

企业可以根据实际情况联合法律部门等作为合同归口管理部门，对合同实施统一规范管理，具体负责制定合同管理制度，审核合同条款的权力义务对等性，管理合同标准文本，管理合同专用章，定期检查和评价合同管理中的薄弱环节，采取相应控制措施，促进合同的有效履行等。

（三）明确职责分工

公司各业务部门作为合同的承办部门负责在职责范围内承办相关合同，并履行合同调查、谈判、订立、履行和终结责任。

（四）健全考核与责任追究制度

企业应当健全合同管理考核与责任追究制度，开展合同后评估，对合同订立、履行过程中出现的违法违规行为，应当追究有关机构或人员的责任。

【案例4－7】加多宝公司合同缺陷

中国商标第一案、价值1080亿元的“王老吉”商标合同争议案以广药集团胜诉告一段落。随后，加多宝提请撤销仲裁结果并获立案，作为回应，广药集团向加多宝提出了高达75亿元的索赔要求。

在这次的事件中，加多宝蒙受损失已是事实，而加多宝的败诉在其合同签订过程中早已有迹可循。

首先来梳理加多宝与王老吉的渊源。1997年广州药业集团（以下简称“广药集团”）无力经营旗下品牌王老吉，将其内地的商标使用权租赁给香港鸿道集团，授权鸿道子公司加多宝在内地生产红罐装王老吉，广药集团则自主生产绿盒装王老吉。2000年，双方续约至2010年5月。2002年之后，加多宝成功的品牌营销使王老吉迅速在内地蹿红，其销售额从2002年的1.8亿元飙升至2007年的90亿元。鸿道集团看到了凉茶行业的广阔前景，2003 年，鸿道集团通过贿赂原广药集团副董事长、总经理李益民，再次将合同续至 2020 年 5 月。2004 年，李益民受贿案东窗事发，2005 年李益民被判处无期徒刑，行贿人陈鸿道弃保潜逃，至今仍在追捕中。

我国 2008 年颁布的《企业内部控制基本规范》指出，企业内部控制的目标是：合理保证企业经营管理合法合规、资产安全、财务报告及相关信息真实完整。广药集团之所以能够胜诉，最关键的原因是双方于 2003 签订的续租合同是通过行贿达成的，这违反了我国《合同法》的规定，因此合同无效。

另外，我国《商标法》规定，注册商标的有效期为 10 年，有效期满后必须申请续展注册。鸿道集团在 2003 年就签下了长达 17 年的商标授权许可合同，显然是不受法律保护的。鸿道集团的内部控制忽略了企业经营管理应当合法合规这一重要目标，使得续约不成立，是导致加多宝损失的主要原因。企业的长期发展有赖于法律的保护，没有坚实的法律基础，企业或许在一段时间内发展较快，但不利于企业的长远发展。

资料来源：根据 MBA 智库百科“王老吉商标权之争——中国商标第一案”整理。

延伸阅读：

财务管理中合同管理的职能发挥

本章案例分析

C 公司内部控制缺陷分析

C 公司经营着六家餐厅和酒吧，每周七天营业。

设在公司总部的采购部负责为这六个场地定购食品和饮料。此外，每个场馆都有 400 美元的零用现金，存放在保险柜里，用于购买杂物。员工在购买杂物时，需要从餐厅经理那里获得资金去购买杂物，并且要退还任何多余的钱和收据。

在任何时候持有的零用现金总额和收据应等于 400 美元的浮动，但它已被注意到。该公司的内审部门表示，在某些情况下，这种情况不会发生。

每个场所都有 5 个收银台（收银机）来接受顾客的付款。三个位于酒吧区，还有两个在餐厅区。顾客可以用现金或信用卡支付任何交易，现金由员工存入收银台。为加快付款过程，每个地点都有一个特定的登录代码，可以用来访问所有五个收银台，每两周更改一次。

在每天结束的时候，餐厅经理会清点所有的现金，关闭收银台，检查所有 5 个收银台和信用卡凭证的总数与每日汇总的总数和每台收款机的销售数据是否一致。任何差异都记录在每日销售单上。每日销售报表记录每台收银机的销售情况，清点现金和信用卡凭证的总数，以及任何不符之处。每个周末，这些表格都会被扫描并通过电子邮件发送到总部的收银台。

C 公司约 30% 的客户用现金支付餐厅或酒吧的账单。在进行销售对账之后，现金存放在安全地点，每天在每个地点都要确保安全。每个保险箱都通过一把钥匙开启，钥匙由餐厅经理保管。不使用时，每把钥匙都存放在经理办公桌的抽屉里。现金由安保公司通过每日托收转到银行。安保公司提供收款收据，并立即将这些收据转发给总部。信用卡公司将应付的款项直接汇入 C 公司的银行账户。

在总部，出纳收到当天的销售报表和保安公司的收据后，同意支付现金。出纳用存入银行的现金以及每日销售单上信用卡凭证的明细更新现金明细账。每个月，信用卡公司发送一次由收银员缴纳的来自六个场所的所有信用卡收据的对账单。出纳员每两个月核对一次银行对账单和现金簿。由财务总监签字证明其审核结果，并将其归档到会计部门。所有为六个营业点购买的食物及饮品均由银行转账支付。在有关付款日期，财务总监会拿到经过授权的应付账单。

根据上述案例，结合本章知识，找出八个 C 公司的内部控制缺陷，分别说明属于哪类控制活动缺陷。

资料来源：ACCA 官网，2018 年 9/12 月考题。

复习思考题

1. 企业的基本控制活动有哪几种？请举出实例来说明这些控制活动。
2. 企业中不相容职务分离是指哪几类？
3. 授权审批控制的含义、原则是指什么？
4. 会计系统控制的含义、内容包括哪些？
5. 财产保护控制的具体措施包括哪几类？
6. 预算控制的方法包括哪几类？
7. 运营分析常用的方法包括哪几类？
8. 常用的绩效考评的模式有哪几类？
9. 合同控制的措施有哪些？

能力拓展题

对于本章的八个内部控制活动，请给每个控制活动找到至少两个上市公司控制失败的案例，并写出相应的解决办法。

延伸阅读：

企业的内部控制问题及对策

第五章

信息与沟通

“信息是人们在适应外部世界，并使这种适应反作用于外部世界的过程中，同外部世界进行互相交换的内容和名称。”

——Norbert Wiener（维纳），控制论创始人

【案例导入】

海尔：平面化的海尔，“人单合一信息化日清”

海尔的一切实践都呈现出前瞻性和变革性。

从20世纪90年代初开始实施的日事日毕、日清日高OEC管理法，到1998年开始实施的长达8年的流程再造，从2005年底开始实施的“人单合一”战略到今天更加明确的“人单合一信息化日清”——所有这些探索都毫不掩饰地体现着海尔的法则：变者生存；所有这些富有前瞻视野的超前理念，都表达着海尔不变的信念：打造一个与市场共舞的平面化的海尔。

在信息化时代，世界正变得越来越扁平。这是托马斯·弗里德曼在其《世界是平的》一书中，为我们描绘出的时代背景——信息化和全球化。

海尔“人单合一信息化日清”的提出，正是源于这样的背景。在这一背景下，海尔要进行一场基于信息化基础上的“平面化运动”——将一个平面化的企业内部机制与平面化的全球化市场有机联结起来——而且必须加速实现。以此为前提，海尔在致力追求一种跟上或超越市场变化的速度竞争力。2005年12月25日，海尔在正式宣布启动全球化品牌战略的同时，将2006年的发展主题确定为“人单合一、速决速胜”。

对此，张瑞敏有一个狮子和羚羊的比喻：“世界是平的，围墙没有了，所有的狮子都可以吃所有的羚羊。海尔要发展不应再像羚羊一样拼命奔跑求生存，而是不断地变化，把自己变成狮子，而只有一个平面化的海尔，对市场有敏锐感知力和反应力的海尔，在无穷尽的市场变化中左右逢源的海尔，才能具备狮子一样的体魄、狮子一样的速度，才能速决速胜”。张瑞敏这样向记者描绘他对平面化企业的认识：世界是平面的，而如果你自己不能变平，那你就是一堵墙——阻碍了自己的墙。

“人单合一信息化日清”就是推倒这面“墙”的唯一路径选择。

如果说，“人单合一”要确立海尔发展的一种崭新机制，那么“信息化日清”就是对这一机制实现的手段保证。张瑞敏这样对记者介绍：所谓“单”就是有竞争力的市场目标，每个人都和自己的市场目标联系在一起，都要创造自己的市场。所谓信息化日清就是通过信

息化手段，对每个员工、每个经营体每天的工作有一个日清，对市场变化、经营状况、个人业绩等进行即时反馈，以最快的速度掌握市场脉搏。海尔要通过“信息化日清”，清到“终端”即每一个直面市场的人，“清”出每一个经营流程和市场终端的薄弱环节，“清”出所有问题的原因，“清”出解决问题的方法，“清”出经营人的正确的价值导向，最终“清”出一个扁平化的、透明的海尔价值链，“清”出每一个人的主动性和市场竞争力。

在长达8年的市场链流程再造之后，海尔“人单合一信息化日清”的提出，是对整个企业组织结构的又一次颠覆性变革。这种变革源于海尔对“经营好市场首先要经营好人”的独特理解——要想企业贴近市场，每一个员工首先必须贴近市场，企业要完成既定的目标，每一个员工必须首先完成自己的目标——而且是有竞争力的目标；这种变革同时也出于海尔对信息化时代的独特理解——信息化的市场变化是如此之快，而过去层级式的组织结构层层形成信息阻隔，只有实现一线到底的信息传递机制，才能达到信息化时代的两个目标，就是速度和准确度的合一——比竞争对手更快、与市场节拍更贴近、市场目标更精确、正确做事的能力更强。

让5万员工都在“人单合一”的机制下创新性地实现自己最大的价值，需要非常的想象空间；让一个庞大的跨国企业，在信息化世界中实现所有终端信息的瞬时性联结——甚至随时可以获取一个直销店、一个员工的信息，这同样充满了创新性的想象。

在张瑞敏一直倡导的三大创新——“市场创新、技术创新、管理创新”中，管理创新一直是海尔持续成长的最基础动力。海尔就是要通过这种充满了想象空间的创新，通过建立“人单合一信息化日清”的机制，推动一个平面化海尔的形成，一个与全球化的世界没有距离的海尔——在致力于追求差异化的产品、差异化的市场的同时，海尔自始至终在创造一种有持续创新能力的差异化机制。

张瑞敏说：这是实现海尔全球化品牌目标的前提。

由此可见，于企业管理而言，信息与沟通缺一不可。在信息化和全球化的今天，海尔集团十分注重企业内外部的沟通以及信息的传递。

那么，企业应该重点关注哪些信息的来源与类型？如何有效收集与传递信息？沟通存在哪些方式？如何有效进行内外部沟通？如何进行反舞弊？信息技术与信息系统在内部控制中起到何种作用？信息技术应用会否给企业带来风险，如何应对？

资料来源：新浪网，海尔：平面化的海尔。

第一节　信　息

一、信息的来源

信息是表示客观事物状态的普遍形式，是指信息系统辨识、衡量、处理及报告的标的，能够帮助决策者做出正确决策。信息具有价值、共享性、可编码性、可传递性，源于企业内部或者企业外部，包括获取内部的生产、经营、管理及财务等方面的信息，外部的行业、经济、监控、重大政策及文化习俗等方面的信息。一家优秀的企业应该要做到准确识别，全面收集，合理应用所获信息并不断完善获取信息的渠道和机制，以便随时掌握市场、竞争对手、行业变化、政府政策变更等动态并及时有效的传达给相关负责人员，为处理经营业务提供足够的信息，对市场的变化迅速作出反应。

"我们生活在一个获取信息最廉价，而甄别真假却最贵的时代。"企业需要信息来作出有利于企业发展的决策，但是需要的是准确及时的信息。错误、模糊、延迟的信息可以轻易导致一个企业因为战略决策的失误而倾覆。安皮里卡资本公司的创办人纳西姆·尼古拉斯·塔勒布也说过："信息的获得是有代价的，信息的存储也是有代价的，信息的处理和提取是有代价的"。一个企业应该做到的就是把这种"信息的代价"尽可能降到最低并且在各类信息中沙里淘金，找到有用的信息。这样不仅利于达成内部控制的目标，而且更有利于企业目标的实现。

二、信息的类型

（一）信息的类别

不同的信息有不同的特征，通常按照真实程度、来源、主客观因素将信息分为不同类型。

根据信息的正式程度，可以将组织中的信息分为正式信息与非正式信息。其中，非正式信息是指在组织中通过非官方的、私下的沟通方式来传递的信息，其特点为信息交流速度快、效率高，并且能够满足员工的情感需要。正式信息根据其来源又可以分为内部信息与外部信息。其中，内部信息来自组织中特定业务的内容，包括生产、销售、研发、人力资源等方面的信息；外部信息来自组织周围的环境，包括宏观经济形势、行业信息、法律监管、科技文化等方面的信息。此外，内部信息还分为客观信息与主观信息。客观信息包括观察对象的初始信息、经观察者干预后的效果信息、环境信息等，而不包含分析等信息处理活动；主观信息则对事物进行了处理，试图加入判断、预测的因素，在企业中主要表现为决策信息、指令信息、控制信息、目标信息等。

结合《企业内部控制基本规范》中的规定，内部控制活动所需要的信息是来自企业内部与外部的、与企业经营管理相关的财务及非财务信息。也就是说，企业内部控制活动收集的信息涵盖了企业正式与非正式、内部与外部、主观与客观，并影响企业内部环境、风险评估、控制活动及内部监督信息。因此，在信息内容收集时，应在内部控制覆盖的信息范围内，根据不同的信息需求收集不同类型的信息，"具体问题具体分析"，即确认有效信息。

（二）企业组织层级划分及其信息需求

企业组织层级大体可以划分为三个层次：决策层、管理层、执行层。决策层是组织的实权机关，一般由组织内部的决策性人物组成，如董事长、总经理、副总经理等，负责确定组织的目标、纲领和实施方案，进行宏观控制。管理层是决策层的下属机构，包括采购、生产、财务、销售、人事等管理部门，负责把决策层制定的方针政策贯彻到各个职能部门的工作中去，主要是对日常工作进行组织、管理和协调。执行层是在决策层的领导以及管理层的协调之下，通过各种技术手段，把组织目标转化为具体行动。

企业组织的不同层级需要的主要信息类型是不同的，不同职能部门对信息的需求也是不同的。执行层的信息需求以客观信息为主，决策层的信息需求以主观信息为主。其基本规律就是所处层级越高，其所需求的筛选、加工处理的程度就越高。例如，执行层从底层业务掘取数据信息，海量业务信息经过层层筛选与加工成为管理信息，管理层通过对管理信息的进一步加工处理产生决策层需要的指标信息，并且信息也会反向传递，成为各层级所需的有效信息类型，如图 5－1 所示。

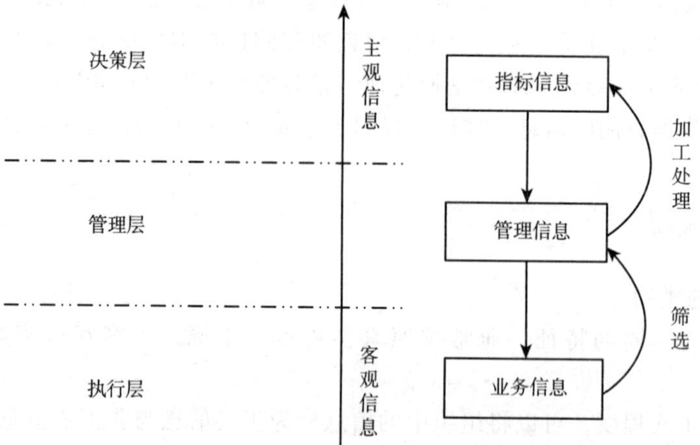

图 5－1　组织层级及其信息需求

三、信息的收集

明确了企业所需信息，下一步我们就需要关注如何取得相关信息，即信息的获取。不同类型信息的获取与应用也要讲求方式方法，“企业应当对收集的各种内部信息和外部信息进行合理筛选、核对和整理，提高信息有用性”。因企业内外部信息的获取方式不一，所以我们分别进行讲解。

（一）内部信息的收集

《企业内部控制基本规范》第三十九条指出，企业可以通过财务会计资料、经营管理资料、调研报告、专项信息、内部刊物、办公网络等渠道，获取内部信息。我们将内部信息简单划分为两类，即财务会计资料和其他内部信息资料。

1. 财务会计资料

财务会计资料是指通过对企业已经完成的资金运动全面系统的核算与监督，为外部与企业有经济利害关系的投资人、债权人和政府有关部门提供的反映企业财务状况与经营成果等经济信息的书面资料，一般主要指财务报告。根据《企业内部控制应用指引第 14 号——财务报告》第七条，财务报告是指反映企业某一特定日期财务状况和某一会计期间经营成果、现金流量的文件。根据新会计准则的相关规定，财务报告具体包括资产负债表、利润表、现金流量表、所有者权益变动表、附表及会计及报表附注和财务情况说明书。

根据《企业内部控制应用指引第 14 号——财务报告》第十二条，企业编制报告，应当充分利用信息技术，提高工作效率和工作质量，减少或避免编制差错和人为调整因素。

【案例5-1】云南绿大地财务造假案

云南绿大地生物科技股份有限公司（以下简称“绿大地”）于1996年6月成立主要经营苗木栽种与销售、绿化工程等项目。2001年3月，绿大地以整体变更方式设立为股份有限公司并向社会公开发行股票。2007年12月21日，绿大地成功挂牌上市，成为云南省第一家民营上市企业，国内首家有关绿化的上市公司。2011年3月17日，绿大地的董事长何学葵因涉嫌欺诈发行股票被逮捕，4月7日，财务总监李鹏被公安机关采取强制措施，曾经风光无限的绿大地就此跌入谷底。据证监会表示，早在2010年3月就对其进行了调查，发现其披露信息存在严重违规等现象。司法机关在相关刑事判决中认定，绿大地在2007年年度报告中虚增资产2124000元虚增收入96599026.78元，在2008年年度报告中虚增资产163353150元，虚增收入85646822.39元，在2009年年度报告中虚增资产10407050元。

造假手段：2004—2007年，绿大地公司董事长何学葵与财希总监蒋凯西等人共谋、策划由赵海丽、赵海艳注册了一批实际由绿大地公司控制的关联公司，利用关联银行账户流转资金，采用伪造合同和发票等手段，虚构销售业务、虚增资产及收入。据2007年绿大地上市所公布的招股说明书中披露，该公司3年累计收入6.26亿元，其中有2.96亿元是虚构的。上市之后，绿大地于2007年至2009年期间，又通过购买三块土地使用权、改良基地土壤等项目进行造假虚增资产可达2.5亿元。

资料来源：石春蕾，于静霞．审计失败的原因及防范对策——以绿大地企业为例《中国商论》。

2. 其他内部信息资料

公司各单位对产生、收集的各种信息进行合理的加工、分析，以满足向各级管理人员提供详细程度不同的有效信息的要求，为各级管理人员做出决策提供了数据依据。

（1）规章制度信息。“天下之事，不难于立法，而难于法之必行；不难于听言，而在于言之必效。”规章制度制定单位需要对下列事项进行全面论证：制度制定的依据和规范的对象；制度解决的主要问题；该项制度安排与其他相关制度的衔接与冲突；制度颁发实施的条件与时机；制度执行中需要注意的问题。在形成相关的文稿之前，相关部门必须通过公司各种交流渠道如公司内部网络或者邮件发布征求意见稿，征求职能部门和下属单位的意见，在广泛吸收意见的基础上对其进行完善，最后由管理层签发执行。

（2）经营管理信息。下属单位及部门按照统计报表的要求，每月或每周通过公司信息系统自下而上的报送统计资料，公司规划部门对主要生产经营指标进行比对分析，形成月度、季度、年度生产经营运行监测报告，报给公司管理层。

【案例5-2】网约车企业信息管理问题

花季女孩在滴滴顺风车上惨遭毒手，失去了年轻的生命，引发社会广泛关注。人们在扼腕叹息之余，议论最多、最担心的是网约车的安全问题。

2018年5月13日，滴滴发布公告透露三点信息：自5月12日零点起，一是顺风车停业整改，二是对所有签约司机全面审查，三是运营及客服全面整改。

视而不见的风险，往往是最大的风险。

滴滴在顺风车业务的引导页面上，希望用户填写更详细的个人资料，包括年龄段和职业。但滴滴并没有向用户明示，顺风车主在接单时是可以看到这些信息的。实际上，这些信息未经乘客同意，已经“报”给了顺风车司机。更令人不解的是，行程结束后司机还可以对乘客进行评价，评价内容可以留言，也可以从滴滴设置的“标准选项”中选，其中就有“颜值爆表”“声音甜美”等对乘客容貌的描述。

也就是说，乘客在打顺风车时，司机已经对其年龄、职业、相貌等信息一清二楚；但乘客却一直蒙在鼓里，并不知道自己的隐私已经公开泄露。因为司机们的“评价”乘客是看不到的，只有对司机进行评价后才能看到。试想，顺风车对乘客来说不过就是一交通工具，有多少人会留意司机的外貌和素质？更不要说加关注留言了。

把乘客变成了“透明人”，让司机有了更大的选择余地，即便是顺路，仍然可以“人多不拉”“长得丑不拉”。这不但拉低司机的职业道德，还可能引发司机载客动机不纯，年轻貌美的乘客抢着拉，甚至可以绕道“专程”接送。顺风车变了味，对被选中的乘客特别是漂亮姑娘来说，危险系数明显增加。

认清了问题的根源，整改才更有目标和针对性。交通出行安全是第一位的，乘客信息安全是运营安全的重要一关。乘客约顺风车是约车不是“约会”，与出行无关的信息平台公司就不必散播了。

资料来源：根据搜狐网资料改编。

（3）员工反馈信息。公司可设立多种方式以便收集信息，如设立举报电话、网上举报中心和电子举报信箱并对外公布。审计部门（或内部控制）与企业风险管理部门派专人跟进。企业应当建立举报投诉制度和举报人保护制度，设置举报专线，明确举报投诉处理程序、办理时限和办结要求，确保举报、投诉成为企业有效掌握信息的重要途径并且该制度应及时传达至员工全体。此外，还应对提供信息的员工给予适当的激励，不拘形式，以提高员工建言献策的积极性。公司可以展开合理化建议活动，对提供有效信息的员工给予适当奖励。

（4）信息系统产生的信息。公司信息系统提供相关内外部信息，公司职能部门以及各下属单位根据各自权限共享这些信息，充分利用信息技术以提高工作效率和质量，减少工作失误。此外，企业也应充分发挥自身特点利用各种渠道收集有价值的内部信息，除信息管理系统、内部报告、调研报告、专项会议、内部刊物、公司局域网这些信息方式以外还可以发掘其他内部信息收集渠道。

（5）综合信息。审计部门或内部控制部门负责收集内部审计方面的相关信息与违规、舞弊信息，对于重大、紧急情况需要严格执行事件的信息应该及时报送公司管理层。总裁办公室负责公司重要综合管理信息的收集、编发，开展专题调研，及时掌握所属公司和其他部门工作动态，为管理层决策提供信息参考。下属单位负责职权范围内的管理信息的收集、编发和制度制定，开展专题调研，及时掌握所属范围内的工作动态，按照公司的信息需求及时向总部提供各种所需信息。

（二）外部信息的收集

《企业内部控制基本规范》第三十九条指出，企业可以通过行业协会组织、社会中介机构、业务往来单位、市场调查、来信来访、网络媒体以及有关监管部门等渠道，获取外部信息。

1. 调查

调查用于获取潜在信息资源和各种现实资源的信息，最为常见的方法有问卷调查法和访问调查法。问卷调查法是将设计好的问卷通过邮寄，个别分送或集体分发的形式发放给抽样选择的样本群体，待其给出回答后将问卷收回，访问调查法则是与选取的样本群体当面交流以获取反馈信息的方式，常用于用户需求的分析及相关信息的获取。因此，当企业需要了解客户需求、客户满意度、产品评价、面向客户群体等信息时，可以使用调查的方法。不过，不管是问卷还是访问，都对问题的设计有较高要求，否则很难达到预期的收集信息目标。

2. 采访

采访主要用于获取潜在的信息资源。常见的有个别访问、座谈采访、现场观察、参加会议、电话采访和通信采访等多种形式。这类信息收集方式由于可以做深入探索，能够就一些复杂议题展开深入讨论，通常可以获取质量较高的信息。因此，采访可以用于重要客户反馈信息、新兴市场需求情况等信息的收集，但需要考虑采访对象和地点的代表性，以及采访者的个性、偏见等因素对信息质量的影响。

3. 网络查询

网络查询是指在现代信息技术基础上的信息收集方式，常见的渠道有互联网、专业数据库、组织互联系统。通过互联网，企业可以获取相当多的公开外部信息，包括：经济形势、业政策、资源供给等经济信息；法律法规、监管要求等法律信息；地区传统文化、教育水平等文化信息；科技发展、技术进步等科技信息。互联网获取信息具有便捷、成本较低等优点，也由于信息源的不确定导致信息的可靠性值得商榷，因此，应选取官方的网络媒体获取信息。网络查询的另一个渠道是专业数据库。专业数据库拥有具有版权的材料、权威的研究报告，些都是免费的互联网信息中无法获得的资源。通过专业数据库，企业可以更加迅速地收集到有深度的、高质量的信息。另外，电子商务的发展，使得企业与上游的供应商、下游的客户可以在“虚拟的市场”中进行交易。在这个过程中信息可以在组织中自由流动，信息学中将类技术称为组织互联系统。组织互联系统为企业提供有关客户需求、供应商供给等适时信息，大大方便了企业的信息收集活动。

4. 交换接收

交换和接收是指企业有时会出于某些方面的原因需要与其他机构交换信息或直接获取其他机构提供信息的收集方式。例如，与客户的信息互联就是一种典型的交换信息收集方式，企业通过与下游客户交换需求与供给信息来最大化客户需求信息的利用价值。接收信息收集方式则更多应用于上下级组织之间，或者企业与监管机构之间。如对于母公司经营政策等信息，子公司通常只需接收即可；对于监管机构发布的各项监管要求，公司通常也是以接收为主。

5. 咨询

咨询是指企业从社会中介机构、专业协会组织、专家等相关单位和个人那里获取信息的过程。一般来说，企业咨询的社会中介机构、专业协会组织、专家在其相关领域（如经营管理、财务、法律、科技等）都有专长，常见的有行业协会组织、咨询公司、律师事务所等机构。这些单位和个人能为企业提供相关领域内较为权威和全面的信息，可以满足企业经营管理的需要，但同时也存在成本较高的缺点。

四、信息的处理

收集到有效信息后，需要对信息进行进一步的筛选加工处理从而提高信息的有用性。《企业内部控制基本规范》第三十九条指出，企业应当对收集的各种内部信息和外部信息进行合理筛选、核对、整合，提高信息的有用性。根据《企业内部控制应用指引第 14 号——财务报告》第四章“财务报告的分析利用”，我们可以以财务报告的分析利用为例，解释一下信息的处理过程。

企业应当重视财务报告分析工作，定期召开分析会议，充分利用财务报告反映的综合信息，全面分析企业的经营管理状况和存在的问题，不断提高经营管理水平。企业财务分析会议应吸收有关部门负责人参加。总会计师或分管会计人员的负责人应当在财务分析和利用工作中发挥主导作用。

延伸阅读：
信息与沟通是内部控制的纽带

第二节　沟　　通

企业管理过去是沟通，现在是沟通，未来还是沟通。

——松下幸之助，松下电器创始人

管理者的最基本功能是发展与维系一个畅通的沟通管道。

——巴纳德，美国著名管理学家，近代管理理论奠基人

《企业内部控制规范》第四十条指出，企业应当将内部控制相关信息在企业内部各管理层级、责任单位、业务环节之间，以及企业与外部投资者、债权人、客户、供应商、中介机构和监管部门等有关方面之间进行沟通与反馈。信息沟通过程中发现的问题，应当及时报告并加以解决。重要信息应当及时传递给董事会、监事会和经理层。

由此可知，企业信息沟通不仅包括内部信息沟通，还包括外部信息沟通。内部信息沟通是指企业经营管理所需的内部信息、外部信息在企业内部的传递与共享；外部信息沟通是指企业与利益相关者之间信息的沟通。

一、内部沟通

企业内部控制相关信息应在企业内部各管理级次、责任单位、业务环节之间进行沟通和反馈，对于信息沟通中发现的问题及时报告并加以解决。根据《企业内部控制应用指引第 17 号——内部信息传递》，内部信息传递是指企业内部各管理层级之间通过内部报告形式传递生产经营管理信息的过程。该过程可分为三部分：内部报告的设计，使用，注意事项及应对措施。

（一）内部报告的设计

1. 设计依据

内部报告的设计应根据发展战略、风险控制和业绩考核要求，科学规范不同级次内部报告的指标体系，采用经营快报等多种形式，全面反映与企业生产经营管理相关的各种内外部信息。内部报告指标体系的设计应当与全面预算管理相结合，并随着环境与业务的变化不断进行修订和完善。设计内部报告指标体系时，应当关注企业成本费用预算的执行情况。

2. 外部信息收集

企业应当关注市场环境、客户需求及政策变动等外部信息对企业生产经营管理及战略制定的影响，广泛收集、整理、分析外部信息，并通过内部报告传递到企业内部相关管理层级，以便采取对应的策略。

3. 报告渠道

企业应当拓宽内部报告渠道，通过落实奖励措施等多种有效措施，广泛收集合理化建议。企业应当制定严密的内部报告流程，充分利用信息技术，强化内部报告信息集成和共享，将内部报告纳入企业统一的信息平台，构建科学的内部报告网络体系。

4. 质量要求

企业内部各管理层级均应当在指定专人负责内部报告的工作重要信息及时上报，并可以直接向高级管理人员报告。企业应当建立内部报告审核制度，确保内部报告信息质量。内部报告应该简洁明了、通俗易懂、传递及时以便企业各管理层级和全体员工掌握相关信息，正确履职。

内部信息在传递时还应遵守几个原则：及时有效性原则、反馈原则、预测性原则、真实准确性原则、安全保密性原则、成本效益原则。

（二）内部报告的使用

在内部报告使用方面，企业应该做到以下几点：

（1）充分利用。企业各级管理人员应当充分利用内部报告管理和指导企业的生产运营活动，及时反映全面预算执行情况，协调企业内部相关部门和各单位的运营进度，严格绩效考核及责任追究，确保企业实现发展目标。

（2）定期评估。企业应当建立内部报告评估制度，定期对内部报告的形成和使用进行全面评估，重点关注内部报告的及时性、安全性、有效性。企业应当有效利用内部报告进行风险评估，准确识别和系统分析企业生产经营活动中的内外部风险，确定应对策略，及时实行有效控制。企业对于内部报告反映出的问题应当及时解决，若出现突出问题或重大风险，应当针对问题启动紧急预案。

【案例5-3】小“交易员”撼动大公司

英国巴林银行1763年成立，是全球最早的享有盛名的商业银行之一，直至1995年2月因尼克·利森违规操作而破产时，已有233年历史。法国兴业银行1864年5月创建，经历两次世界大战并最终成为法国商界支柱之一，到 2008 年因杰洛米·柯维尔违规操作而受重创时，已经有 140 多年辉煌历史。英国巴林银行的尼克·利森，1989 年 7 月 10 日正式到巴林银行工作，1992 年，他被任命为巴林银行新加坡期货有限公司（BFS）的结算部主管兼场内交易经理，1995 年 2 月事发当时年仅 28 岁。

英国巴林银行的尼克·利森既是新加坡分行期货与期权交易部的首席交易员，又兼清算之职，他用于掩盖交易损失的错误账户“88888”是巴林银行伦敦总部全面负责清算工作的戈登·鲍舍（风险管理官）打电话授意设置的。1993—1994 年间，利森将新加坡业务迅速扩张，使巴林银行成为新加坡国际货币交易所（简称 SIMEX）最大的经纪商，这为他赢得了一片赞扬、欣赏以及高额红利。但 1993—1994 年间，巴林银行在 SIMEX 及日本市场投入的资金超出了英格兰银行规定（英国银行的海外总资金不应超过 25% 的限制），1995 年初尼克·利森每天要求巴林银行追加保证金的请求已超过授权，为此，巴林银行曾与英格兰银行进行多次会谈，得到英格兰银行主管商业银行监察的高级官员之“默许”。无论是法国兴业银行还是瑞士银行，以严格的内部控制和风险管理机制而闻名，如法国兴业银行拥有复杂而缜密的五重 IT 控制系统，2000 多人组成的监控队伍。瑞士银行风险管理高度集中，而且极其保守，不助长任何对风险的偏好，在业界拥有“瑞银是风险的局外人”的美誉。但无论是法国兴业银行的柯维尔，还是瑞士银行的阿多博利，它们在“德尔塔”交易平台上进行低风险的欧洲市场指数对冲基金操作，规定的风险额度都是 12.5 亿欧元，事实上，它们都在长达 2—3 年的违规操作中扩大了交易额度。柯维尔在法庭上承认曾透过投机沽空，但辩解说“在相距不过 50 厘米的交易台之间，任何交易动作都是公开的”。“上司们屏蔽了警报系统，只要我愿意，我甚至一天能投入 1000 亿欧元。”“我只要每晚做平交易额度就没问题。”并强调“所有人都这样做。我们拿了薪水，你不照着干，就只有挨骂”。阿多博利也有同感，伪造反向交易以事实上扩大交易额度，这似乎成为交易员冒险获取高收益的手段，监管层知道他们在冒险，但只要赚到钱，上司就会视而不见，因为该业务利润极为丰厚。据摩根大通数据显示，法国兴业银行该回业务的回报率 100%，瑞士银行为 72%。

资料来源：李晓慧，孟春．有效内部控制的关键环节研究——来自巴林银行、兴业银行和瑞士银行的多案例对比［J］．财政研究，2012（02）：28－32。

（3）注意保密。企业应当制定严格的内部报告保密制度，明确保密内容、保密措施、保密程度及传递范围，防止泄露商业机密。

（三）注意事项及应对措施

企业内部信息传递中应关注的风险及其影响：

（1）企业内部报告系统缺失、功能不健全、内容不完整，可能会影响生产经营有序运行。

（2）内部信息传达不通畅、不及时，则可能导致企业决策失误、相关政策措施难以落实。

（3）如果在内部信息传递中泄露商业机密，则会削弱企业核心竞争力。

《企业内部控制应用指引第 17 号——内部信息传递》指出，企业应加强内部报告管理，全面梳理内部信息传递过程中的薄弱环节，建立科学的内部信息传递机制，明确内部信息传递的内容、保密要求及密级分类、传递方式、传递范围以及各管理层级的职责权限等，促进内部报告的有效利用，充分发挥内部报告的作用。

二、外部沟通

我们总是将焦点集中在内部沟通，而忘了对外与顾客的沟通。

——麦克法霖

企业应当将内部控制相关信息在企业与外部投资者、债权人、客户、供应商、中介机构和监管部门等有关方面之间进行沟通反馈，发现问题及时处理。

良好的内部控制的建立需要适当的内部沟通，同时也需要有效的外部沟通。企业应当建立良好的外部沟通渠道或平台，对外部相关方面的建议、投诉及其他信息进行及时的记录、整理并反馈。有效的外部沟通不仅有利于扩大企业影响力，而且可以使企业获得许多有效的内部控制信息。外部沟通应适当关注以下方面：

1. 与投资者和债权者之间的沟通

投资者与债权人是企业资本的提供者，也是企业风险的主要承担者。因此，企业需要根据有关法律，行政法规和企业章程，建立本企业的信息披露政策与程序，及时向投资者与债权人报告企业的战略规划、经营方针、投融资计划、年度预算、经营成果、财务状况、利润分配方案以及重大担保、合并分立、资产重组等方面的信息。

企业应当多渠道、多层次的与投资者和债权人之间进行沟通，增加他们以及潜在投资者对企业的了解和信心。

2. 与客户沟通

客户是企业产品和服务的接受者和消费者，企业经营目标的实现依赖于客户的配合。企业可以通过座谈会、走访等形式采集客户对消费偏好、销售政策、产品质量、售后服务、货款结算等方面的意见和建议，及时发现并处理存在的以及潜在的问题。

【案例5－4】海尔公司售后服务

到用户家安装家电时，售后服务人员先要为居民家中的家用电器进行安全测电，这是目前海尔售后服务推出的“安全测电家电健身”服务新举措。家电售后服务的升级，也切实改变了市民的生活方式，为用户带来了方便。

如今，用户到商场购买一台家电，只要看好货就可以了，运输、安装等都由家电售后服务来做。家用电器坏了，只要一个电话，维修人员就会马上登门维修。可以说，如今家电商竞争的不仅仅是产品，还有服务。

海尔的售后服务更是历来被称道。从去年开始，海尔在全国各地建立了近千家星级服务中心，先后推出了“星级服务进社区”“给用户家电过生日”等创新服务模式，并陆续在乡镇、农村建立星级服务联络站，为农村用户提供星级服务，为方便与全国各地的用户沟通，提供24小时即时服务，海尔在全国开通了统一服务电话，在提升服务质量上，海尔提出了“随叫随到、创造感动、信息增值”的服务质量新标准。

资料来源：青岛早报。

3. 与供应商的沟通

供应商处于供应链的上游，对企业的经营活动有很强的影响力。企业可以通过供需见面会、订货会、业务洽谈会等与供应商就供货渠道、产品质量、技术性能、交易价格、信用政策、结算方式等问题进行沟通，及时发现并处理存在的以及潜在的问题。

4. 与中介机构的沟通

这里的中介机构主要是指外部审计师，律师及投资银行。外部审计师对企业的财务报告进行审计，通过一系列完善的审计程序通常能够发现企业日常经营以及财务报告中存在的问题。企业应加强与外部审计师的沟通，听取有关财务报表审计及内部控制的建议，以保证内部控制的有效运行以及双方工作的协调。企业在组织经济活动时，不可避免地要与其他企业发生经济纠纷，因此，需要聘请律师帮助处理纠纷，以保障企业利益与权益。企业可以根据法定要求和实际需求，聘请律师参与有关重大业务、项目和法律经济纠纷，并保持与律师有效的沟通。

5. 与监管机构的沟通

监管机构对企业的经营方针和战略有重要影响，企业应当及时向监督机构了解监管政策和监管要求及其变化，并相应完善自身的管理制度。同时，认真了解自身存在的问题，积极反映诉求和建议，努力加强与监管机构的协调。

另外，根据《企业内部控制基本规范》第四十条，重要信息应及时传递给董事会、监事会和经理层。企业应该对“重要信息”做出明确规定并建立特殊传递机制，减少传递层级，确保该类信息可以在第一时间传递至相关管理层，这样在遇到重大变动（如原材料涨价，供应商不能及时供货等）时可以最大限度降低企业损失，保障企业利益。

沟通时一个交流的过程，信息传递者在传递信息以后还应积极从信息接收者那里获得反馈信息，以促进信息获取质量的改进和信息传递程序的优化。通过沟通，企业员工能够明确他人的信息需求，同时也能对自己的职责有一个更清晰的认识，从而有助于工作的顺利完成的效率的提高。

延伸阅读：

范雎蔡泽的沟通故事

三、反舞弊机制

除非你发问，否则你听不到有关你的公司的坏事。听到好消息是容易的，但你需要挖掘才能得到坏消息。

——小汤玛斯·J. 华生

由于内部控制自身难以避免内部人控制、管理人员滥用职权、蓄意徇私舞弊、内部不相容职务的人员串通作弊等影响内部控制实施效果的事件发生，因此，为了规范企业管理层及所有员工的行为，严格遵守相关法律法规、职业道德及企业规章制度，防止损害企业利益和投资者权益的舞弊现象发生，必须建立反舞弊机制和投诉制度。

《企业内部控制基本规范》第四十二条指出，企业应当建立反舞弊机制，坚持惩防并举、重在防御的原则，明确反舞弊工作的重点领域、关键环节和有关机构在反舞弊工作中的职责权限，规范舞弊案件的举报、调查、处理、报告和补救程序。

（一）什么是舞弊

舞弊一般指企业内、外部人员采用违法违规手段，牟取个人不正当利益而损害企业正当利益的行为，或牟取不正当企业利益的同时为个人带来非正当利益的行为。舞弊行为主要包括：收受贿赂或回扣；为达到不正当目的支付贿赂或回扣；将能够使企业合法获利的交易事项转移给他人；非法侵占、挪用企业资产；为虚假的交易事项支付款项；伪造、变造会计记录，故意隐瞒；错报交易事项，提供虚假财务报告，牟取不当利益；泄露企业的商业或技术秘密，牟取个人利益；偷逃税款；高管人员滥用职权牟取个人利益等。

通常情况下，按照舞弊主体的不同，即作弊者身份的不同，可以将舞弊划分为管理舞弊和非管理舞弊；若依据《内部审计具体准则第 6 号——舞弊的预防、检查与报告》的规定，可以将舞弊分为损害组织经济利益的舞弊和谋取组织经济利益的舞弊：

（1）管理舞弊。管理舞弊是指管理层蓄谋的舞弊行为，是指企业最高管理层进行的舞弊，这种舞弊隐蔽性大，难以发现，影响力也很大，舞弊者的层次越高，越难有效地进行预防与检查，危害也越大。其主要表现为财务报表舞弊。

（2）非管理舞弊。非管理舞弊也称为员工舞弊，是指企业中的职员利用内部控制的各种漏洞，采用涂改或伪造单据账册及其他手段贪污、盗窃或挪用财产的不法行为，常常表现在将现金或其他资产窃为己有。

（3）损害组织经济利益的舞弊。损害组织经济利益的舞弊，是指组织内部人员为牟取自身利益，采用欺骗等违法违规手段使组织经济利益遭受损害的不正当行为。主要表现为以下行为：收受贿赂或回扣；将正常情况下可以使组织获利的交易事项转移给他人；贪污、挪用、盗窃组织资财；使组织为虚假的交易事项支付款项；故意隐瞒、错报交易事项；泄露组织的商业秘密；其他损害组织经济利益的舞弊行为。

（4）谋取组织经济利益的舞弊。谋取组织经济利益的舞弊，是指组织内部人员为获得不当经济利益而其自身也可能获得相关利益，采用欺骗等违法违规手段，损害国家和其他组织或个人利益的不正当行为。其主要表现为以下行为：支付贿赂或回扣；出售不存在或不真实的资产；故意错报交易事项、记录虚假的交易事项，使财务报告使用者误解而做出不适当的投融资决策；隐瞒或删除应对外披露的重要信息；从事违法违规的经营活动；偷逃税款。

（二）反舞弊工作重点

根据《企业内部控制基本规范》，企业至少应当将下列情形作为反舞弊工作的重点：

（1）未经授权或者采取其他不法方式侵占、挪用企业资产，牟取不当利益。

（2）在财务会计报告和信息披露等方面存在的虚假记载、误导性陈述或者重大遗漏等。

（3）董事、监事、经理及其他高级管理人员滥用职权。

（4）相关机构或人员串通舞弊。

（三）反舞弊具体措施

企业可以建立专门的反舞弊机构，对反舞弊事务进行归口管理。此外，应在以下几个方面建立防范舞弊的体系：

1. 营造良好的企业文化

企业文化对员工的思想和行为都会产生一定的影响。企业舞弊行为的产生在很大程度上取决于企业文化建设的好坏。企业文化约束防线是防止企业经营舞弊和财务舞弊的重要一环。企业应创造一种积极向上的企业文化，通过企业文化氛围的营造使员工自发产生企业发展献身的意识，对不正当的舞弊行为通过这种软约束进行规制，通过培育企业员工的认同感和归属感，建立起员工与企业之间互相信任的关系。通过企业文化引导，依靠员工的自我管理、自我控制，来实现战略目标。此外，企业管理层的理念对企业道德文化的营造有着至关重要的作用，企业管理层的行为起到榜样和示范的作用，他们应自觉遵守企业确立的道德规范，借以影响和培育员工的诚信意识，减少舞弊行为的发生。

此外，有效的规章制度是防止企业舞弊的重要条件。只有建立成文的完善的企业管理规章，才能为员工树立明确的行为守则，从整体上透彻理解整个企业的目标和活动，从而引导员工行为趋向企业利益最大化。

2. 缓解员工压力

压力是产生舞弊的根源。现代社会竞争激烈，员工经常承受着巨大的工作压力、经济压力等。压力的存在，在一定条件下就有可能诱发舞弊行为。因此，缓解员工压力是防范舞弊的个重要方面。企业可以开通心理咨询热线，使员工在重压之下有可以倾诉的地方；也可以举办心理讲座，给面临个人问题的员工提供免费咨询或其他服务，了解并帮助员工掌握缓解压力的办法。同时，这种做法还可以让企业管理层了解员工的内心想法，可以在一定程度上改善企业治理策略。

3. 评估舞弊风险

定期进行舞弊风险评估是企业预防舞弊的一个重要手段。企业可以通过风险评估，研究防范舞弊行为发生的制度及措施。风险评估的过程是企业确认并分析与其目标实现相关的风险的过程。企业设立风险评估的机制，可以识别、分析和管理与企业各项目标相关的风险，以便了解企业自身所面临的风险并加以适当的处理。

在实际工作中，管理层即弊是很难被发现的，而影响管理层舞弊的一个主要因素就是管理层所承受的压力，特别是企业的财务状况或收益的稳定性可能会受到来自外界因素（如经济、政策、行业等因素）或企业自身经营情况的影响，比如：市场处于高度竞争状态或者已经趋于饱和，从而边际利润率急速下降；顾客的需求发生了急剧变化，产品结构的调整跟不上，产品销售受到严重影响；经营不善导致破产、抵押物变现或恶意收购的威胁；经营净现金流量持续为负等。如果一个企业能够建立一个完善的风险评估系统，就可以及时发现、减小甚至化解风险，就会减少管理层压力，从而在一定程度上降低管理层舞弊的可能性。

4. 完善企业治理结构

建立完善的企业治理结构，不仅可以改善企业管理，提高经营业绩，还可以遏制管理舞弊。目前我国上市企业的治理结构存在不健全、不完善的现象，比如：企业的董事长同时兼任总经理，“内部人控制”现象严重；监事会形同虚设；股东大会、董事会、经理层之间起不到制衡作用等。因此，要防范上市企业的管理舞弊行为，必须从源头抓起，从企业内部治理结构抓起。监管机构已经出台《上市企业章程指引》《上市企业治理准则》等管理规定，强制推行独立董事等制度规范企业治理结构，虽然取得了一定的成效，但依然存在独立董事不独立、形同虚设现象严重等问题。完善企业治理结构，可以从以下几个方面着手：首先，改善企业股权结构，这是健全企业治理结构的基础；其次，完善独立董事制度，将独立董事的作用发挥到实处；最后，要发挥监事会应有的作用。

【案例5－5】紫鑫药业财务舞弊事件

紫鑫药业财务舞弊事件在2011年被披露并引起了社会公共的关注。具有“银广夏第二”之称的紫鑫药业股份有限公司是一家高科技股份制企业，涵盖了生产、销售及研发为一体的企业。紫鑫药业的主要经营范围是中成药、化学药剂及药材原料的加工及销售。紫鑫药业在2007年于深圳证券交易所的中小板块正式上市，之后发展业绩直处于低潮。为了转变自身的业绩状况，紫鑫药业在2010年引入了人参业务，并以惊人的人参销售业绩获得了众多证券投资商们的关注。这给紫鑫药业赚取了高达1.73亿元的净利润，同比增长达184%，营业收入高6.4亿元同比增长达151%。然而，如此惊人的业绩凸显，必然也引起了众多媒体的关注。遗憾的是，2011年紫鑫药业利用空壳公司进行虚构销售的自欺欺人的人参交易戏码最终被媒体曝光（见表5－1）。

2010年，亳州千草药业饮品厂、四川平大生物制品有限责任公司、通化文博人参贸易有限公司、通化立发人参贸易有限公司及吉林正德药业有限公司是紫鑫药业销售收入的前五大客户，这五大公司为紫鑫药业的销售收入共占总销售收入36%。总计2.3亿元。据媒体报道，紫鑫药业的董事长郭春生其实是前三大客服的实际控股人，然而这些交易所涉及的关联方并没有在年终报表中得到有效披露。此外，关于延边劲辉人参贸易有限公司，延边嘉益人参贸易有限公司，延边欣鑫人参贸易有限公司及延边耀宇人参贸易有限公司作为紫鑫药业人参货源的四大供货商与其关系甚密，与这四大客户的贸易交易额达2亿元，紫鑫药业虚增收入的实际操作过程是通过对上游关联方预先支付款项之后再将资金移转给下游关联方，从而实现一条完整的公司内部交易渠道。

表5－1　紫鑫药业近年基本财务数据表

	2008年	2009年	2010年	2011年	2012年上半年
总资产	545980586.38	655193783.69	2569265077.05	2789164038.40	2928764142.28
营业收入	223332334.13	256287604.81	642417445.93	927619550.21	253609286.75
人参业务收入			359228086.93	624408541.22	111555042.63
前五大客户收入	29289597.72	26839493.83	232580302.39	366646836.03	146878334.55
净利润	53329645.80	61084165.68	173165552.10	217282551.22	56158780.52
经营性现金流量	25668569.73	12807145.81	－215418190.86	－558721219.61	－98872540.49
每股收益	0.44	0.30	0.37	0.42	0.13

资料来源：薛麒译，顾妍琼，任恒娜．审计失败的问题研究及对策——基于紫鑫药业财务舞弊事件的分析［J］．中国集体经济，2018（35）：87－89。

5．建立适当的舞弊监督程序

防范舞弊行为的一个重要方面就是要建立严格的监督机制，通过严格的检查监督制度及时发现舞弊行为，将损失降到最低程度。对舞弊监督检查的一个主要措施就是进行内部审计。首先，在企业内部控制制度设计与修订时，内部审计就应全程参与，使企业的内部控制在建立之时就尽可能地考虑各种工作程序对舞弊行为的防范。其次，内部审计置身于企业内部，对其实际的经营情况、财务状况都有更为详尽的了解和把握，容易觉察到企业危险的信号，对财务中异常的数据更加敏感，反应更加快捷，能及时发现并尽早掌控各种舞弊行为。最后，内部审计的存在，会对舞弊主体产生一定程度的威慑作用。

6. 建立信息交流机制

有效的信息交流机制可以对防范以及及时发现舞弊行为起到很好的作用。这种交流包括内部交流和内外交流两个方面。内部交流是指公司内部的信息交流沟通。如果信息交流机制不通畅，就会产生信息不对称的问题，这样舞弊行为产生的机会就会增大。内外交流则是指企业外的人员和企业内部的沟道。供应商、客户这些企业外的人员在某些情况下可以观察到舞弊者违反内部控制、道德表现不佳、个人消费奢靡等情形，如果内外沟通机制顺畅，他们就可以及时将信息反馈到企业内部，从而引起企业内部人员的重视，减少舞弊的发生。如果企业有举报热线或其他报告机制，人们就不会担心因为报告舞弊而被报复，从而就会使信息沟通更加通畅，更能够及时发现舞弊行为。可以看出，如果企业信息交流体系完备而有效，就会大大增强舞弊被揭露的可能性，而舞弊暴露的概率增大，舞弊发生的可能性也会相应地降低。

7. 制定举报投诉制度

企业应当建立举报投诉制度和举报人保护制度，设置举报专线，明确举报投诉处理程序、办理时限和办结要求，确保举报、投诉成为企业有效掌握信息的重要途径，并且举报投诉制度和举报人保护制度应当及时传达至全体员工。举报投诉制度是企业内部建立的旨在鼓励员工以明示的方式进行举报、投诉，并由专门机构对举报内容进行调查处理的一系列政策、程序和方法。该制度属于内部控制框架中的信息与沟通要素，具有预防、制止、揭露组织活动中的违法违规行为，保证企业各项活动的合法性和合规性的功能。

8. 加强舞弊结果处理

对发现的舞弊情况如何处理，处理程度是否严格，将极大地影响员工是否做出舞弊行为，舞弊结果处理越严格、越及时，员工进行舞弊的风险就越大，他们采取舞弊的可能性就越小。反之，员工就会存在侥幸心理，就会认为舞外的风险小于舞弊所带来的收益，进而导致更多的舞弊行为。而严格的舞弊结果处理机制则可以很好地对舞弊行为起到震慑作用。因此，企业应对舞弊行为建立起完备的处理机制，并对员工进行宣传教育，使之充分了解到舞弊行为所带来的严重后果，同时企业对于发现的舞弊行为要按照规定严格处理。

延伸阅读：

浙江嘉兴：审计监督与国资监管协同为国资国企加装“安全锁”

第三节　信息技术与信息系统

一、信息系统与信息技术的内涵与关系

信息技术（Information Technology，IT）已经成为经济发展和社会进步的主导力量，特

别是互联网、电子商务的迅猛发展和广泛应用，使得人类步入了一个信息化的时代。《企业内部控制基本规范》和《企业内部控制应用指引》中多次提到信息技术的利用。《企业内部控制基本规范》第四十一条指出，企业应当利用信息技术促进信息的集成与共享，充分发挥信息技术在信息与沟通中的作用。《企业内部控制应用指引第 14 号——财务报告》第十二条指出，企业编制财务报告，应当充分利用信息技术，提高工作效率和工作质量，减少或避免编制差错和人为调整因素。《企业内部控制应用指引第 17 号——内部信息传递》第六条指出，企业应当制定严密的内部报告流程，充分利用信息技术，强化内部报告信息集成和共享，将内部报告纳入企业统一信息平台，构建科学的内部报告网络体系。

什么是信息技术？信息技术是指管理和处理信息所采用的各种技术的总称。它主要是应用计算机科学和通信技术来设计、开发、安装和实施信息系统及应用软件。它也常被称为信息和通信技术（Information and Communications Technology，ICT）。主要包括传感技术、计算机与智能技术、通信技术和控制技术。广义而言，信息技术是指能充分利用与扩展人类信息器官功能的各种方法、工具与技能的总和。狭义而言，信息技术是指利用计算机、网络、广播电视等各种硬件设备及软件工具与科学方法、对文图声像各种信息进行获取、加工、存储、传输与使用的技术之和。

那么，信息系统又是什么？信息技术与信息系统间的关系是什么？

信息系统（Information System，IS）是由计算机硬件、网络和通信设备、计算机软件、信息资源、信息用户和规章制度组成的以处理信息流为目的的人机一体化系统。主要有五个基本功能，即对信息的输入、存储、处理、输出和控制。信息系统经历了简单的数据处理信息系统、孤立的业务管理信息系统、集成的智能信息系统三个发展阶段。《企业内部控制应用指引第 18 号——信息系统》指出，信息系统是指企业利用计算机和通信技术，对内部控制进行集成、转化和提升所形成的信息化管理平台。信息技术是信息系统的重要组成部分，是信息系统的重要工具，是信息系统与企业业务实务之间信息转化的桥梁。如果把企业比作运行中的汽车，那么信息系统就是汽车上的表盘，通过信息技术实现实时监控企业的运转情况并准确地把相关信息反映出来。信息技术和信息系统对于企业内部控制提供了很大帮助，增加了新的控制手段，减少人为因素，提高了信息收集处理的效率，降低了人工处理的成本，提升了企业战略管理上下游的信息链，取得了良好的效果但同时也产生了一些新的问题。

延伸阅读：

企业多层次信息技术与业务匹配的动态性

二、信息系统的风险

企业利用信息系统实施内部控制至少应当关注下列风险：

（1）信息系统缺乏或规划不合理，可能造成信息孤岛或重复建设，导致企业经营管理效率低下。

（2）系统开发不符合内部控制要求，授权管理不当，可能导致无法利用信息技术实施有效控制。

（3）系统运行维护和安全措施不到位，可能导致信息泄露或毁损，系统无法正常运行。

【案例5-6】麦当劳和肯德基之争

麦当劳和肯德基在中国的发展可谓是一日千里，这两家公司在中国发展得如此迅猛，就是顺应了中国发展的潮流和社会的变革。这两家公司有着不同的发展模式，麦当劳是全球快餐业的老大，但是在中国的业务却没有肯德基做得好。麦当劳最先在中国进行快餐市场的调研考察，但是它依据信息做出了两个错误的判断：

第一，中国人民的餐饮习惯。中华民族是吃贯穿于所有政治经济文化活动之中的一个民族，做工作要吃饭，体现亲情也要吃饭，大众的消遣娱乐还是归结到吃上，所以中国人民对吃非常讲究，也非常重视。因此，麦当劳认为快餐在中国难以做大。

第二，快餐的口味问题。中华民族保留着很多有关吃的传统，食物种类丰富多彩，口味南北迥异，广东人喜欢煲汤，湖北人湖南人喜欢吃辣，上海人喜欢吃甜，山西人喜欢吃酸，北京人喜欢吃咸，东北人喜欢吃乱炖。而快餐的口味十分单一，做不到口味丰富多彩。人们的口味一旦形成就会是非常顽固的一种习惯，这种习惯会导致人们对快餐的抵制和排斥。因此，麦当劳对中国市场没有信心，认为中国是没有希望的市场，于是放弃在中国的投资。

几年之后，肯德基进入中国市场调研，他们得出一个相反的结论：

第一，中国的社会在发展，中国人的观念在改变，饮食结构也在悄然地发生变化，生活的快节奏，求新求异将成为中国人民的生活主流，在这样的大前提下进入中国快餐市场，肯定会迎合时代的发展，是非常好的一个时机。

第二，中国人民传统的饮食习惯也在改变，传统口味吃了很多年，人们乐于追求新颖的口味，这也是迎合中国人饮食结构多样性的一种改革。

所以肯德基做出的决策就是可以进入中国市场。当然，这两家公司都没有想到，在美国被称为“垃圾食品”的快餐，在中国迅速成为时尚，成为大众消费的食品，出现举家吃快餐的热闹场面。因此，肯德基先在中国红火发展起来。麦当劳看到后也不甘示弱，采取了一地差位的营销方式，就是人们现在看到的非常有趣的现象，只要有肯德基的地方，斜对面就一定有麦当劳。

资料来源：郑洪涛，张颖．内部控制学［M］．东北财经大学出版社，2018。

延伸阅读：

华大基因回应虚假利润

三、信息系统的主要控制措施

根据《企业内部控制基本规范》第四十一条，企业应当加强对信息系统的开发与维护、访问与变更、数据输入与输出、文件储存与保管、网络安全等方面的控制，保证信息系统安全稳定运行。企业应当重视信息系统在内部控制中的作用，根据内部控制的要求，结合组织架构、业务范围、地域分布、技术能力等方面的因素，制定信息系统建设的整体规划，加大投入力度，有序组织信息系统的开发、运行与维护，优化管理流程，防范经验风险，全面提升企业现代化管理水平。企业还应指定专门机构对信息系统建设实施归口管理，明确相关单位的职责权限，建立有效工作机制。企业还可委托专门机构参与信息系统的开发、运行与维护工作。

（一）信息系统的开发

1. 合理规划

企业应当根据信息系统建设整体规划提出项目建设方案，明确建设目标，人员配备、职责分工、经费保障和进度安排等相关内容，按照规定的权限和程序审批后实施。

企业信息系统归口管理部门应当组织内部各单位提出开发需求和关键控制点，规范开发流程，明确系统设计、编程、安装调试、验收、上线等全过程的管理要求，严格按照建设方案、开发流程和相关要求组织开发工作。

2. 整体开发

（1）开发方式。企业开发信息系统，可以采取自行开发、外购调试、业务外包等方式选定外购调试或业务外包方式的，应当采用公开招标等形式择优确定供应商或开发单位。

（2）开发内容。企业开发信息系统应当将生产经营管理业务流程、关键控制点和处理规则嵌入系统程序，实现手工环境下难以实现的控制功能。企业在系统开发过程中，应当按照不同业务的控制要求，通过信息系统中的权限管理功能控制用户的操作权限，避免将不相容职责的处理权限授予同一用户；企业应当针对不同数据的输入方式，考虑对进入系统数据的检查和校验功能。对于必需的后台操作，应当加强管理，建立规范的流程制度，对操作情况进行监控或者审计；企业应当在信息系统中设置操作日志功能，确保操作的可审计性。对异常的或违背内部控制要求的交易和数据，应当设计由系统自动报告并设置跟踪处理机制。

3. 跟踪管理

企业信息系统归口管理部门应当加强信息系统开发全过程的跟踪管理，组织开发单位与内部各单位的日常沟通和协调，督促开发单位按照建设方案、计划进度和质量要求完成编程工作，对配备的硬件设备和系统软件进行验查验收，组织系统上线运行等。

4. 验收测试

企业应当组织独立于开发单位的专业机构对开发完成的信息系统进行验收测试，确保在功能、性能、控制要求和安全性等方面符合开发需求。

5. 上线培训

企业应当切实做好信息系统上线的各项准备工作，培训业务操作和系统管理人员，制定科学的上线计划和新旧系统转换方案，考虑应急预案，确保新旧系统顺利切换和平稳衔接。系统上线涉及数据迁移的，还应制定详细的数据迁移计划。

（二）信息系统的运行与维护

在系统的运行与维护阶段，企业应该加强信息系统运行与维护的管理，制定信息系统工作程序、信息管理制度以及各模块子系统的具体操作规范，及时跟踪、发现和解决系统运行中存在的问题，确保信息系统按照规定的程序、制度和操作规范持续稳定运行。

企业应当建立信息系统变更管理流程，信息系统变更应当严格遵照管理流程进行操作。信息系统操作人员不得擅自进行系统软件的删除、修改等操作；不得擅自升级、改变系统软件版本；不得擅自改变软件系统环境配置。

1. 安全保护措施

企业应当根据业务性质、重要性程度、涉密情况等确定信息系统的安全等级，建立不同等级信息的授权使用制度，采用相应技术手段保证信息系统运行安全有序；企业应当间隙信息系统安全保密和泄密责任追究制度。委托专业机构进行系统运行与维护管理的，应当审查该机构的资质，并与其签订服务合同和保密协议；企业应当采取安装安全软件等措施，防范信息系统受到病毒等恶意软件的感染和破坏。

2. 用户管理制度

企业应当建立用户管理制度，加强对重要业务系统的访问权限管理，定期审阅系统账号，避免授权不当或者存在非授权账号，禁止不相容职务用户账号的交叉操作。

3. 网络安全防护

企业应当综合利用防火墙、路由器等网络设备，漏洞扫描、入侵检测等软件技术以及远程访问安全策略等手段，加强网络安全，防范来自网络的攻击和非法入侵。企业对于通过网络传输的涉密或关键数据，应当采取加密措施，确保信息传递的保密性、准确性和完整性。

4. 数据备份制度

企业应当建立系统数据定期备份制度，明确备份范围、频度、方法、责任人、存放地点、有效性检查等内容。

5. 信息设备管理

企业应当加强服务器等关键信息设备的管理，建立良好的物理环境，指定专人负责检查，及时处理异常情况。未经授权，任何人不得接触关键信息设备。

本章案例分析

甲公司内控方案问题分析

甲公司为一家非国有控股主板上市公司，自 2013 年 1 月 1 日起全面实施《企业内部控制基本规范》及其配套指引。甲公司就此制定了内部控制规范体系实施工作方案。该方案要点如下：

（1）工作目标。通过实施内部控制规范体系，进一步提升公司治理水平和风险管控能力，合理保证公司经营管理合法合规、资产安全、财务报告及相关信息真实完整，提高经营效率和效果，促进公司实现发展战略。

（2）组织领导。董事会对内部控制的建立健全和有效实施负责，对内部控制建设中的重大问题作出决策。经理层负责组织领导公司内部控制的日常运行，确定公司最大风险承受度，并对职能部门和业务单元实施内部控制体系进行指导。公司设置内部控制专职机构，负责制定内部控制手册并经批准后组织落实。

（3）工作安排。内部控制规范体系建设工作分阶段进行：第一阶段，梳理业务流程。公司严格按照《企业内部控制基本规范》及其配套指引的要求进行“对标”，认真梳理现行管理制度和业务流程；对配套指引未涵盖的业务领域，不纳入本公司实施内部控制规范体系的范围，不再进行相关管理制度和业务流程梳理。第二阶段，开展风险评估。公司根据战略规划和发展目标，组织开展风险评估工作，识别和分析经营管理过程中的各种内部风险，制定风险应对策略并实施相应的控制活动。第三阶段，组织内部控制试运行。公司通过深入宣传和加强培训等手段，在全公司范围内组织开展内部控制试运行工作。第四阶段，在内部控制正式运行的基础上，开展内部控制自我评价。

（4）控制重点。公司根据业务特点和发展实际，在梳理业务流程和开展风险评估的基础上，拟重点对研发业务、资金活动和合同管理，有针对性地实施控制。一是规范研发项目审批流程，重大研发项目由总经理办公会审议通过后实施。二是严格对现金和银行存款的管理，指定一人对办理资金业务的相关印章和票据进行集中管理。三是加强合同纠纷管理，合同纠纷经协商一致的，应与对方当事人签订书面协议；合同纠纷经协商无法解决的，应根据合同约定选择仲裁或诉讼方式解决。

（5）自我评价。公司授权内部审计部门作为内部控制评价部门，负责内部控制评价的具体组织实施工作。内部审计部门根据公司实际情况和管理要求，制定科学合理的评价工作方案，报经理层批准后实施。

（6）外部审计。公司拟聘用A会计师事务所为公司2013年内部控制自我评价工作提供咨询服务；同时，委托该会计师事务所提供内部控制审计服务，A会计师事务所的咨询部门和审计部门柜互独立，各自提供服务，人员不交叉混用。

要求：根据《企业内部控制基本规范》及其配套指引的要求，逐项分析判断甲公司（1）至（6）项内容是否存在不当之处：对存在不当之处的，分别指出不当之处，并分别说明理由。

复习思考题

1. 什么是内部信息传递？它的基本流程和传递规则是什么？
2. 内部信息传递各环节都存在哪些风险？应如何控制？
3. 沟通有哪些方式？其优缺点有哪些？
4. 内部沟通有哪些要点？
5. 外部沟通有哪些要点？
6. 信息系统开发过程中的主要风险点有哪些？应如何控制？
7. 信息系统运营与维护过程中的主要风险点有哪些？应如何控制？

能力拓展题

请搜寻近10年世界500强企业被曝光的有关沟通不当、信息不完善或信息系统存在漏洞而造成的重大损失的案例，并分组分析其造成损失的原因。

第六章

内部监督

监督是管理过程持续最长的一种功能，因为它是在执行决策的全部过程中实现的。

——阿法纳西耶夫

【案例导入】

内部监督：分粥故事的启示

故事说，有7个人住在一起，每天共食一锅粥，因人多粥少，争先恐后，秩序混乱，还互相埋怨，心存芥蒂。于是，他们想办法解决每天的吃饭问题——怎样公平合理地分食一锅粥？

他们试验了不同的方法：第一种方法，指定一个人分粥，很快大家就发现，这个人为自己分的粥最多，于是又换了一个人，结果总是主持分粥的人碗里的粥最多最好；第二种方法，大家轮流主持分粥，每人一天，虽然看起来平等了，但是几乎每周下来，他们只有一天是饱的，就是自己分粥的那一天；第三种方法，推选出一个人来分粥，开始这位品德尚属上乘的人还能公平分粥，但没多久，他开始为自己和溜须拍马的人多分，搞得整个小团体乌烟瘴气；第四种方法，成立一个分粥委员会和一个监督委员会，形成监督和制约机制，公平基本上做到了，可是等互相扯皮下来，粥吃到嘴里全是凉的，大家也很不满意；第五种方法，轮流分粥，而分粥的人要等到其他人都挑完后才能取剩下的最后一碗。

令人惊奇的是，采用第五种方法后，七只碗里的粥每次都几乎一样多，即便偶有不均，各人也认了，大家快快乐乐，和和气气，日子越过越好。

……

资料来源：分粥故事后传，http：//www. sohu. com/a/239344352_657923。

思考：我国《企业内部控制基本规范》第四十四条：企业应当根据本规范及其配套办法，制定内部控制监督制度，明确内部审计机构（或经授权的其他监督机构）和其他内部机构在内部监督中的职责权限，规范内部监督的程序、方法和要求。那么，什么是内部监督？为什么企业要进行内部监督？内部监督具体又是如何实行的呢？

延伸阅读：

分粥故事后传

第一节　内部监督概述

一、内部监督的定义

由于体系的设计者和执行者的固有局限性以及企业环境无时无刻都在变化，任何内部控制制度都不可能完美无缺；员工和股东的利益冲突与重叠、信息不对称等问题也会削弱企业内部控制制度的实际效用。企业发展过程中的公司战略、员工职业素养和道德操守、技术水准以及自身的经营范围的变化都会影响企业风险管理的有效性，从而使内部控制失效或者不再被执行。因此，要提高内部控制的有效性，日常监督检查和专项监督检查对于企业的内部控制运行情况是有必要的，进而发现其不足和问题乃至缺陷并加以修改和完善。所以，可以说内部监督是保证内部控制能够随着环境的变化不断改进适应的保护墙。

按照我国《企业内部控制基本规范》第五条给出的定义：内部监督是企业对内部控制建立与实施情况进行监督检查，评价内部控制的有效性，发现内部控制缺陷，应当及时加以改进。美国 COSO 委员会的《内部控制——整合框架》、《企业风险管理——整合框架》和中国财政司发布的《企业内部控制基本规范》，均把内部监督作为内部控制的五要素之一，可见其对内部控制的有效运行的必要性。关于内部监督，理论界还存在其他观点。比如，政府的内部监督，是指监督主体是政府机关，政府对其所属各职能部门、主管机关、隶属机关的行为进行监督，也包括同级政府机关之间以及下级政府机关对上级政府机关的监督，还有公司内部监督等，本书所指的“内部监督”是基于内部控制层面的内部监督。

二、内部监督的作用

内部监督是一个由全体员工共同参与执行的、不断调整、逐步完善、最终达到螺旋式上升的动态过程。因此，不论是内部控制制度的建立与实施，还是内部控制体系评价与报告，都离不开适当的内部监督，内部监督能使董事会及经理层预防、发现和修正内部控制设计和运行中存在的重大缺陷和薄弱环节，以便及时加以改进，确保内部控制有效运行。内部监督与内部控制其他要素相辅相成，同促进企业实现自身目标。

（一）内部监督以控制环境为基础，并与企业控制环境有极强的关联性。管理层传递积极的企业内部文化、科学的价值观以及先进的管理理念，对发现的控制问题采取适当措施等等，会直接有利于内部监督的运行和效果。反过来，适当加强内部监督，会有益于优化内部控制环境。

（二）内部监督与风险评估、控制活动形成了“三位一体”的闭环控制系统。企业根据风险分析结果和风险应对策略，制定并实施控制活动，再通过完善的内部监督制度，对风险评估的适当性和控制活动的有效性进行检查评价和优化调整，形成了一套严密、高效的闭环控制网络。

（三）内部监督与信息与沟通紧密相连，不可分离。企业能够依据企业各个部门及员工之间必须沟通与交流相关的信息，提高监督检查工作的针对性和时效性；同时，通过内部监督，我们能够辨别信息的真伪和质量，进而提高沟通的效率。

【案例6－1】合格率的检查制度

“二战”期间，美国空军降落伞的合格率为99.9%，这就意味着从概率上来说，每1000个跳伞的士兵中会有一个因为降落伞不合格而丧命。军方要求厂家必须让合格率达到100%才行。厂家负责人说他们竭尽全力了，99.9%已是极限，除非出现奇迹。

军方（也有人说是巴顿将军）随后改变了检查制度，每次交货前从降落伞中随机挑出几个，让厂家负责人亲自跳伞检测。

从此，奇迹出现了，降落伞的合格率达到了100%。

三、内部监督的体系构成与各机构的职责

（一）内部监督体系的构成

1. 专职的内部监督机构

为保证内部监督的客观性，内部监督应由独立于内部控制执行的机构进行内部监督。一般情况下，企业可以授权内部控制机构（或审计委员会、监事会、内部审计机构、会计机构）具体承担内部控制监督检查的职能。当企业内部审计机构因人手不足、力量薄弱等原因无法有效对内部控制履行监察职责时，企业可以成立专门的内部管理机构，或授权其他监督机构（如监察部门等）履行相应的职责。专职内部监督机构根据需要开展日常监督和专项监督，对内部控制有效性做出整体评价，提出整改计划，督促有关机构整改。

2. 其他机构

企业内部任何一个机构甚至个人，在内部控制建立与实施过程中都有义务承担相应的监督职责。例如，财务部门对库存部门的出库入库情况，采购部门的赊购行为等负有监督职能；财会部门负责人对本部门的资产、业务、财务和人事具有监督职责；财会部门内部的会计与出纳也有相互监督的职责等。企业应当在组织架构设计与运行环节明确内部各职位之间的内部监督关系，以便于监督职能的履行。内部各机构应将监督作为日常必需的业务活动，如进行定期的测试、保持对重点领域的关注。

（二）各内部监督机构的具体职责

1. 审计委员会的监督职责

我国《上市公司治理准则》和《企业内部控制基本规范》确立了董事会的审计委员会在内部控制层面内部监督的重要地位。《上市公司治理准则》第五十四条规定：“审计委员会的主要职责是：（1）提议聘请或更换外部审计机构；（2）监督公司的内部审计制度及其实施；（3）负责内部审计与外部审计之间的沟通；（4）审核公司的财务信息及其披露；（5）审查公司的内控制度。”

《企业内部控制基本规范》第十三条规定：“审计委员会负责审查企业内部控制，监督内部控制的有效实施和内部控制自我评价情况，协调内部控制审计及其他相关事宜等。”审计委员会作为董事会下属的一个专门工作委员会，主要由管理当局以外的独立董事构成。基于审计委员会具有专业知识和很高的独立性等特点，审计委员会适合领导监督工作，有利于其行使其监督职权。客观评价内部控制体系的缺陷和运行效果，出具真实、公允的审计报

告，其职责一般包括：审核企业内部控制及其实施情况，并向董事会做报告；指导企业内部审计机构的工作，处理相关投诉和举报，督促企业建立畅通的投诉与举报机制；负责内部审计和外部审计之间的沟通和协调等。

2. 监事会的监督职责

我国《公司法》《上市公司治理准则》和《企业内部控制基本规范》对监事会的监督均有明确规定，足以见得监事会在我国企业内部监督体系中的重要性。

2018 年修改后的《公司法》第五十三条规定："监事会、不设监事会的公司的监事行使下列职权：（一）检查公司财务；（二）对董事、高级管理人员执行公司职务的行为进行监督，对违反法律、行政法规、公司章程或者股东会决议的董事、高级管理人员提出罢免的建议；（三）当董事、高级管理人员的行为损害公司的利益时，要求董事、高级管理人员予以纠正；（四）提议召开临时股东会会议，在董事会不履行本法规定的召集和主持股东会会议职责时召集和主持股东会会议；（五）向股东会会议提出提案；（六）依照本法第一百五十一条的规定，对董事、高级管理人员提起诉讼；（七）公司章程规定的其他职权。"第五十四条规定："监事可以列席董事会会议，并对董事会决议事项提出质询或者建议。监事会、不设监事会的公司的监事发现公司经营情况异常，可以进行调查；必要时，可以聘请会计师事务所等协助其工作，费用由公司承担。"

我国《上市公司治理准则》从上市公司的特殊角度对有关监事会的条款进行了细化和补充。《上市公司治理准则》第五十九条明确规定："上市公司监事会应向全体股东负责，对公司财务以及公司董事、经理和其他高级管理人员履行职责的合法合规性进行监督，维护公司及股东的合法权益。"第六十二条明确规定："监事会的监督记录以及进行财务或专项检查的结果应成为对董事、经理和其他高级管理人员绩效评价的重要依据。"第六十三条明确规定："监事会发现董事、经理和其他高级管理人员存在违反法律、法规或公司章程的行为，可以向董事会、股东大会反映，也可以直接向证券监管机构及其他有关部门报告。"

我国《企业内部控制基本规范》从内部控制层面对《公司法》中有关监事会的职能进行了补充规定："监事会对董事会建立与实施内部控制进行监督。"

【案例 6－2】上市公司内部审计应该这样规范——从辛西娅·库珀的事迹引发的思考

辛西娅·库珀，世通公司审计部副总经理，《时代》周刊 2002 年风云人物之一。2002 年 3 月，公司财务有问题的传闻传到了辛西娅的耳朵里，于是她到安达信进行核实，安达信粗暴地拒绝了她，并声称公司没有问题。同时，首席财务官还警告她说：公司财务一切正常，别自作主张！对于许多内审人员来说，首席财务官和安达信的话就是金科玉律，绝对不会再有二话。可辛西娅偏不，凭着职业敏感和对内部审计事业的执着，她和同事顶着压力，开始追查该账，最后发现公司虚报盈利 38 亿美元。与自己朝夕相处的公司是生还是死，就在一念之间，但最后还是理性战胜了情感、私利让位于诚信，辛西娅于 2002 年 6 月向审计委员会举报说公司正在做假账。2002 年 6 月 23 日，世通开始接受全面财务审查，截至 2003 年 5 月，这一数字已达 110 亿美元。

2002 年 6 月，美国证券交易管理委员会正式起诉世通公司欺诈投资者，随后世通公司申请破产保护。2005 年 7 月 13 日尘埃落定，世通公司前 CEO 伯尼·艾伯斯以欺诈罪被判处 25 年徒刑，前 CFO 斯科特·沙利文以同罪被判处 5 年徒刑，而公司 10 名外部董事（包括独立董事）与原告股东达成协议，赔偿原告 1800 万美元。

ILA 执行主席威廉指出：内部审计在公司治理中有很广泛的作用，在世通事件中，内审人员发挥了很大的作用。揭露世通财务丑闻的是一批平时不显山露水的内审人员，这让包括美国在内的一些发达国家不得不另眼相看。另外一家总部设在瑞士的 ABB 公司——世界电力设备制造巨人试图通过虚报收入来隐瞒亏损，内审人员及时发觉并揭露了这一问题，该案例也引起了人们对内审的重视。可见内审的作用已越来越重要，尤其是上市公司内审，其作用和价值不可同日而语。

资料来源：余天京，荣刚．上市公司内部审计应该这样规范——从辛西娅·库珀的事迹引发的思考[J]．石油杯全国上市公司内部审计理论研讨会暨经验交流论文汇编，2003.

3. 内部审计机构的监督职责

2003 年中国内部审计协会发布的《内部审计基本准则》中，对内部审计的定义是：内部审计是组织内部的一种独立、客观的监督和评价活动，它通过审查和评价经营活动及内部控制的适当性、合法性和有效性来促进组织目标的实现。

《企业内部控制基本规范》第四十四条规定：“企业应当根据本规范及其配套办法，制定内部控制监督制度，明确内部审计机构（或经授权的其他监督机构）和其他内部机构在内部监督中的职责权限，规范内部监督的程序、方法和要求。”内部审计机构必须具有相应的独立性，并配备与履行内部审计职责相适应的人员和工作条件。内部审计机构不得在财会机构的领导之下或者与财会部门合署办公。内部审计机构依照法律规定和相关授权对日常活动开展审计监督活动。对于审计过程发现的重大内控缺陷，可以直接向审计委员会或董事会报告。

4. 会计机构的监督职责

会计监督，是指单位内部的会计机构和会计人员、依法享有经济监督检查职权的政府有关部门、依法批准成立的社会审计中介组织，对国家机关、社会团体、企业事业单位经济活动的合法性、合理性和会计资料的真实性、完善性以及本单位内部预算执行情况所进行的监督。

会计监督是会计的基本职能之一，是我国经济监督体系的重要组成部分。会计监督可以分为单位内部监督、国家监督和社会监督。有效发挥会计监督职能，不仅可以维护财经纪律和社会经济秩序，对健全会计基础工作、建立规范的会计工作秩序，也起到重要作用。《规范》第四章在明确会计机构、会计人员履行《会计法》赋予的监督职权的基础上，提出会计机构、会计人员应当对单位内部的其他经济活动进行监督和控制，以更好地为单位内部管理服务；同时，对国家监督、社会监督问题也提出了相应要求。

【案例 6-3】华为公司如何防腐？

腐败在蔓延。一些中国领先的民营企业内部，也出现了腐败现象。成功的民营企业，在其行业、供应链、渠道中所占据的重要甚至垄断性地位，以及一些公司与政府和监管当局建立的特殊关系，都成为其权力的来源，如何防止滥用权力，民营企业也同样面临挑战。民营企业的防腐有两重含义：一方面，如何防止腐败直接损害本公司的利益；另一方面，民营企业如何防止其员工通过行贿的手段谋取生意。我们看到一些民营企业仅仅在前者态度鲜明。华为公司通过宣誓与自律等方式防止腐败的出现，值得关注。

2013 年 1 月 14 日，华为公司在深圳坂田基地召开了“董事会自律宣言宣誓”大会。

上午 9：00，宣誓大会正式开始。本次宣誓由轮值 CEO 郭平主持，董事会全体成员孙亚芳、郭平、徐直军、胡厚崑、任正非、徐文伟、李杰、丁耘、孟晚舟、陈黎芳、万飚、张平安、余承东集体站在宣誓台上，面对来自全球的几百名中高级管理者，一起举起右手，庄严宣誓：“我们必须廉洁正气、奋发图强、励精图治，带领公司冲过未来征程上的暗礁险滩。我们绝不允许‘上梁不正下梁歪’，绝不允许‘堡垒从内部攻破’。我们将坚决履行承诺，并接受公司监事会和全体员工的监督”。集体宣誓后，各位董事会成员依次进行个人宣誓。

董事会自律宣言

华为承载着历史赋予的伟大使命和全体员工的共同理想。多年来我们共同奉献了最宝贵的青春年华，付出了常人难以承受的长年艰辛，才开创了公司今天的局面。要保持公司持久的蓬勃生机，还要长期艰苦奋斗下去。

我们热爱华为正如热爱自己的生命。为了华为的可持续发展，为了公司的长治久安，我们要警示历史上种种内朽自毁的悲剧，决不重蹈覆辙。在此，我们郑重宣誓承诺：

1. 正人先正己、以身作则、严于律己，做全体员工的楷模。高级干部的合法收入只能来自华为公司的分红及薪酬，不以下述方式获得其他任何收入：绝对不利用公司赋予我们的职权去影响和干扰公司各项业务，从中牟取私利，包括但不限于各种采购、销售、合作、外包等，不以任何形式损害公司利益；不在外开设公司、参股、兼职，亲属开设和参股的公司不与华为进行任何形式的关联交易。不贪污，不受贿。高级干部可以帮助自己愿意帮助的人，但只能用自己口袋中的钱，不能用手中的权，公私要分明。

2. 高级干部要正直无私，用人要五湖四海，不拉帮结派。不在自己管辖范围内形成不良作风。

3. 不窃取、不泄露公司商业机密，不侵犯其他公司的商业机密。

4. 绝不接触中国的任何国家机密，以及任何其他国家的任何国家机密。

5. 不私费公报。

6. 高级干部要有自我约束能力，通过自查、自纠、自我批判，每日三省吾身，以此建立干部队伍的自洁机制。

我们是公司的领导核心，是牵引公司前进的发动机。我们要众志成城，万众一心，把所有的力量都聚焦在公司的业务发展上。我们必须廉洁正气、奋发图强、励精图治，带领公司冲过未来征程上的暗礁险滩。我们绝不允许“上梁不正下梁歪”，绝不允许“堡垒从内部攻破”。我们将坚决履行以上承诺，并接受公司监事会和全体员工的监督。

资料来源：转引自和讯网 2013 年 11 月《华为如何防腐：任正非们的宣誓与自律》。

第二节 内部监督的程序与方式

一、内部监督的程序

企业内部监督的程序一般分为以下五个环节：

（一）建立健全内部控制监督制度。内部监督制度内容包括但不限于：明确监督的组织架构、岗位设置、相关权限、工作方法、信息沟通的方式以及各种表格及报告样本等。例如，员工月（年）度工作述职单，员工周（月）度工作评价面谈、反馈单等。

（二）制定内部控制缺陷标准。内部控制缺陷的认定大致可以分为3个方面：有无内部控制缺陷、有无重要的内部控制缺陷、有无重大的内部控制缺陷。企业可依照自身要求按照内部控制缺陷重要程度来划分一般缺陷、重要缺陷、重大缺陷。

（三）实施监督。实施内部监督就是对内部控制建立情况与实施情况进行监督检查，最直接的动机是查找出企业内部控制存在的问题和薄弱环节。对可能存在的内控缺陷采取事前监督，跟踪业务处理流程进行事中监督，关注内部控制运行的结果提出事后监督。

（四）分析和报告内部控制缺陷。《企业内部控制基本规范》第四十七条规定："企业应当以书面或者其他适当的形式，妥善保存内部控制建立与实施过程中的相关记录或者资料，确保内部控制建立与实施过程的可验证性。"

内部控制缺陷的报告对象至少包括与该缺陷直接相关的责任单位、负责执行整改措施的相关人员、责任单位的上级单位。对于重大缺陷，内部监督机构有义务直接上报董事会及审计委员会和监事会。

（五）对内部控制缺陷的整改。通过内部监督，对发现的内部控制建立与实施中存在的问题和缺陷进行整改，促进内部控制系统的改进。

【案例6-4】苏宁易购集团股份有限公司2018年度内部控制缺陷认定标准

公司依据企业内部控制规范体系组织开展内部控制评价工作，公司董事会根据企业内部控制规范体系对重大缺陷、重要缺陷和一般缺陷的认定要求，结合公司规模、行业特征、风险偏好和风险承受度等因素，区分财务报告内部控制和非财务报告内部控制，研究确定了适用于本公司的内部控制缺陷具体认定标准，并与以前年度保持一致，内部控制缺陷认定标准如下：

一、财务报告内部控制缺陷认定标准（见表6-1）

表6-1 财务报告内部控制缺陷认定标准

重要程度 / 定量标准	重大缺陷	重要缺陷	一般缺陷
利润总额	财务报表的错报金额≥利润总额的5%	利润总额的3%≤错报<利润总额的5%	错报<利润总额的3%

公司确定的财务报告内部控制缺陷评价的定性标准如下：

（一）财务报告重大缺陷的迹象包括：

1. 公司董事、监事或高管人员的舞弊行为；

2. 发现当期财务报表的重大错报，而管理层未能在内控运行过程中发现；

3. 内部控制评价的结果，重大缺陷未得到整改；

4. 审计委员会和内部审计机构对内部控制的监督无效。

（二）财务报告重要缺陷的迹象包括：

1. 未依照公认会计准则选择和应用会计政策；

2. 未建立反舞弊程序和控制措施；

3. 对于非常规或特殊交易的账务处理没有建立相应的控制机制或没有实施且没有相应的补偿性控制；

4. 对于期末财务报告过程的控制存在一项或多项缺陷且不能合理保证编制的财务报表达到真实、准确的目标。

（三）一般缺陷是指除上述重大缺陷、重要缺陷之外的其他控制缺陷。

二、非财务报告内部控制缺陷认定标准

公司确定的非财务报告内部控制缺陷评价的定量标准如表 6－2 所示：

表 6－2　非财务报告内部控制缺陷认定标准

定量标准 \ 重要程度	重大缺陷	重要缺陷	一般缺陷
利润总额	财务报表的错报金额≥利润总额的 5%	利润总额的 3%≤错报＜利润总额的 5%	错报＜利润总额的 3%

公司确定的非财务报告内部控制缺陷评价的定性标准如下所示。

出现以下情形的，可认定为重大缺陷，其他情形按影响程度分别确定为重要缺陷或一般缺陷：

（1）缺乏民主决策程序、决策程序不科学，出现重大失误，给公司造成重大财产损失；

（2）严重违反国家法律法规；

（3）缺乏重要的业务管理制度或制度运行系统性失效；

（4）公司的重大或重要内控缺陷不能得到及时整改；

（5）公司持续或大量出现重要内控缺陷。

资料来源：改编自《苏宁易购集团股份有限公司 2018 年度内部控制评价报告》，http://data.eastmoney.com/notices/detail/002024/AN201903291311709528，JWU4JThiJThmJ-WU1JWFlJTgxJWU2JTk4JTkzJWU4JWI0JWFk.html。

延伸阅读：

制度形同虚设　监督严重缺失

二、内部监督的方式

按照内部监督的范围、内容和频率不同，监督工作的实施可以分为日常监督和专项监督两种方式。实际工作中，一般通过这两种监督方式的独立运行或两者的有机结合，保证内部控制的有效运行。

（一）日常监督

1. 日常监督的定义

日常监督是指企业对内部控制制度的设计和运行情况进行的常规性、连续性、动态性的监督检查。日常监督广泛存在于企业的经营活动过程之中，与日常经营活动保持紧密的联系。能随环境变化做出动态反应，及时识别和发现问题，向有关方面报告并提出解决方法。因此，日常监督效率越高，企业所需的专项监督就越少。

日常监督是内部控制实施的重要保证。日常监督工作一般在企业管理当局的组织领导之下开展，由内部审计机构根据各种经济业务的开展业务具体进行。以“三鹿”案为例，奶站驻站员的监督检查，是三鹿集团内部控制日常监督中至关重要的一环，对于从源头上保证产品质量意义重大。三鹿集团在养殖区建立奶站，派出驻站员，监督检查养殖区的饲养环境、挤奶设施卫生、挤奶工艺程序的落实等。然而，三鹿集团驻站员的监督检查未能落实到处，也缺乏内部控制的专门监督机构对驻站员的工作进行日常监督，导致在原奶进入三鹿集团的生产企业之前，缺乏对奶站经营者的有效监督。在这方面，蒙牛的做法值得借鉴：派驻奶站的工作人员定期轮岗，并增加“奶台”环节，检测合格后，再运送到加工厂；负责运输的车辆配备卫星定位系统，到了工厂之后进行二次检验，以及不定期的巡回检查。

2. 日常监督的类型

在实务中，一般有管理层监督、单位（机构）监督、内部控制机构监督、内部审计监督等。

管理层监督，是指董事会召开董事会议或专业委员会会议，获取来自经理层的风险评估与控制活动信息。也可以通过内部审计、会计师事务所、政府监管的渠道或询问基层员工、供应商、客户来持续监督日常经营管理活动。经理层可以召开经理办公会、生产例会、经济活动分析例会等，收集、汇总内部各机构的经营管理信息持续监督内部控制的工作进展、风险评估和控制情况。

单位（机构）监督，是指企业所属单位及内部各机构定期对职权范围内经济活动实现自我监督，对经理层直接报告。常用的措施有：召开部门例会或经济业务分析会，汇集来自本单位（机构）内外部的有关信息，分析并报告存在的问题。向经理层提出合理化的建议，不断完善内部控制体系。

内部控制机构监督，是指企业设置专门的内部控制机构，结合单位（机构）监督、内外部审计、政府监管部门的意见等情况，根据风险评估结果，对企业认定的重大风险的管理控制情况及成效开展持续性的监督。大型企业应当设置专门的内控机构，内部控制机构可以通过控制自我评估的方法，召集有关管理层和员工就企业内控制度设计和执行中存在的特定问题进行面谈和讨论，同时可以通过开展问卷调查和管理结果分析等方式进行监督测试。

内部审计监督，内部审计机构接受董事会或经理层委托，对日常生产经营活动实施审计检查，包括但不限于以下措施：（1）制定内部审计计划，定期组织生产经营审计、内部控制专项审计和专项调查等。主要对企业董事、高级管理人员和下属单位负责人的廉洁从业状况、管理制度的落实情况、内部控制的实际效果等进行监督检查，并向董事会或经理层提出管理建议。（2）内部审计机构对审计中发现的违反国家法律、法规和企业章程规定的事项提出审计建议，做出审计决定，并对审计建议和审计决定的落实情况进行跟踪监督。（3）内部审计机构应当接受审计委员会的监督指导，定期或应要求向董事会及其审计委员会、监事会、经理层报告工作。

3. 日常监督的具体方式

（1）获得内部控制执行的证据，即企业员工在实施日常生产经营活动时，取得必要的、相关的证据证明内部控制系统发挥功能的程度。内部控制执行的证据包括企业管理层搜集汇总的各部门出现的问题以及重要相关信息，相关职能部门进行自我检查，监督时发现问题的记录及解决方案等。

（2）内外信息印证，即指来自外部相关方的信息支持内部产生的结果或反映出内部的问题。主要包括来自监管部门和来自客户的信息。来自监管部门的信息，是指企业接受监管部门的监管，根据其提供的信息制定整改措施；来自客户的信息，是指企业通过各种方式与客户沟通所搜集的信息。

例如，与外部有关配监管部门沟通，以验证单位遵循各项法律法规的情况；定期与客户沟通，以验证单位销售交易处理及采购业务是否正确，验证应收、应付账款记录是否完整、正确。

（3）数据记录与实物资产的核对。例如，企业定期会计记录的数据与实物资产进行比较，做到账实相符。如果存在差额，需要对产生差额的原因进行分析。

（4）内外部审计定期提供建议。审计人员评估内部控制的设计以及测试其有效性，识别潜在的缺陷并向管理层建议采取替代方案，同时做出决策有用的信息。企业应对这些建议做出积极地响应，并根据实际情况做出整改方案并监督该方案的执行。

（5）管理层对内部控制执行的监督。管理层主要通过以下渠道进行监督：审计委员会接收、保留及处理各种投诉及举报，并保证其保密性。管理层在培训、会议等活动中了解内部控制的执行情况：管理层审核员工提出的各项合理建议等。并不断完善建议机制；监管部门定期组织专项检查和调研，对出现的问题提出整改建议。

（6）定期考核员工。管理层应定期考核员工是否真正理解并遵守员工职业道德规范，监管部门应协同人力资源部根据高层管理层的授权监督员工对职业道德规范的执行情况，并汇报控制活动的开展情况等。

（7）内部审计活动。企业应制定内部审计规范，明确审计的职责、计划和职权，并以此为基础配置审计人员。内部审计人员应持续监控内部控制是否存在缺陷和薄弱环节。例如材料采购授权审批制度是否得到有效执行、会计和出纳是否是同一人担任。是否存在自我监管的措施。并针对出现的相关问题，向管理层提出整改建议。

（二）专项监督

1. 专项监督的定义

专项监督，是指在企业发展战略、组织架构、经营活动、业务流程、关键岗位员工等发生较大调整或变化的情况下，对内部控制的某一方面或者某些方面进行针对性、随机性、专门性的监督检查。专项监督是对日常监督的必要补充，也是对日常监督进行的再监督。

在实际过程中，专项监督一般针对重大风险或重要经济业务内部控制的设计和运行情况进行。专项监督既可以针对某项业务的内部控制整体流程，也可以针对某项业务中的决策岗位，还可以针对某项业务中的某一重要执行岗位。因此，实施专项监督的部门应当定期拟订内部控制专项监督计划，确定开展专项监督的范围、内容和频率。

由于不同业务的风险程度及其对企业经营管理目标的影响不同，企业确定的专项监督计划也会存在差异。一般情况下，企业应当根据风险评估结果以及日常监督的有效程度等因素确定专项监督计划，并保证其范围、内容、频率、深度满足企业内部控制的需要。对于风险评估结果已经确认为具有重大风险的内部控制，以及重要业务、重大事项的内部控制，应当优先进行专项监督。对于以往发生过设计缺陷的内部控制制度，以及出现过管理层凌驾、串通舞弊、员工失职等运行缺陷的业务或岗位，也应当列为专项监督的重点，并增加监督频率。

专项监督既可以针对重要经济业务事项开展，也可以针对重要会计科目开展。就一般企业而言，需要开展专项监督的经济业务事项至少应当包括资金筹集业务、对外投资业务、工程建造业务、物资采购业务、产品销售业务等。开展专项监督的会计科目至少应当包括库存现金、银行存款、长期股权投资、物资采购、在建工程、主营业务收入等。

2. 专项监督的类型

企业内部控制（审计）机构、财务机构和其他内部机构都有权参与专项监督工作，也可以聘请外部中介机构（如外部审计）参与其中，参与专项监督的人员必须具备相关专业知识和较长时间的工作经验，但不能参与对自身负责的业务进行监督评价。

3. 专项监督的范围和频率

尽管日常监督可以持续地提供内部控制其他组成要素是否有效的信息，但是针对重要业务和事项而实施的控制活动进行重点监督也是必不可少的。专项监督的范围和频率应根据风险评估结果以及日常监督的有效性等予以确定。一般来说，风险水平较高并且重要的控制，企业对其进行专项监督的频率应较高。

专项监督的范围和频率取决于以下因素：（1）风险评估的结果。重要业务事项和高风险领域所需的专项监督频率通常较高；对于风险发生的可能性较低但影响程度大的业务事项（突发事件），进行日常监督的成本很高，为此应更多地依赖专项监督。（2）变化发生的性质和程度。当内部控制各要素发生变化，可能对内部控制的有效性产生较大影响的情形下，企业应当组织实施独立的专项监督，专门就该变化的影响程度进行分析研究。（3）日常监督的有效性。日常监督根植于企业日常、反复发生的经营活动中，如果日常监督扎实有效，可以迅速应对环境的变化，对专项监督的需要程度就越低。反之，对专项监督的需要程度就越高。

4. 专项监督的重点

进行专项监督主要应关注以下两个方面：

（1）高风险且重要的项目。审计部门依据日常监督的结果，对风险较高且重要的项目更进行专项监督。考虑到成本效益原则，对风险很高但不重要的项目或很重要但是风险很的项目可以减少个别评估的次数。应该将高风险且重要的项目作为个别评估对象。

（2）内控环境变化。当内控环境发生变化时，要进行专项监督，以确定内部控制是否还能适应新的内控环境。例如，业务流程的改编和关键员工发生变化时，就要进行个别评估，以确保内控体系能高效运行。

5. 专项监督的步骤

专项监督一般包括三个阶段：

（1）计划阶段，主要任务包括规定监督的目标和范围；确定具有该项监督权力的主管部门和人员；确定监督小组、辅助人员和主要业务单元联系人；规定监督方法、时间、实施步骤；就监督计划达成一致意见。

（2）执行阶段，主要任务包括获得对业务单元或业务流程活动的了解；了解业务单元或流程的内部控制程序是如何设计运作的；应用可比、一致的方法评价内部控制程序；择优选择监督方法。常用的监督方法包括核对清单、问卷调查、审计测试等，其中审计测试效果较好。企业也可以将风险管理作为标杆，采用比较分析法，重点考察风险管理的构成要素。通过与企业内部审计标准的比较来分析结果，并在必要时采取后续措施；记录内部控制缺陷和拟订纠正措施；与适当的人员复核并验证调查结果。

（3）报告和纠正措施阶段，主要任务包括与业务单元或业务流程的管理人员以及其他适当的管理人员复核结果：从业务单元或业务流程的管理人员处获得情况说明和纠正措施：将管理反馈写入最终的评价报告。

总之，日常监督与专项监督应当合理运用。前者是后者的基础，后者是前者的补充。如果由于行业或企业自身的特殊性，某些通常被视为专项监督的活动经常开展，那么企业将其纳入日常监督中是由必要的，以便于控制风险。

本章案例分析

广发银行767万元“飞单”曝漏洞：内部监督缺失

近年来，随着国内各大商业银行理财业务的不断发展，银行的理财产品也日益受到投资者的青睐。然而，商业银行“飞单”案件频频发生。近日，广发银行被曝“飞单”，资金损失高达767万元，引起社会各界的广泛关注。该行负责人虽表示涉案工作人员均已被开除，但却折射出银行内部监管的缺失的现象。

银行“飞单”是指银行员工借助银行内部平台，私自销售非本行自主发行的或非本行授权和达成委托销售关系的第三方机构理财产品。具体来说，就是银行负责销售的工作人员借助自己的职业优势，特别是依托于银行的声誉，利用客户的信任向其推荐第三方机构的理财产品。

据了解，在广发银行北京分行不同支行中，共有5人在银行工作人员推荐带领下购买了基金，目前共有767万元没有兑付。

银行“飞单”案件频频发生，其最直接原因是“利”字当头。银行员工为了高提成率，不惜漠视职业道德，利用银行信誉，向客户推销虚假理财产品。据悉，业内“飞单”的佣金通常是1%起步，根据产品销售的难易程度，提成也各不相同，一般是1%—3%，比如信托产品，佣金是1%，而信托产品投资门槛高，如果销售100万元信托产品，理财经理就有1万元入账。一些规模较大的银行理财经理尤其是私人银行理财经理，一年卖个几千万元的

“飞单”产品并非难事。客户通常被超出常规的高收益率诱惑，丧失理性，迷失于银行员工的友情牌中，铤而走险。刘女士购买的这款理财产品平均年收益率高达11%。

上海财经大学现代金融研究中心副主任奚君羊认为，商业银行“飞单”频发的内在根源是银行规范问题。商业银行为达到提升业务量、扩大银行规模的目的，不惜从事一些行业内受限，或是不透明的业务。正是由于银行的默许，内部员工才有机可乘，做出一些“擦边球”甚至是不合法的业务。

此外，理财产品市场的不完全透明，也是“飞单”出现的原因。银行理财产品信息披露不透明，投资者被动承担风险。奚君羊表示，近年来，银监会不断对银行理财产品信息透明问题提出规范要求，下达各种文件，商业银行也纷纷积极配合，目前，理财产品市场透明度已经得到显著提升。但并非所有理财产品、所有业务环节均达到完美。完全透明化的理财市场和产品，不利于吸引顾客。尽管银监会和各商业银行总部要求提升理财产品透明度，但银行基层营业机构为追求业务量，完成考核指标，仍旧会隐藏部分理财产品信息、降低透明度。

资料来源：改编自《国际金融报》2015年7月27日同名报道。

讨论与分析：商业银行“飞单”频发的原因主要是什么？试从内部监督的视角提出相关的对策建议。

复习思考题

1. 何为内部监督？内部监督的作用有哪些？
2. 内部监督的机构及其职责有哪些？
3. 内部监督的程序主要有哪些？
4. 内部监督的方式有几种？有何联系？
5. 专项监督有何特点？

能力拓展题

请登录证监会、上海证券交易所、深圳证券交易所网页，分行业搜寻下载近六年经营失败（包括破产、退市等情形）的中国上市公司案例，并从内部监督的角度分析其经营失败的原因。

延伸阅读：

长生生物疫苗事件中的内部控制问题研究

第七章

财务报告活动控制

"诚信为本，操守为重，坚持准则，不做假账。"

——朱镕基

【案例导入】

财报造假887亿元，康美药业"凉凉"

相信很多人都还记得多年前一首曾传唱大江南北的广告歌——《康美之恋》，唯美的画面让人记忆犹新。康美药业也曾经一度是医药股中的大白马，深受机构和个人投资者追捧。

2018年10月中旬，公司遭遇"黑大鹅"，随着股价急速下跌，市值也大幅缩水。因涉嫌操纵股价、内幕交易，深圳博益投资发展有限公司法定代表人王廉君已被公安经侦部门采取强制措施，操纵标的可能涉及康美药业，而这疑似康美药业股票大跌的原因之一。

2018年12月28日晚，康美药业收到了证监会的立案调查书。

2018年，康美药业遭遇"黑大鹅"和证监委调查，股价跌至谷底。但2019年1月以来，似乎有了触底反弹的迹象。不过在4月30日，康美药业的一纸公告，将投资者的幻想打碎了。

2019年4月29日晚间，康美药业发布了一份《关于前期会计差错更正的公告》。公告具体阐述了公司2017年年报中出现的14项会计错误。其中最主要的有以下几点：由于财务数据出现会计差错，造成2017年营业收入多计入88.98亿元，营业成本多计入76亿元，销售费用少计入5亿元，财务费用少计入2亿元，销售商品多计入102亿元，货币资金多计入299亿元，筹资活动有关的现金项目多计入3亿元。

公告出来之后，市场哗然。其中多计货币资金高达299.44亿元，金额之大刷新A股纪录。资深投行人士王骥跃点评称，这可能是中国证券史上最大的一笔"会计差错"！

2019年5月17日，中国证监会发布的调查进展坐实康美药业财务造假。调查结果显示，康美药业披露的2016—2018年财务报告存在重大虚假，一是使用虚假银行单据虚增存款，二是通过伪造业务凭证进行收入造假，三是部分资金转入关联方账户买卖该公司股票。

此后股价便"跌跌不休"，截至6月11日已经连续15个跌停。此次事发前的4月29日，ST康美股价以10.06元/股收盘，对应总市值为527.23亿元。而截至6月12日，ST康美的总市值仅有152亿元，锐减了逾七成。从千亿市值到百亿市值，该股仅仅经历了154个交易日，成为A股史上坠落最快的千亿市值公司。

资料来源：造假887亿！证监会出击康美药业凉凉，Wind资讯。

思考：财务报告控制主要有哪些环节？各环节有哪些主要风险与关键控制点？怎样提高企业信息披露质量？

第一节 财务报告控制的总体概括

一、财务报告控制的总体目标

财务报告是指反映企业某一特定日期财务状况和会计期间经营成果、现金流量的文件。财务报告业务是企业内部的信息管理活动，是对企业所有的业务活动进行会计记录与报告，它是综合反映组织经营效果和效率的文件，是其他内部控制制度是否有效运行的综合体现，财务报告的编制和披露内部控制制度是会计信息的准确、有用、及时、完整的重要保证，同样，财务报告的不真实、不完整往往是组织的重要风险之源。本节将对财务报告各环节的主要风险性系统梳理，并针对性地设置关键控制点，给出相应的风险管控措施，以调高企业信息披露质量。

企业应设定的内部控制目标如下：

1. 财务报告编制环节的风险控制目标：确保企业有明确的财务报告编制程序、清晰的权责分工和合理的人员配备，遵循会计准则和内部控制制度编制财务报告。

2. 财务报告审核环节的风险控制目标：确保企业财务报告按规范的流程得到审核，以保证对外提供财务报告的真实性、完整性和合规性。

3. 财务报告审计环节的风险控制目标：保证被审计的财务报告具有可信性，使财务报告使用者可以依据被审计的财务报告做出正确、有用的经济决策。

4. 财务报告发布环节的风险控制：让财务报告使用者能够更加快捷、有效地利用财务报告及其相关资源。

5. 财务报告使用分析环节：评价企业的经营业绩、财务状况和现金流量，揭示财务活动中存在的矛盾和问题，为改善经营管理提供了方向和线索；分析企业的预算是否完成，评估管理层的经营情况，并就改善经营效果提出财务建议；对企业的未来风险报酬做出预测，为财务信息使用者做出正确的经济决策提供必要的依据。

二、财务报告控制的总体风险

企业编制、对外提供和分析利用财务报告，至少应当关注下列风险：

1. 编制的财务报告违反会计法律法规和国家统一的会计准则或制度，可能导致企业承担法律责任和声誉受损。

2. 提供虚假财务报告，误导财务报告使用者，造成决策失误，干扰市场秩序。

3. 不能有效利用财务报告，难以及时发现企业经营管理中存在的问题，可能导致企业财务和经营风险失控。

三、财务报告的总体控制要求

（一）规范财务报告控制流程

按照《企业内部控制应用指引第 14 号——财务报告》的要求，企业应当严格执行会计法律法规和国家统一的会计准则制度，加强对财务报告编制、对外提供和分析利用全过程的管理，明确相关工作流程和要求，落实责任制，确保财务报告合法合规、真实完整和有效利用。总会计师或分管会计工作的负责人负责组织领导财务报告的编制、对外提供和分析利用等相关工作。企业负责人对财务报告的真实性、完整性负责。

（二）健全各环节的授权批准制度

企业应健全财务报告编制、对外提供和分析利用全过程的授权批准制度，如重大会计事项的审批、会计政策与会计估计的审批等。

（三）加强信息核对

企业应建立日常信息核对制度，保证账证相符、账账相符、账实相符、账表相符等，确保会计记录真实、完整。

（四）充分利用信息技术

企业应当充分利用信息技术，提高工作效率和工作质量，减少或避免编制差错和人为调整因素。同时，企业也应当注意防范信息技术所带来的特有风险。

【案例7-1】国企财务报告内部控制策略

一直以来，国有企业财务工作存在着“重业务层面内控，轻公司层面内部控制”的问题，表现为“重控制措施运用、轻控制机制构建”的倾向。财务报告内部控制的主要问题：

（一）内容上的问题

1. 由于我国缺乏统一、明确的规定，很多企业对财务信息内容的披露不完整、不全面，一些上市公司对于相关的披露也太笼统；2. 对财务信息披露的内容相对简单，而且涉及以往的信息占大多数，缺乏能够反映未来发展的信息；3. 对财务上不确定信息提供有限；4. 侧重核算信息，不适应知识经济发展需要；5. 缺少会计相关性信息；6. 对无形资产以及人力资本的反映还很欠缺。

（二）范围上的问题

国有企业财务报告内部控制当前的目标对象通常限于主管领导，政府主管部门、其他投资者以及社会各界了解有限，涉及财务报告的使用、披露范围有待扩大。

（三）形式上的问题

1. 没有有效使用管理会计等形式，阶段性分析财务成果的情况有限；2. 实时性太少，滞后性太多；3. 通常都是采用“汇总”的形式，“报表合并”制度没有得到有效推行；4. 对企业借贷、投资等经济活动缺乏说明，对其所产生的影响、后果缺乏分析；5. 财务报告采用的体例、格式缺乏规范性；6. 通常局限于“财务收支核算”等业务信息，信息缺乏整体性。

资料来源：张明娟．国企财务报告内部控制策略研究［J］．财会学习，2018（16）：241。

讨论与分析：为提升国企财务报告内部控制，你有哪些策略或建议？

第二节　财务报告的业务流程

一、财务报告业务主要流程

财务报告业务流程主要包括制订财务报告编制方案、编制财务报告、财务报告的对外提供以及分析利用等，具体如图 7－1 所示。

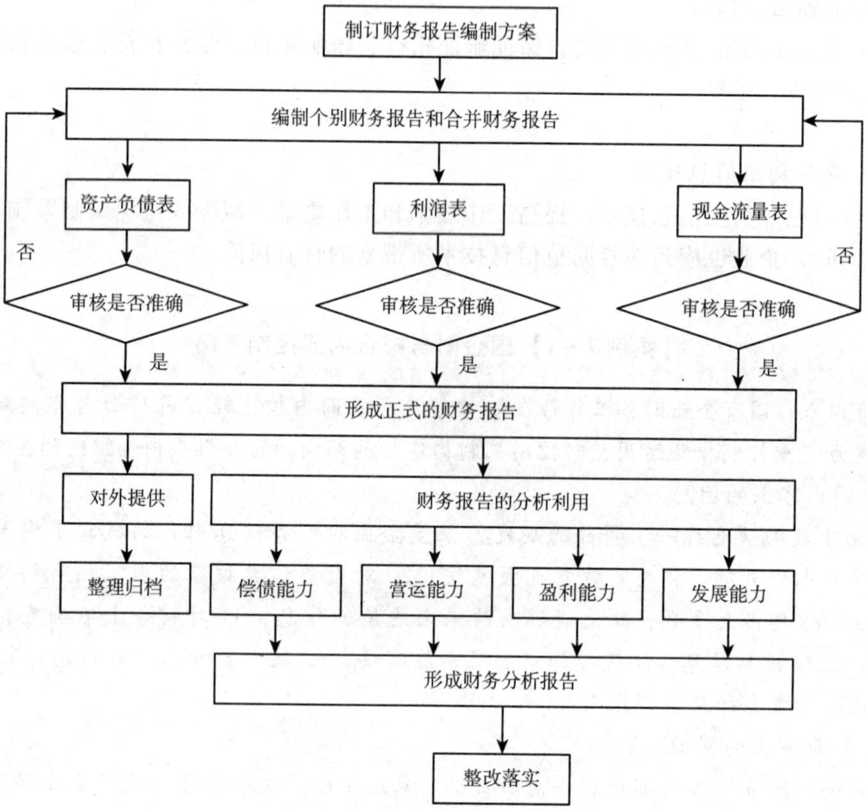

图 7－1　财务报告业务流程图

二、财务报告的编制、对外提供和分析利用

（一）财务报告的编制

1. 企业编制财务报告，应当重点关注会计政策和会计估计，对财务报告产生重大影响的交易和事项的处理应当按照规定的权限和程序进行审批。

企业在编制年度财务报告前，应当进行必要的资产清查、减值测试和债权债务核实。

2. 企业应当按照国家统一的会计准则制度规定，根据登记完整、核对无误的会计账簿记录和其他有关资料编制财务报告，做到内容完整、数字真实、计算准确，不得漏报或者随意进行取舍。

3. 企业财务报告列示的资产、负债、所有者权益金额应当真实可靠。各项资产计价方法不得随意变更，如有减值，应当合理计提减值准备，严禁虚增或虚减资产。

各项负债应当反映企业的现时义务，不得提前、推迟或不确认负债，严禁虚增或虚减负债。所有者权益应当反映企业资产扣除负债后由所有者享有的剩余权益，由实收资本、资本公积、留存收益等构成。企业应当做好所有者权益保值增值工作，严禁虚假出资、抽逃出资、资本不实。

4. 企业财务报告应当如实列示当期收入、费用和利润。各项收入的确认应当遵循规定的标准，不得虚列或者隐瞒收入，推迟或提前确认收入。各项费用、成本的确认应当符合规定，不得随意改变费用、成本的确认标准或计量方法，虚列、多列、不列或者少列费用、成本。

利润由收入减去费用后的净额、直接计入当期利润的利得和损失等构成。不得随意调整利润的计算、分配方法，编造虚假利润。

5. 企业财务报告列示的各种现金流量由经营活动、投资活动和筹资活动的现金流量构成，应当按照规定划清各类交易和事项的现金流量的界限。

6. 附注是财务报告的重要组成部分，对反映企业财务状况、经营成果、现金流量的报表中需要说明的事项，作出真实、完整、清晰的说明。

企业应当按照国家统一的会计准则制度编制附注。

7. 企业集团应当编制合并财务报表，明确合并财务报表的合并范围和合并方法，如实反映企业集团的财务状况、经营成果和现金流量。

8. 企业编制财务报告，应当充分利用信息技术，提高工作效率和工作质量，减少或避免编制差错和人为调整因素。

（二）财务报告的对外提供

1. 企业应当依照法律法规和国家统一的会计准则制度的规定，及时对外提供财务报告。

2. 企业财务报告编制完成后，应当装订成册，加盖公章，由企业负责人、总会计师或分管会计工作的负责人、财会部门负责人签名并盖章。

3. 财务报告须经注册会计师审计的，注册会计师及其所在的事务所出具的审计报告，应当随同财务报告一并提供。

企业对外提供的财务报告应当及时整理归档，并按有关规定妥善保存。

（三）财务报告的分析利用

1. 企业应当重视财务报告分析工作，定期召开财务分析会议，充分利用财务报告反映的综合信息，全面分析企业的经营管理状况和存在的问题，不断提高经营管理水平。

企业财务分析会议应吸收有关部门负责人参加。总会计师或分管会计工作的负责人应当在财务分析和利用工作中发挥主导作用。

2. 企业应当分析企业的资产分布、负债水平和所有者权益结构，通过资产负债率、流动比率、资产周转率等指标分析企业的偿债能力和营运能力；分析企业净资产的增减变化，了解和掌握企业规模和净资产的不断变化过程。

3. 企业应当分析各项收入、费用的构成及其增减变动情况，通过净资产收益率、每股收益等指标，分析企业的盈利能力和发展能力，了解和掌握当期利润增减变化的原因和未来发展趋势。

4. 企业应当分析经营活动、投资活动、筹资活动现金流量的运转情况，重点关注现金流量能否保证生产经营过程的正常运行，防止现金短缺或闲置。

5. 企业定期的财务分析应当形成分析报告，构成内部报告的组成部分。财务分析报告结果应当及时传递给企业内部有关管理层级，充分发挥财务报告在企业生产经营管理中的重要作用。

第三节 财务报告的关键风险点与控制

一、财务报告编制环节的风险及其控制

（一）拟定财务报告编制方案

1. 控制目标：编制方案切实可行，会计政策及时更新，会计变更审批恰当，编制程序合法合规，职责分工和时间安排清晰合理。

2. 关键控制点：（1）确定财务报告编制方法（如会计政策、会计估计、合并方法、范围与原则）；（2）确定报告编制程序；（3）职责分工（牵头部门、配合部门职责分工）、时间安排等。

3. 主要风险：（1）会计政策未更新，不符合准则；（2）会计变更未经审批，导致会计政策或会计估计不当；（3）会计政策未能有效贯彻、执行；（4）各部门职责、分工不清，导致数据传递出错、遗漏、格式不一致等；（5）各步骤时间安排不明确，导致整体编制进度延后违反报送的要求。

4. 控制措施：（1）按会计法规、会计准则和最新监管要求，及时更新企业内部会计规章制度和财务报告编制流程等；（2）按规定权限和程序审批会计政策调整事宜；（3）财务报告流程、年报编制方案经公司分管财务会计工作的负责人核准后签发；（4）建立完备的信息沟通渠道，将内部会计规章制度和财务流程、会计科目表和相关文件及时、有效地传达至相关人员，以确保有效执行；（5）通过内部审计等定期测试会计政策的执行情况及其在不同部门、不同期间的一致性；（6）明确职责分工，总会计师或分管副总组织领导；财会部门负责具体编制；各部门配合，及时提供编制财务报告所需信息，并保证信息的真实、完整；（7）按报送要求倒排时间节点，严格执行、确保进度。

（二）确定重大交易或事项的会计处理方法

1. 控制目标：重大会计事项处理方法合规、有效。

2. 关键控制点：（1）确认对当期有重大影响的事项；（2）确定重大事项的会计处理。

3. 主要风险：（1）重大事项会计处理不合法；（2）重大事项会计信息扭曲，无法如实反映实际交易。

4. 控制措施：（1）关注和搜集重大事项信息，建立处理流程，经审批后执行；（2）关注会计准则变化及其对财务报告的影响；（3）沟通需要专业判断的重大事项及其会计处理；（4）按法规、准则和内部制度的规定，确定重大事项的会计处理。

（三）清查资产、核实债权债务

1. 控制目标：保证资产、负债账实相符。

2. 关键控制点：（1）资产清查；（2）减值测试；（3）债权债务核实。

3. 主要风险：（1）资产、负债账实不符；（2）资产计价方法随意变更；（3）未计提资产减值准备或计提不当；（4）提前、推迟甚至不确认资产负债。

4. 控制措施：（1）制定具体可行的资产清查、负债核实计划；（2）认真执行资产清查和负债核实计划；（3）发现账实不符的差异，应分析原因，按规定处理，并记录账实不符和差异的处理情况；（4）按会计准则规定对各项资产、负债进行计量；（5）按会计准则规定进行减值测试，确认减值损失，计提减值准备，确保账实相符。

（四）对账与结账

1. 控制目标：保证账簿记录真实完整、账实相符、结账正确及时。

2. 关键控制点：（1）账账核对相符；（2）账证核对相符；（3）进行试算平衡；（4）更正差错、调整不相符记录；（5）结账和关账。

3. 主要风险：（1）账证、账账不符；（2）虚列或隐瞒收入，推迟或提前确认收入；（3）随意改变成本、费用确认或计量标准；（4）结账时间、程序不合规定；（5）关账后又随意打开会计期间等。

4. 控制措施：（1）核对各种账簿记录之间是否勾稽相符；（2）进行发生额和余额的试算平衡；（3）按权责发生制和会计准则的要求，调整收入和费用；（4）按规定结账，不因赶报表而提前结账或把本期事项延至下期登账，也不得先编表后结账；（5）关账之后如需要重新打开已关闭的会计期间须填写申请表，并经总会计师或分管领导审批。

（五）编制个别财务报表

1. 控制目标：按照会计准则要求编制真实、完整的个别财务报表如实反映企业的经营活动。

2. 关键控制点：（1）财务报告编制程序；（2）财务报告格式；（3）财务报告内容。

3. 主要风险：（1）财务报告编制程序存在问题；（2）报告格式不符合要求；（3）报告内容存在漏报或错报，误导使用者；（4）附注内容不完整，披露不充分。

4. 控制措施：（1）按经批准的财务报告编制方案编制个别报表；（2）按会计准则和监管要求选用财务报表格式；（3）审核个别财务报告的内容，校验报表项目与账户的对应关系，以及报表项目之间、前后期之间、不同报表之间、报表项目与附注之间等的勾稽关系；（4）审批财务报告，确保不存在重大漏报或错报；（5）按会计准则的要求编制附注，并与报表项目建立对应或索引关系。

（六）编制合并财务报表

1. 控制目标：确保合并财务报告不存在重大漏报或错报，如实反映集团的经营状况。

2. 关键控制点：（1）统一集团的会计政策；（2）确定合并范围；（3）审核个别报表；（4）汇总内部交易；（5）编制抵销分录；（6）合并报表项目。

3. 主要风险：（1）集团内部会计政策不统；（2）合并范围不完整；（3）内部交易信息不完整；（4）合并抵销分录不准确；（5）报表项目合并计算错误；（6）合并财务报告未经审核和批准。

4. 控制措施：（1）统一集团内母子公司的会计政策，如果子公司的财务报告按不同政策编制，应按准则规定处理；（2）遵循会计准则的规定，确认合并范围是否完整；（3）审核子公司财务报告；（4）汇总内部交易信息并编制合并抵销分录；（5）对内部交易信息及合并抵销分录进行交叉复核；（6）将合并抵销分录录入试算平衡表；（7）对母子公司报表项目进行合并，计算合并后的金额；（8）编制合并财务报告，并经适当审核和批准。

二、财务报告其他环节的风险及其控制

（一）审核

1. 控制目标：按规定流程审核财务报告，确保其真实性、完整性和合规性。

2. 关键控制点：（1）财会部门负责人审核；（2）总会计师审核；（3）单位负责人审核。

3. 主要风险：（1）未按规定程序审核；（2）对内容真实性、完整性及格式等审核不充分。

4. 控制措施：（1）严格按规定程序审批，认真审核财务报告内容的真实性、完整性，格式的合规性等；（2）保留审核记录，建立责任追究制度；（3）装订成册，加盖公章，并由相关人员签章。

（二）审计

1. 控制目标：选择具备资质的会计师事务所，保证审计财务报告具有可信性。

2. 关键控制点：（1）会计师事务所遴选；（2）与审计师沟通。

3. 主要风险：（1）财务报告对外提供前未经审计；（2）审计机构选择不合规，审计机构与企业串通舞弊。

4. 控制措施：（1）选择具备资质的会计师事务所进行审计；（2）不干扰审计人员的工作，认真落实审计意见；（3）注册会计师及其所在事务所出具的审计报告，应随财务报告一并提供。

（三）批准

1. 控制目标：保证财务报告真实、完整及合法合规。

2. 关键控制点：（1）财会负责人审核；（2）总会计师审核；（3）企业负责人审核；（4）董事会或类似机构批准。

3. 主要风险：（1）报告提供前未按规定程序审核；（2）未经董事会或类似机构批准。

4. 控制措施：（1）财会负责人审核报告的准确性，并签章；（2）总会计师或分管领导审核报告的真实性、完整性、合规性，并签章；（3）企业负责人审核报告整体的合规性，并签章；（4）董事会或类似机构批准对外发布。

（四）发布

1. 控制目标：让报告使用者能更加快捷、有效地利用财务报告。

2. 关键控制点：(1) 一般企业财务报告经相关审核并签章后对外提供；(2) 上市公司财务报告须经董事会和监事会审批后发布；(3) 财务报告与审计报告一同报送。

3. 主要风险：(1) 对外提供过程未遵循相关规定，导致被谴责或处罚；(2) 报送不及时，信息时效性降低；(3) 对外提供前泄露信息，导致内幕交易发生等。

4. 控制措施：(1) 通过制度来明确财务报告对外提供的对象。例如，国企要向职工代表大会公布财务报告，上市公司财务报告要向全社会提供；(2) 明确对外报送时间，倒排编制、审核、报送的时间节点，对未能按时完成的人员进行处罚；(3) 设置保密程序，对能够接触报告的人员设置权限，保证信息对外提供前控制在适当的范围；(4) 记录信息的访问情况，以便及时发现可能的泄密行为；如果提前泄密，方便找到责任人；(5) 及时整理、归档保存对外提供的财务报告。

(五) 使用

1. 控制目标：充分利用财务报告，全面分析企业的生产经营和管理状况、存在的问题等，为改善管理提供线索；对企业未来风险报酬做出预测，为信息使用者的决策提供支持。

2. 关键控制点：(1) 建立并完善财务分析制度；(2) 定期编写财务分析报告；(3) 定期召开财务分析会。

3. 主要风险：(1) 未建立财务分析制度，或虽已建立但存在缺陷；(2) 财务分析报告不正确或分析方法不当；(3) 内容不完整，未对重大事项做专门分析；(4) 分析局限于财会部门，未充分利用相关部门的资源；(5) 财务分析报告未经审核等。

4. 控制措施：(1) 建立并完善财务分析制度；(2) 明确财务分析目的，运用正确的分析方法；(3) 充分运用各项资料，包括财务信息、从其他部门获得的非财务信息及外部信息等；(4) 加强财务分析的组织，总会计师在财务分析工作中发挥主导作用，负责组织领导；(5) 财会部门负责人审核分析报告的准确性、完整性和真实性；(6) 定期召开财务分析会，吸收有关部门负责人参加，加强沟通，完善财务分析报告；(7) 财务分析报告经适当审批后，及时报送。

【案例 7－2】"破窗效应"下的金亚科技 IPO 财务造假

深交所于 2018 年 6 月 27 日凌晨宣布，上市公司金亚科技因财务造假、欺诈发行，已对其启动强制退市机制。这是继欣泰电气之后，A 股第二家因欺诈发行股票被强制退市的企业。

经证监会查明，金亚科技的会计核算设置了 006 和 003 两个账套。003 账套核算的数据用于内部管理，以真实发生的业务为依据进行记账。006 账套核算的数据用于对外披露，伪造的财务数据都记录于 006 账套。

上市公司法人治理及企业内部控制的失效失灵失控，也纵容了企业财务造假行为的产生。部分上市公司董事会下设的审计委员会成为摆设，独立董事沦为"花瓶"，财务总监、董事会秘书等遭受到控股股东或董事长强加的异常压力。比如最近发生的上市公司董秘跳楼事件，就可能源于其成为财务舞弊和造假的"背锅侠"。

上市公司财报造假和企业内部缺少健康的会计生态环境有关。主要管理者缺少诚信、急功近利。在其授意之下，上市公司的合同、销售和收款等各环节一条龙造假，内控机制形同虚设。在这种会计生态环境下，就会生长出阴阳两套账的“恶之花”。

资料来源：根据搜狐网“破窗效应下的金亚科技 IPO 财务造假”一文整理。

讨论与分析：金亚科技财务造假可能与其哪些环节内部控制相关？

本章案例分析

Freesia Co 内部控制问题

Freesia Co 是一家在股票交易所上市的公司。该公司生产家具，并向该地区的许多零售商供货。公司有一个内部审计（IA）部门，公司的年度报告时间是 2019 年 6 月 30 日。您是百日尼亚会计事务所的一名审计主管，负责起草审计方案并审阅内部控制文件的摘要，为中期审计做准备。

销售：Freesia Co 的销售需要通过销售人员访问客户的办公场所。在总公司工作的掌管销售分类账的职员，在接受新客户之前会对他们进行信用检查，然后设定他们的信用额度。销售人员亲自访问零售客户的网站，并使用预先打印的一式四联订单表格完成订单。第一份留给客户，第二份返回给销售订单部，第三份送到仓库，第四份送到总部财务部。每个销售订单号都是基于销售人员自己的识别号，以便于监控销售人员的业绩。零售客户的付款期限为 30 天，大多数客户选择通过银行转账支付发票货款。每天，财务职员莉莉·沙阿（Lily Shah）都会把银行对账单上的转账收据登记到现金簿上，并更新销售分类账。她每月进行一次银行对账。

采购与库存：从供应商处购买原材料和货物的收据由位于总部的仓库团队处理，他们核对采购订单与收到的配送单，检查货物的数量和质量，并填写按顺序编号的收货通知单（GRN）。GRNs 每天都被送到财务部。在收到供应商的采购发票后，采购总账职员卡米拉·布朗（Camilla Brown）将其与 GRNs 和订单进行匹配，并将这三份文件发送给相应的个人进行授权。一旦获得授权，卡米拉就会将采购发票记录到采购分类账中，卡米拉利用文件计数控制（一种常见的电算化会计的计算机控制手段）确保输入了正确的发票数量。对于内部管理报告和年终财务报表，公司都使用标准成本法来评估存货价值。大约 18 个月前公司审查了标准成本法的计量基础。

工资薪酬：Freesia Co 雇用的员工包括工厂员工（他们一班标准的工作时间是每天八小时）、行政和销售人员（他们是按月拿薪水的）。所有员工每月通过银行转账支付工资。工厂员工偶尔需要加班。在这种情况下，每个员工加班的详细信息由生产部门职员整理并提交给工资部门。工资部门在加班发生的当月就支付加班费。在每个季度末，公司的工资部门会向生产总监发送加班报告，详细列示加班的时间，供他们审核。Freesia Co 的工资归集程序软件生成每个员工的付款清单，该清单链接到银行系统，生成自动银行转账付款清单。财务总监审查自动付款清单上应支付的总额，并将其与每月按工资记录支付的工资总额进行比较。如果出现任何问题，财务总监可以手动更改自动银行转账单据。

要求：查明并解释六项不足之处，并建议一项控制办法来解决每一项不足之处。

资料来源：ACCA 官网，2019 年 3 月/6 月考题。

延伸阅读：
参考答案：ACCA 官网提供

复习思考题

1. 财务报告业务的主要环节有哪些？
2. 如何设定各环节的内部控制目标？
3. 财务报告编制环节的主要风险有哪些？如何控制这些风险？

能力拓展题

本章我们学习了这么多公司的经济业务活动，你对哪一个业务流程感触最深，最感兴趣？请登录深交所网站，查看上市公司信息披露评级情况，分析其评级依据，归纳总结信息评级差的上市公司财务报告控制主要存在哪些问题？分析其产生的主要原因是什么。

延伸阅读：
其他业务活动的内部控制
ERP 环境下的生物医药企业销售内部控制研究（田辉）

第八章

内部控制评价

最了解自己的人，对自己的评价最低。

——鲍恩

评价一座城市，要看它拥有多少书店。

——俄罗斯钢琴家、教育家 鲁宾斯坦

【案例导入】

萨班斯法案302与404条款对内控的规定

萨班斯法案的302条款要求由首席执行官和财务主管在内的企业管理层，对公司财务报告的内部控制按季度和年度就以下事项发表声明（予以证实）：

1. 对建立和维护与财务报告有关的内部控制负责。

2. 设计了所需的内部控制，以保证这些官员能知道该公司及其并表子公司的所有重大信息，尤其是报告期内的重大信息。

3. 与财务报告有关的内部控制的任何变更都已得到恰当的披露，这里的变更指最近一个会计季度已经产生，或者合理预期将对于财务报告有关的内部控制产生重大影响的变更。

4. 在当前环境下，IT系统驱动着财务报告流程。诸如ERP之类的IT系统紧密地贯穿于企业经济业务的开始、授权、记录、处理和报告一整套过程中。就其本身而言，IT系统和整个财务报告流程也是紧密联系的，为了遵循萨班斯法案，也要对IT内部控制的有效性予以评估。

萨班斯法案的404条款要求，管理层在其年度文件中提供关于与财务报告有关的内部控制的年度评估报告。管理层的年度报告要求包括以下内容：

1. 管理层有责任为企业建立和维护恰当的财务报告有关的内部控制。

2. 识别管理层所采用的内部控制框架以便按要求评估公司与财务报告有关的内部控制的有效性。

3. 对从一上个会计年度未以来，与财务报告有关的内部控制的有效性予以评估，其内容也包括有关与财务报告有关的内部控制是否有效的公开声明。

4. 年度审计报告中，注册会计师事务所发表的财务审计报告，包括管理层对与财务报告有关的内部控制有效性评估的证明报告。

5. 管理层关于公司针对财务报告内部控制有效性评估的书面结论，应包含在其对财务报告内部控制的报告和其对审计师的信函中。这一书面结论可采取多种形式，但是管理层对公司面向财务报告的内部控制的有效性必须发表直接意见。

6. 如果与财务报告有关的内部控制中有一个或多个重要缺陷，管理层将不能对财务报告的内部控制有效性做出评估结论，而且，管理层应该披露自最近一个会计年度末以来财务报告内部控制方面的所有重要缺陷。

7. 面向财务报告的内部控制在这一会计期间可能存在一个或多个重要缺陷，但管理层仍可能会报告“从最近一个会计年度末起（上个会计年度末起），与财务报告有关的内部控制是有效的”。如果要做出这样的结论，管理层必须在评估日前已经改进了内部控制，消除了已有的缺陷，并在运行和测试其有效性后得到了满意的结果，测试的时间足以让管理层认为，从本会计年度起，与财务报告有关的内部控制设计合理、运行有效。

资料来源：东奥会计在线，“萨班斯法案 302 与 404 条款对内控的规定”。

第一节　内部控制评价概述

一、内部控制评价的定义

内部控制评价作为优化内部控制自我监督机制的一项重要制度安排，是内部控制体系的重要组成部分。依据《企业内部控制评价指引》第二条相关规定，企业内部控制评价，是指企业董事会或类似权力机构对内部控制的有效性进行全面评价、形成评价结论、出具评价报告的过程。对于这一定义，可从以下三个角度进行理解。

（一）内部控制评价的主体是董事会或类似权力机构

内部控制评价的主体是董事会或类似的权力机构，也就是说董事会或类似的权力机构是内部控制设计和运行的责任主体。董事会可指定审计委员会来承担对内部控制评价的组织、领导、监督职责，并通过授权内部审计部门或独立的内部控制评价机构执行内部控制评价的具体工作，但董事会仍对内部控制评价承担最终的责任，对内部控制评价报告的真实性负责。对内部控制的设计和运行的有效性进行自我评价并对外披露是管理层解除受托责任的一种方式，董事会可以聘请会计师事务所对其内部控制的有效性进行审计，但其承担的责任不能因此减轻或消除。

（二）内部控制评价的对象是内部控制的有效性

内部控制评价的对象是内部控制的有效性，所谓内部控制的有效性，是指企业建立与实施内部控制对实现控制目标提供合理保证的程度。包括内部控制设计的有效性和内部控制运行的有效性。内部控制设计的有效性，是指为实现控制目标所必需的内部控制程序都存在并且设计恰当，能够为控制目标的实现提供合理保证；内部控制运行的有效性，是指在内部控制设计有效的前提下，内部控制能够按照设计的内部控制程序被正确地执行，从而为控制目标的实现提供合理保证。内部控制运行的有效性离不开设计的有效性，如果内部控制在设计上存在漏洞，即使这些内部控制制度能够得到一贯的执行，也不能认为其运行是有效的。当然，如果评价证据表明内部控制的设计是有效的，但是没有按照设计的那样得到一贯执行，那么就可以得出其不符合运行有效性的结论。评价内部控制运行的有效性，应当着重考虑以下几个方面：

（1）相关控制在评价期内是如何运行的；

（2）相关控制是否得到了持续一致的运行；

（3）实施控制的人员是否具备必要的权限和能力。

需要强调的是，即使是同时满足设计有效性和运行有效性标准的内部控制，受内部控制固有局限影响，也只能为内部控制目标的实现提供合理保证，而不能提供绝对保证，不应不切实际地期望内部控制能够绝对保证内部控制目标的实现，也不应以内部控制目标的最终实现情况和程度作为唯一依据直接判断内部控制设计和运行的有效性。

（三）内部控制评价是一个过程

内部控制评价是一个过程，是指内部控制评价要遵照一定的流程来进行。内部控制评价工作不是一蹴而就的，它是一个涵盖计划、实施、编报等多个阶段，包含多个步骤的动态过程。

二、内部控制评价的作用

《企业内部控制评价指引》第二条指出，企业内部控制评价是指企业董事会或类似权力机构对内部控制有效性进行全面评价、形成评价结论、出具评价报告的过程。它是对内部控制有效性进行鉴别的过程，是内部控制监管的重要环节。内部控制评价的主要作用具体可从以下几方面分析：

第一，内部控制评价有助于企业自我完善内控体系。内部控制评价是通过评价、反馈、再评价，报告企业在内部控制建立与实施中存在的问题，并持续地进行自我完善的过程。通过内部控制评价查找、分析内部控制缺陷并有针对性地督促落实整改，可以及时堵塞管理漏洞，防范偏离目标的各种风险并举一反三。从设计和执行方面等全方位地健全优化管控制度，从而促进企业内控体系的不断完善。

第二，内部控制评价有助于提升企业市场形象和公众认可度。企业开展内部控制评价，需形成评价结论，出具评价报告。通过自我评价报告，将企业的风险管理水平、内部控制状况以及与此相关的发展战略、竞争优势、可持续发展能力等公布于众，树立诚信、透明、负责任的企业形象，有利于增强投资者、债权人以及其他利益相关者的信任度和认可度，为自己创造更为有利的外部环境，促进企业的可持续发展。

第三，内部控制评价有助于实现与政府监管的协调互动。政府监管部门有权对企业内部控制建立与实施的有效性进行监督检查。事实上，在有关政府部门，比如审计机关开展的国有企业负责人离任经济责任审计中，已将企业内部控制的有效性以及企业负责人组织领导内控体系的建立与实施情况纳入审计范围，并成为重要的一部分。尽管政府部门实施企业内控监督检查有其自身的做法和特点，但监督检查的重点部位是基本一致的，比如大多涉及重大经营决策的科学性、合规性以及重要业务事项管控的有效性等。实施企业内控自我评价，能够通过自查及早排查风险、发现问题，并积极整改，有利于在配合政府监管中赢得主动，并借助政府监管成果进一步改进企业内控实施和评价工作，促进自我评价与政府监管的协调互动。

【案例8-1】从一件审计案例浅谈企业内部控制评价的作用

某事务所在对一家公司内部控制有效性进行审计的过程中发现一桩出纳人员侵占公款的案件。该出纳员多次在已审核的会计记账凭证上添加支出，然后私自开出现金支票，侵吞公司资金数十万元。在承接该项内控审计业务时，审计人员了解到公司对企业的内部管理十分重视，不惜花重金聘请了一家咨询机构，制定了一套按照《企业内部控制基本规范》要求并结合企业特点而设计的内部控制系统。该系统从全面性、完备性而论，应当说是一个健全的内控体系。那么，是什么原因导致在如此完美的内控体系下还发生了本不该发生的问题呢？

在审计过程中，审计人员发现该出纳员要侵占公款，最少要通过三道关口：一是修改凭证，篡改账务系统，只有如此从账面上增加支出，才有非法牟财的可能；二是取得银行印鉴开出提现支票，虚增的支出才能转化为现实的钞票落入口袋；三是事后监督关。遗憾的是，该案件直至外部审计介入时才“东窗事发”。通过进一步审计，审计人员知悉该公司财会人员账务系统操作权限有明文规定，也有各自的用户密码，银行印鉴也必须分开保管。但就是这一个看似很具体的内控措施，却未能得到有效执行。该出纳员正是在财会人员互相知晓权限密码的情况下，才得以在已经过复核记账的凭证上再添加支出，然后进入账套重新返结账，达到了改凭证、改账目的目的。然后利用一人携带全部印鉴章独自去银行的机会，套取了现金。这一事件提醒我们，再完美健全的制度，如果没有行之有效的措施保障，没有一个有效的机构监督和评价执行过程中产生的缺陷，也难以达到预定的目的。

资料来源：郭金美．从一件审计案例浅谈企业内部控制评价的作用［J］．财务与会计，2012（6）。

三、内部控制评价的内容

内部控制评价的内容是内部控制对象的具体化。上一部分已经述及，内部控制评价的对象是内部控制的有效性，而内部控制的有效性，是企业建立与实施内部控制，对实现控制目标提供合理保证的程度。内部控制的目标包括合规目标、资产目标、报告目标、经营目标和战略目标。因此，内部控制评价的内容应是对以上五个目标的内控有效性进行全面评价。具体地说，内部控制评价应紧紧围绕内部环境、风险评估、控制活动、信息与沟通、内部监督五要素进行。

（一）内部环境评价

企业组织开展内部环境评价，应当以组织架构、发展战略、人力资源、企业文化、社会责任等应用指引为依据。其中，组织架构评价可以重点从组织架构的设计和运行等方面进行；发展战略评价可以重点从发展战略的合理制定、有效实施和适当调整三方面进行；人力资源评价应当重点从企业人力资源引进结构的合理性、开发机制、激励约束机制等方面进行；企业文化评价应从建设和评估两方面进行；社会责任可以从安全生产、产品质量、环境保护与资源节约、促进就业、员工权益保护等方面进行。

延伸阅读：

由湘雅医院腐败案谈内控建设

（二）风险评估评价

企业组织开展风险评估评价，应当以《企业内部控制基本规范》有关风险评估的要求，以及各项应用指引中所列主要风险为依据，结合本企业的内部控制制度，对日常经营管理过程中的目标设定、风险识别、风险分析、应对策略等进行认定和评价。

【案例8-2】复兴航空致48死空难调查报告公布：飞行员违规

复兴航空由高雄飞往澎湖马公的GE222航班，2014年7月23日晚间7时左右坠毁在湖西乡西溪村，造成48人死于空难，10人重伤，另外波及11栋民宅，导致5人轻伤。台湾飞航安全调查委员会经1年半调查，最终调查报告指出飞航组员缺乏近地警觉操控、未遵守标准作业程序，未获得辨识跑道环境所需的目视环境参考还持续进场、正、副驾驶协调与沟通不当，导致这起空难。

复兴航空222号班机在执飞高雄飞往澎湖航线时，疑因台风麦德姆风雨过大造成飞机降落不顺利，重飞失败，于澎湖县湖西乡西溪村坠落，起火燃烧。飞安会发现，复兴航空GE222澎湖空难中，正驾驶可能受事故前单日需要飞航多航段及每日高飞行时间、高值勤时间所累积之疲劳影响工作表现。

复兴航空的风险管理程序及评估不当，未针对ATR机队扩张、飞航组员人力短缺、飞行时数及起降次数增加造成飞航组人员疲劳而发生潜在风险作出积极的应对措施，复兴航空更没有设置ATR标准驾驶员，以落实督导标准作业程序，飞航操作保证系统未被有效地应用在具有主动性的作业安全风险评估。

飞安会还查出，马公机场的例行天气报告跟机场特别天气报告中，跑道视程（RVR）的测报，不符合“空军气象观测手册”要求。天气报告和自动气象观测系统，对于跑道视程并不一致，导致管制员对气象观测资料的可靠性很不确定。

（三）控制活动评价

企业组织开展控制活动评价，应当以《企业内部控制基本规范》和各项应用指引中的控制措施为依据，结合本企业的内部控制制度，对相关控制措施的设计和运行情况进行认定和评价。

延伸阅读：

重庆海事局内部控制审计

（四）信息与沟通评价

企业组织开展信息与沟通评价，应当以内部信息传递、财务报告、信息系统等相关指引为依据，结合本企业的内部控制制度，对信息收集、处理和传递的及时性，反舞弊机制的健全性，财务报告的真实性，信息系统的安全性，以及利用信息系统实施内部控制的有效性进行认定和评价。

（五）内部监督评价

企业组织开展内部监督评价，应当以《企业内部控制基本规范》有关内部监督的要求，以及各项应用指引中有关日常管控的规定为依据，结合本企业的内部控制制度，对于内部监督机制的有效性进行认定和评价，重点关注监事会、审计委员会、内部审计机构等是否在内部控制设计和运行中有效发挥监督作用。

四、内部控制评价的原则与方法

内部控制评价的原则与方法是内部控制评价工作的方法论基础。内部控制评价的原则是开展评价工作应该遵循的基本要求与准则，内部评价的方法是执行内部控制评价工作时具体采用的技术手段。

（一）内部控制评价的原则

与内部控制的原则不完全相同，企业对内部控制评价至少应当遵循下列原则：

1. 全面性原则。全面性原则强调的是内部控制评价的涵盖范围应当全面，具体来说，是指内部控制评价工作应当包括内部控制的设计与运行，涵盖企业及其所属单位的各种业务和事项。

2. 重要性原则。重要性原则强调内部控制评价应当在全面性的基础之上，着眼于风险业务和事项，突出重点。具体来说，主要体现在制定和实施评价工作方案、分配评价资源的过程之中，应贯彻以下两个方面的核心要求：（1）要坚持风险导向的思路，着重关注那些影响内部控制目标实现的高风险领域和风险点；（2）要坚持重点突出的思路，着重关注那些重要的业务事项和关键的控制环节，以及重要的业务单位。

2012 年 9 月，财政部等五部委印发的《企业内部控制规范体系实施中相关问题解释第 2 号》中指出，集团性企业在确认内部控制评价范围时，应当遵循全面性、重要性、客观性原则，在对集团总部及下属不同业务类型、不同规模的企业进行全面、客观评价的基础上，关注重要业务单位、重大事项和高风险业务。重要业务单位一般以资产、收入、利润等作为判定标准，包括集团总部、资产占合并资产总额比例较高的分公司和子公司，营业收入占合并营业收入比例较高的分公司和子公司，以及利润占合并利润比例较高的分公司和子公司等。重大事项一般是指重大投资决策项目，兼并重组、资产调整、产权转让项目，期权、期货等金融衍生业务，融资、担保项目，重大的生产经营安排，重要设备和技术引进，采购大宗物资和购买服务，重大工程建设项目，年度预算内大额度资金调动和使用，以及其他大额度资金运作事项等。

高风险业务一般是指经过风险评估后确定为较高或高风险的业务，也包括特殊行业及特殊业务，国家法律、法规有特殊管制或监管要求的业务等。

3. 客观性原则。客观性原则强调内部控制评价工作应当准确地揭示经营管理的风险状况，如实反映内部控制设计和运行的有效性。只有在内部控制评价工作方案制定、实施的全过程中始终坚持客观性，才能保证评价结果的客观性。

（二）内部控制评价方法

《企业内部控制评价指引》第十五条规定："内部控制评价工作组应当对被评价单位进行现场测试，综合运用个别访谈、调查问卷、专题讨论、穿行测试、实地查验、抽样和比较分析等方法，充分收集被评价单位内部控制设计和运行是否有效的证据，按照评价的具体内容，如实填写评价工作底稿，研究分析内部控制缺陷"。

1. 个别访谈法

个别访谈法主要用于了解公司内部控制的现状，在企业层面评价及业务层面评价的了解阶段经常使用。访谈前应根据内部控制评价需求形成访谈提纲，撰写访谈纪要，记录访谈的内容。为了保证访谈结果的真实性，应尽量访谈不同岗位的人员以获得更可靠的证据。比如，分别访谈人力资源部主管和基层员工，询问公司是否建立了员工培训长效机制，培训是否能满足员工和业务岗位需要

2. 调查问卷法

调查问卷法主要用于企业层面评价。调查问卷应尽量扩大对象范围，包括企业各个层级员工，应注意事先保密性，题目尽量简单易答（例如，答案只需为"是""否""有""没有"等）。比如，你对企业的核心价值观是否认同；你对企业未来的发展是否有信心等。本方法主要用于对企业层面进行评价。

3. 穿行测试法

穿行测试法，是指在企业业务流程中，任意选取一份全过程的文件作为样本，并追踪该样本从最初起源直到最终在财务报表或其他经营管理报告中反映出来的过程，即该流程从起点到终点的全过程，以此了解控制措施设计的有效性，并识别出关键控制点。如针对销售交易，选取一批订单，追踪从订单处理→核准信用状况及赊销条款→填写订单并准备发货→编制货运单据→订单运送/递送追踪至客户或由客户提货→开具销售发票→复核发票的准确性并邮寄/送至客户→生成销售明细账→汇总销售明细账并过账至总账和应收账款明细账等交易的整个流程，考虑之前对相关控制的了解是否正确和完整，并确定相关控制是否得到执行。本方法主要用于对业务流程和具体业务的测试与评价。

4. 抽样法

抽样法分为随机抽样和其他抽样。随机抽样，是指按随机原则从样本库中抽取一定数量的样本；其他抽样，是指人工任意选取或按某一特定标准从样本库中抽取一定数量的样本。使用抽样法时首先要确定样本库的完整性，即样本库应包含符合控制测试的所有样本。其次要确定所抽取样本的充分性，即样本的数量应当能检验所测试的控制点的有效性。最后要确定所抽取样本的适当性，即获取的证据应当与所测试控制点的设计和运行相关，并能可靠地反映控制的实际运行情况。

5. 实地查验法

实地查验法主要针对业务层面控制，它通过使用统一的测试工作表，将实际的业务与财务单证进行核对，从而实施控制测试的方法，如实地盘点某种存货。

6. 比较分析法

比较分析法，是指通过数据分析、识别、评价关注点的方法。数据分析可以是与历史数

据、行业（公司）标准数据或行业最优数据等进行比较。比如，针对具体客户的应收账款周转率进行横向或纵向比较，分析存在异常的应收客户款，进而对这些客户的赊销管理控制进行检查。

7. 专题讨论法

讨论法主要是集合有关专业人员就内部控制执行情况或控制问题进行分析，既是控制评价的手段，也是形成缺陷整改方案的途径。对于同时涉及财务、业务、信息技术等方面的控制缺陷，往往需要由内部控制管理部门组织召开专题讨论会议，综合内部各机构、各方面的意见，研究确定缺陷整改方案。

8. 标杆法

标杆法是指通过与行业内具有相同或相似经营活动的标杆企业进行比较，对内部控制设计有效性进行评价的方法。

9. 重新执行法

重新执行法是指评价人员根据有关资料和业务处理程序，以人工方式或使用计算机辅助审计技术，重新处理一遍业务，并比较其结果，进而判断企业内部控制执行的有效性，是一种通过对某一控制活动全过程的重新执行来评估内部控制执行情况的方法。

在实际评价工作中，以上这些方法可以配合使用。此外，还可以使用观察、检查、重新执行等方法，也可以利用信息系统开发检查的方法，或利用实际工作的检查测试经验。对于企业通过系统采用自动控制、预防控制的，应在方法上注意与人工控制、发现性控制的区别。

第二节　内部控制评价的组织与实施

内部控制评价是合理保证内部控制有效性的关键步骤，而内部控制评价工作的组织方式的合理性则直接关系到内部控制工作能否科学、有序开展，组织方式的得当与否，取决于两个方面：其一，合理的组织机构；其二，科学、精简、高效的内部控制评价程序。

一、内部控制评价的组织机构

内部控制评价的组织机构大致可以分为三个层次：内部控制评价的责任主体、内部控制评价的实施主体、其他相关部门。

（一）内部控制评价的责任主体及其职责

董事会是内部控制评价的责任主体，对内部控制评价承担最终的责任，对内部控制评价报告的真实性负责。董事会可以通过审计委员会来承担对内部控制评价的组织、领导、监督职责。董事会或审计委员会应听取内部控制评价报告，审定内控重大缺陷、重要缺陷整改意见，对内部控制部门在督促整改中遇到的困难，积极协调，排除障碍。

（二）内部控制评价的具体组织实施主体及其职责

内部控制评价工作的具体组织实施主体一般为内部审计机构或专门的内部控制评价机构。企业可根据自身的经营规模、机构设置、经营性质、制度状况等特点，决定是否单独设置专门的内部控制评价机构。内部控制评价机构必须具备一定的设置条件：

（1）具备独立性，即能够独立地行使对内部控制系统建立与运行过程及结果进行监督的权力；

（2）具备与监督和评价内部控制系统相适应的专业胜任能力和职业道德素质；

（3）与企业其他职能机构就监督与评价内部控制系统方面应当保持协调一致，在工作中相互配合、相互制约，在效率效果上满足企业对内部控制系统进行监督与评价所提出的有关要求；

（4）能够得到企业董事会和经理层的支持，有足够的权威性来保证内部控制评价工作的顺利开展。

对于单独设有专门内部控制机构的企业，可由内部控制机构来负责内部控制评价的具体组织实施工作，但为了保证评价的独立性，负责内部控制设计和评价的部门应适当分离。

企业内部控制评价部门应当拟订评价工作方案，明确评价范围、工作任务、人员组织、进度安排和费用预算等相关内容，报经董事会或其授权机构审批后实施。对于评价过程中发现的重大问题，应及时与董事会、审计委员会或经理层沟通，并认定内部控制缺陷，拟订整改方案，编写内部控制评价报告，并报经董事会或类似权力机构批准后对外披露或报送相关部门；沟通外部审计师，督促各部门、所属企业对内控缺陷进行整改；根据评价和整改的具体情况拟订内部控制考核方案。

在实践中，也有组织地设立内部控制评价结构，比如组成内部控制评价小组。评价工作小组应当吸收企业内部相关机构熟悉情况的业务骨干参加。评价工作小组成员对本部门的内部控制评价工作应当实行回避制度。

企业也可以委托会计师事务所等中介机构实施内部控制评价，但中介机构受托为企业实施内部控制评价是一种非保证服务，内部控制评价的责任仍然应由企业董事会承担。另外，为保证审计的独立性，为企业提供内部控制审计的会计师事务所，不得同时为同一家企业提供内部控制评价服务。

延伸阅读：

万福生科内部控制案例分析

（三）其他相关部门及其职责

1. 经理层

经理层负责组织实施内部控制评价工作，一方面授权内部控制评价机构组织实施；另一方面积极支持和配合内部控制评价的开展，为其创造良好的环境和条件。经理层应结合日常掌握的业务情况，为内部控制评价方案提出应重点关注的业务或事项，审定内部控制评价方案和听取内部控制评价报告，对于内部控制评价中发现的问题或报告的缺陷，要按照董事会或审计委员会的整改意见积极采取有效措施予以整改。

2. 各专业部门

各专业部门负责组织本部门的内控自查、测试和评价工作，对发现的设计和运行缺陷提出整改方案及具体整改计划，积极整改，并报送内部控制机构复核，配合内控机构（部门）

及外部审计师开展企业层面的内控评价工作。

3. 企业所属单位

各所属单位也要逐级落实内部控制评价责任，建立日常监控机制，开展内控自查、测试和定期检查评价，对于发现的问题并认定为内部控制缺陷的，需拟订整改方案和计划，报本级管理层审定后，督促整改，编制本单位内部控制评价报告，对内部控制的执行和整改情况进行考核。

4. 监事会

监事会作为内部监督机制的重要组成部分，在内部控制评价过程中起监督作用。监事会审议内部控制评价报告，对董事会建立与实施内部控制进行监督。

二、内部控制评价程序

内部控制评价程序一般包括制定评价工作方案、组成评价工作组、实施现场测试、汇总评价结果、编报评价报告等。这些程序环环相扣、相互衔接、相互作用，构成了内部控制评价的基本流程。

1. 制定评价工作方案。内部控制评价机构应当以内部控制目标为依据，结合企业内部监督情况和管理要求，分析企业经营管理过程中影响内部控制目标实现的高风险领域和重要业务事项，确定检查评价方法，制定科学合理的评价工作方案，经董事会批准后实施。评价工作方案应当明确评价主体范围、工作任务、人员组织、进度安排和费用预算等相关内容。评价工作方案既可以以全面评价为主，又可以根据需要采用重点评价的方式。一般而言，内部控制建立与实施初期，实施全面综合评价有利于推动内部控制工作的深入与有效展开。内部控制系统趋于成熟后，企业可在全面评价的基础上，更多地采用重点评价或专项评价，以提高内部控制评价的效率和效果。

2. 组成评价工作组。评价工作组是在内部控制评价机构领导下，具体承担内部控制检查评价任务。内部控制评价机构根据经批准的评价方案，挑选具备独立性、业务胜任能力和职业道德素养的评价人员实施评价。评价工作组成员应当熟悉企业内部相关机构情况、参与日常监控。企业应根据自身条件，尽量建立长效的内部控制评价培训机制，培养内部控制评价专业人员，熟悉内部控制专业知识及相关规章制度、业务流程及需要重点关注的问题、评价工作流程、检查评价方法、工作底稿填写要求、缺陷认定标准、评价人员的权利和义务等内容。

3. 实施现场检查测试。首先应充分了解企业文化和发展战略、组织机构设置及职责分工、领导层成员构成及分工等基本情况；在此基础上评价工作组根据掌握的情况进一步确定评价范围、检查重点和抽样数量，并结合评价人员的专业背景进行合理分工（检查重点和分工情况可以根据需要进行适当调整）；然后，评价工作组根据评价人员分工，综合运用各种评价方法对内部控制设计与运行的有效性进行现场检查测试，按要求填写工作底稿、记录相关测试结果，并对发现的内部控制缺陷进行初步认定。评价人员应遵循客观、公正、公平原则，如实反映检查测试中发现的问题，并及时与被评价单位进行沟通。由于内部控制通过纵向检查测试流程，因此，工作中各成员之间应注意互相沟通、协调，以获得更有价值的发现。

4. 汇总评价结果。评价工作组汇总评价人员的工作底稿，初步认定内部控制缺陷。评价工作底稿应进行交叉复核签字，并由评价工作组负责人审核后签字确认。评价工作组将评价结果及现场评价的结果向被评价单位进行通报，由被评价单位相关责任人签字确认后，提交企业内部控制评价机构。

5. 编制企业内控评价报告。内部控制评价机构汇总各评价工作组的评价结果，对工作组现场初步认定的内部控制缺陷进行全面复核、分类汇总，对缺陷的成因、表现形式及风险程度进行定量或定性的综合分析，按照对控制目标的影响程度综合判断缺陷等级；内部控制评价机构以汇总的评价结果和认定的内部控制缺陷为基础，综合内部控制工作整体情况，客观、公正、完整地编制内部控制缺陷报告，并报送企业经理层、董事会和监事会，由董事会最终审定后对外披露。

6. 报告反馈与追踪。对于认定的内部控制缺陷，内部控制评价机构应当结合董事会和审计委员会的要求，提出整改建议，要求责任单位及时整改，并跟踪其整改落实情况，已经造成损失或负面影响的，企业应当追究相关人员的责任。

【案例 8－3】甲公司内部控制评价与审计专题决议

甲公司系境内外同时上市的公司，根据财政部等五部委联合发布的《企业内部控制基本规范》及其配套指引的要求，甲公司组织相关人员对 2013 年度的内部控制有效性进行自我评价，并且聘用乙会计师事务所对 2013 年度内部控制的有效性实施审计工作。2014 年 2 月 20 日，甲公司召开董事会会议，就对外披露的 2013 年度内部控制评价报告和审计报告的相关事项进行专题研究，决议要点如下：

（一）关于内部控制评价的原则和内容

经理层对企业内部控制设计与运行的有效性实施评价工作，评价范围应该涵盖企业及其所属单位的所有业务和经济事项，从内部环境、风险评估、控制活动、信息与沟通、内部监督等要素入手，结合企业自身的业务特点和管理要求，确定内部控制评价的具体内容。

（二）关于内部控制评价的程序和方法

企业授权内部审计部门负责内部控制评价的具体实施工作，内审部门根据企业的业务特点以及管理要求，分析经营管理过程中的高风险领域和重要业务事项，制定科学合理的评价工作方案，经总经理批准后开始实施。成立评价工作组，入驻被评价单位，实施现场测试，形成的现场评价报告直接提交内部控制评价部门。内部审计部门将编制的内部控制评价报告报送经理层、董事会和监事会，由股东大会最终审定后对外披露。在开展内部控制检查评价工作的过程中，主要运用个别访谈、调查问卷、专题讨论等方法，广泛收集被评价单位内部控制设计和运行是否有效的证据。

（三）关于内部控制评价报告

内部审计部门完成现场评价和缺陷汇总、复核后，负责起草内部控制的评价报告。评价报告内容一般包括：董事会对内部控制报告真实性的声明、内部控制评价工作的总体情况、内部控制评价的依据、内部控制评价的范围、内部控制评价的程序和方法、内部控制缺陷及其认定情况、内部控制缺陷的整改情况和内部控制有效性的结论等内容。内部控制评价报告上报经理层审批后确定。

（四）关于内部控制审计

甲公司聘请具有证券期货业务资格的乙会计师事务所对本公司的内部控制有效性实施审计工作。注册会计师应与甲公司沟通审计过程中识别的所有控制缺陷，重大缺陷和重要缺陷以书面形式与董事会和经理层沟通，完成审计工作之后，不必获得经甲公司签署的书面声明。

要求：根据《企业内部控制基本规范》及其配套指引的要求，逐项判断甲公司董事会决议中的（一）至（四）项内容是否存在不当之处；对存在不当之处的，分别指出不当之处，并逐项说明理由。

第三节　内部控制缺陷的认定

一、内部控制缺陷的定义和种类

内部控制缺陷是内部控制在设计和运行中存在的漏洞，这些漏洞将不同程度地影响内部控制的有效性，影响控制目标的实现。内部控制缺陷的评估与认定是内部控制评价的重点，衡量内部控制有效性的关键步骤就是查找内部控制在设计或运行环节中是否存在重大缺陷。因此，内部控制缺陷的认定通常被视作判断内部控制有效性的一个负向维度。企业开展内部控制评价，主要工作内容之一就是要找出内部控制缺陷并有针对性地进行整改。

内部控制缺陷按照不同的标准可以有不同的分类。一般来说，内部控制缺陷可按照以下标准分类。

（一）按照内部控制缺陷的成因分类

按照内部控制缺陷的成因分类，内部控制缺陷包括设计缺陷和运行缺陷。设计缺陷，是指企业缺少为实现控制目标所必需的控制措施，或现存控制设计不适当，即使正常运行也难以实现控制目标。运行缺陷，是指设计有效（合理且适当）的内部控制由于运行不当（包括由不恰当的人执行、未按设计的方式运行、运行的时间或频率不当、没有得到一贯有效运行等）而影响控制目标的实现所形成的内部控制缺陷。内部控制存在设计缺陷和运行缺陷，会影响内部控制的设计有效性和运行有效性。

（二）按照内部控制缺陷的性质分类

按照内部控制缺陷的性质即影响内部控制目标实现的严重程度分类，内部控制缺陷分为重大缺陷、重要缺陷和一般缺陷。重大缺陷是指一个或多个控制缺陷的组合，可能导致企业严重偏离控制目标。当存在任何一个或多个内部控制重大缺陷时，应当在内部控制评价报告中作出内部控制无效的结论。重要缺陷，是指一个或多个控制缺陷的组合，其严重程度低于重大缺陷，但仍有可能导致企业偏离控制目标。重要缺陷的严重程度低于重大缺陷，不会严重危及内部控制的整体有效性，但也应当引起董事会、经理层的充分关注。一般缺陷，是指除重大缺陷、重要缺陷以外的其他控制缺陷。

（三）按照内部控制缺陷的形式分类

按照影响内部控制目标的具体表现形式，还可以将内部控制缺陷分为财务报告缺陷和非财务报告缺陷。财务报告内部控制缺陷是指有关企业财务报告可靠性的内部控制制度方面的缺陷，这些缺陷的存在使企业不能保证财务报告的可靠性，或者不能防止或及时发现纠正财务报告错报。非财务报告内部控制缺陷是指除财务报告内部控制缺陷外的内部控制缺陷。

【案例 8-4】我国上市公司 2016 年执行企业内部控制规范体系情况分析报告（节选）

为了全面、深入了解我国上市公司执行企业内部控制规范体系情况，财政部、证监会联合山东财经大学，跟踪分析了沪深证券交易所上市公司公开披露的 2016 年年度内部控制评价报告、内部控制审计报告、年度报告等公开资料，结合我国上市公司 2011 年至 2015 年执行企业内部控制规范体系情况，以及财政部和证监会在推动企业内部控制规范体系实施和日常监管工作中掌握的有关情况，形成了《我国上市公司 2016 年执行企业内部控制规范体系情况分析报告》。

1. 内部控制评价报告披露情况

截至 2016 年 12 月 31 日，沪、深证券交易所共有上市公司 3050 家（不包括 2017 年 1 月退市因此未披露内部控制报告的 2 家上市公司），其中，沪市上市公司 1181 家，深市上市公司 1869 家。全部上市公司中，2930 家上市公司披露了内部控制评价报告，占全部上市公司的 96.07%。其中，沪市主板、深市主板、深市中小板和深市创业板分别有 1067 家、471 家、822 家和 570 家上市公司披露了内部控制评价报告，分别占各板块上市公司的 90.35%、98.74%、100%和 100%。120 家上市公司未披露内部控制评价报告，占全部上市公司的 3.93%。其中，有 80 家因首年上市豁免披露，有 19 家因重大资产重组豁免披露，其余 21 家未在指定网站公开披露。

2. 内部控制评价报告的结论

2016 年，在 2930 家披露了内部控制评价报告的上市公司中，2898 家内部控制评价结论为整体有效，占比 98.91%，32 家内部控制评价结论为非整体有效，占比 1.09%。如表 8-1 所示，在内部控制评价结论为非整体有效的上市公司中，10 家为非财务报告内部控制无效、财务报告内部控制有效，18 家为财务报告内部控制无效、非财务报告内部控制有效，4 家为财务报告内部控制和非财务报告内部控制均无效。

表 8-1　　内部控制有效性结论披露情况

内部控制有效性	整体有效	非财务报告内部控制无效、财务报告内部控制有效	财务报告内部控制无效、非财务报告内部控制有效	整体无效	总计
公司数量（家）	2898	10	18	4	2930
占比	98.91%	0.34%	0.61%	0.14%	100%

3. 内部控制缺陷的认定标准

在2930家披露内部控制评价报告的上市公司中，2874家披露了内部控制缺陷认定标准，其中，2868家分别披露了财务报告和非财务报告内部控制缺陷认定标准，占比97.89%，比2015年下降了0.35%；仅有6家未区分财务报告和非财务报告披露内部控制缺陷认定标准，占比0.20%，比2015年下降了0.06%。56家未披露内部控制缺陷认定标准，占比1.91%，比2015年上升0.41%。如表8-2所示，2013—2016年披露内部控制缺陷认定标准的上市公司的数量和占比不断上升，绝大多数披露内部控制评价报告的上市公司都能披露内部控制缺陷认定标准。

表8-2　　2013—2016年内部控制缺陷认定标准披露情况

分类	2016年		2015年		2014年		2013年	
	家数	占比	家数	占比	家数	占比	家数	占比
区分财务报告和非财务报告披露缺陷认定标准	2868	97.89%	2631	98.24%	2113	82.19%	1739	75.35%
未区分财务报告和非财务报告披露缺陷认定标准	6	0.20%	7	0.26%	36	1.40%	40	1.73%
未披露内部控制缺陷认定标准	56	1.91%	40	1.50%	422	16.41%	529	22.92%
合　计	2930	100.00%	2678	100.00%	2571	100.00%	2308	100.00%

4. 内部控制缺陷的数量及内容

除2930家上市公司披露内部控制评价报告外，还有1家上市公司虽然没有披露内部控制评价报告，但是在年报中披露了内部控制缺陷的数量及内容。在2931家披露内部控制是否存在缺陷的上市公司中，942家披露内部控制存在缺陷，占比32.14%，其中42家披露内部控制存在重大缺陷，40家披露内部控制存在重要缺陷，895家披露内部控制存在一般缺陷；1989家披露内部控制未存在缺陷，占比67.86%。

（1）关于财务报告内部控制的重大缺陷和重要缺陷。24家上市公司披露了44个财务报告内部控制重大缺陷，15家上市公司披露了18个财务报告内部控制重要缺陷。

从财务报告内部控制重大缺陷和重要缺陷的内容上看，会计系统方面的缺陷有23个，占比37.10%，主要表现在收入的确认和成本的结转不准确、特殊业务的会计处理不准确等。资金活动方面的缺陷有8个，占比12.90%，主要表现在货币资金管理被相关人员盗用、募集资金未按照恰当用途使用等。关联方交易方面的缺陷有8个，占比12.90%，主要表现在未能准确识别关联方，发生关联交易未履行相关手续、未及时披露等。子公司控制方面的缺陷有6个，占比9.68%，主要表现在对子公司缺乏必要的控制。投资管理方面的缺陷有4个，占比6.45%，主要表现在对外投资前未进行充分的调研，投资后账务不清晰等。

（2）关于非财务报告内部控制的重大缺陷和重要缺陷。22家上市公司披露了28个非财务报告内部控制重大缺陷，1家上市公司披露存在非财务报告内部控制重大缺陷但未披露内容，30家上市公司披露了37个非财务报告内部控制重要缺陷。

从非财务报告内部控制重大缺陷和重要缺陷的内容上看，社会责任方面的缺陷有10个，占比15.38%，主要表现在因安全生产管理不善导致发生重大安全生产事故，排放超标废水被处罚，产品存在质量问题，未及时发放工资和缴纳社保等。信息披露方面的缺陷有7个，占比10.77%，主要表现在重大事项未披露或者未及时披露。资金活动方面的缺陷有6个，占比9.23%，主要表现在募集资金未按照恰当用途使用，融资事项未经审批和未及时披露等。关联方交易方面的缺陷有6个，占比9.23%，主要表现在关联交易未履行审批义务，关联方交易规模超过公告预计规模，关联方占用资金等。投资管理方面的缺陷有5个，占比7.69%，主要表现在投资未履行审批义务，投资前对风险的估计不充分导致无法实现预期效益等。销售方面的缺陷有5个，占比7.69%，主要表现在销售合同未经审批，销售单据不真实，应收款催收不力等。

资料来源：节选自财政部会计司．我国上市公司2016年实施企业内部控制规范体系情况分析报告。

二、内部控制缺陷的认定标准

（一）内部控制缺陷的重要性和影响程度

企业对内部控制缺陷的认定，应当以构成内部控制的内部监督要素中的日常监督和专项监督为基础，结合年度内部控制评价，由内部控制评价机构进行综合分析后提出认定意见，按照规定的权限和程序进行审核，由董事会予以最终确定。

首先，内部控制评价从属于内部监督，是监督结果的总体体现。在企业正常的生产经营中，内部控制评价倚重内部监督。其次，在充分利用日常监督与专项监督结果的基础上，至少每年由内部控制评价机构对内部控制的五要素进行相对独立的评价，全面、综合的分析，提出认定意见，报董事会审定；再次，企业应当根据评价指引，结合自身情况和关注的重点，自行确定内部控制重大缺陷、重要缺陷和一般缺陷的具体认定标准。最后，根据具体认定标准认定企业存在的内部控制缺陷，由董事会最终审定。企业在确定内部控制缺陷的认定标准时，应当充分考虑内部控制缺陷的重要性及其影响程度。

内部控制缺陷的重要性和影响程度是相对于内部控制目标而言的。按照对财务报告目标和其他内部控制目标实现的影响和具体表现形式，分为财务报告内部控制缺陷和非财务报告内部控制缺陷。

（二）财务报告内部控制缺陷的认定标准

财务报告内部控制是指针对财务报告目标而设计和实施的内部控制。由于财务报告内部控制的目标集中体现为财务报告的可靠性，所以财务报告内部控制的缺陷主要是指不能合理保证财务报告可靠性的内部控制设计和运行缺陷。

换句话说，财务报告内部控制的缺陷，是指不能及时防止或发现并纠正财务报告错报的内部控制缺陷。

将财务报告内部控制的缺陷划分为重大缺陷、重要缺陷和一般缺陷，所采用的认定标准直接取决于该内部控制缺陷的存在可能导致的财务报告错报的重要程度。这种重要程度主要取决于两方面的因素。

一方面，该缺陷是否具备合理可能性导致企业的内部控制不能及时防止或发现并纠正财务报告错报。合理可能性是指大于微小可能性（几乎不可能发生）的可能性，确定是否具备合理可能性涉及评价人员的职业判断。另一方面，该缺陷单独或连同其他缺陷可能导致的潜在错报金额的大小。

另外，一些迹象通常表明财务报告内部控制可能存在重大缺陷：如董事、监事和高级管理人员舞弊；企业更正已公布的财务报告；注册会计师发现当期财务报告存在重大错报，而内部控制在运行过程中未能发现该错报；企业审计委员会和内部审计机构对内部控制的监督无效等。

一般而言，如果一项内部控制缺陷单独或连同其他缺陷具备合理可能性导致不能及时防止或发现并纠正财务报告中的重大错报，就应将该缺陷认定为重大缺陷。重大错报中的“重大”，涉及企业管理层确定的财务报告的重要性水平。

一般企业可以采用绝对金额法（例如，规定金额超过10000元的错报应当认定为重大错报）或相对比例法（例如，规定超过资产总额1%的错报应当认定为重大错报）来确定重要性水平。如果企业的财务报告内部控制存在一项或多项重大缺陷，就不能得出该企业的财务报告内部控制有效的结论。

一项内部控制缺陷单独或连同其他缺陷具备合理可能性导致不能及时防止或发现并纠正财务报告中虽然未达到和超过重要性水平但仍应引起董事会和管理层重视的错报，就应将该缺陷认定为重要缺陷。不构成重大缺陷和重要缺陷的内部控制缺陷，应认定为一般缺陷。

（三）非财务报告内部控制缺陷的认定标准

非财务报告内部控制是指针对除财务报告目标之外的其他目标的内部控制。这些目标一般包括战略目标、资产安全、经营目标、合规目标等。非财务报告评价应当作为企业内部控制评价的重点。

非财务报告内部控制缺陷认定具有涉及面广、认定难度大的特点。企业可以根据风险评估的各项工作，根据自身的实际情况、管理现状和发展要求对企业的风险加以细化或按内部控制原理补充，参照财务报告内部控制缺陷的认定标准，合理确定性和定量的认定标准，根据其对内部控制目标实现的影响程度认定为一般缺陷、重要缺陷和重大缺陷。

其中，定量标准：即涉及金额大小，既可以根据造成直接财产损失绝对金额制定，也可以根据其直接损失占本企业资产、销售收入及利润等的比重确定。定性标准：即涉及业务性质的严重程度，可根据其直接或潜在负面影响的性质、影响的范围等因素确定。

以下迹象通常表明非财务报告内部控制可能存在重大缺陷：

（1）国有企业缺乏民主决策程序，如缺乏“三重一大”决策程序；

（2）企业决策程序不科学，如决策失误，导致并购不成功；

（3）违犯国家法律、法规，如环境污染；

（4）管理人员或技术人员纷纷流失；

（5）媒体负面新闻频现；

（6）内部控制评价的结果特别是重大或重要缺陷未得到整改；

（7）重要业务缺乏制度控制或制度系统性失效。

为避免企业操纵内部控制评价报告，非财务报告内部控制缺陷认定标准一经确定，必须在不同评价期间保持一致，不得随意变更。

需要强调的是，在内部控制的非财务报告目标中，战略和经营目标的实现往往受到企业不可控的诸多外部因素的影响，企业的内部控制只能合理保证董事会和管理层了解这些目标的实现程度。因而，在认定针对这些控制目标的内部控制缺陷时，我们不能只考虑最终的结果，而主要应该考虑企业制定战略、开展经营活动的机制和程序是否符合内部控制要求，以及不适当的机制和程序对企业战略及经营目标实现可能造成的影响。

【案例8-5】格力电器内部控制缺陷的评定标准

公司依据企业内部控制规范体系组织开展内部控制评价工作，公司董事会根据企业内部控制规范体系对重大缺陷、重要缺陷和一般缺陷的认定要求，结合公司规模、行业特征、风险偏好和风险承受度等因素，区分财务报告内部控制和非财务报告内部控制，研究确定了适用于本公司的内部控制缺陷具体认定标准，内部控制缺陷认定标准如下：

1. 财务报告内部控制缺陷认定标准

公司确定的财务报告内部控制缺陷评价的定量标准如表8-3所示：

表8-3　财务报告内部控制缺陷评价定量标准

定量指标 \ 缺陷程度	重大缺陷	重要缺陷	一般缺陷
合并利润总额潜在错报	错报≥5%	3.0%≤错报<5%	错报<3%
合并所有者权益潜在错报	错报≥1%	0.5%≤错报<1%	错报<0.5%
合并资产总额潜在错报	错报≥3%	0.5%≤错报<3%	错报<0.5%
合并营业收入总额潜在错报	错报≥1%	0.5%≤错报<1%	错报<0.5%

公司确定的财务报告内部控制缺陷定性评价标准如表8-4所示：

表8-4　财务报告内部控制缺陷评价定性标准

缺陷性质	定性标准
重大缺陷	1. 公司董事、监事或高管存在舞弊行为； 2. 公司更正已公布的财务报告、注册会计师发现的却未被公司内部控制识别的当期财务报告中的重大错报； 3. 审计委员会和内部审计机构对内部控制的监督无效
重要缺陷	1. 未依照公认会计准则选择和应用会计政策； 2. 未建立反舞弊程序和控制措施； 3. 对于非常规或特殊交易的账务处理没有建立相应的控制机制或没有实施且没有相应的补偿性控制； 4. 对于期末财务报告过程的控制存在一项或多项缺陷且不能合理保证编制的财务报表达到真实、准确的目标
一般缺陷	未构成重大缺陷、重要缺陷的其他内部控制缺陷

2. 非财务报告内部控制缺陷认定标准

公司确定的非财务报告内部控制缺陷评价的定量标准如表 8-5 所示：

表 8-5　非财务报告内部控制缺陷评价定量标准

缺陷等级 项目	重大缺陷	重要缺陷	一般缺陷
合并后直接财产损失金额	1%≤合并后直接财产损失占公司资产总额	0.5%≤合并后直接财产损失占公司资产总额<1%	合并后直接财产损失占公司资产总额<0.5%

公司确定的非财务报告内部控制缺陷评价的定性标准如表 8-6 所示：

表 8-6　非财务报告内部控制缺陷评价定性标准

缺陷性质	定性标准
重大缺陷	1. 缺乏民主决策程序、决策程序不科学，出现重大失误，给公司造成重大财产损失； 2. 严重违反国家法律法规； 3. 缺乏重要的业务管理制度或制度运行系统性失效； 4. 公司持续或大量出现重要内控缺陷
重要缺陷	1. 决策程序导致出现一般失误； 2. 违反企业内部规章，形成损失； 3. 重要业务制度或系统存在缺陷； 4. 内部控制重要或一般缺陷未得到整改
一般缺陷	未构成重大缺陷、重要缺陷的其他内部控制缺陷

资料来源：中财网，http://www.cfi.net.cn/p20190428001816.html。

三、内部控制缺陷的报告与整改

1. 内部控制缺陷报告的格式和途径

企业内部控制评价机构应当编制内部控制缺陷认定汇总表，结合日常监督和专项监督发现的内部控制缺陷及其持续改进情况，对内部控制缺陷及其成因、表现形式和影响程度进行综合分析和全面复核，提出认定意见（针对财务报告内部控制的缺陷，一般还应当反映缺陷对财务报告的具体影响），并以适当的形式向董事会、监事会或者经理层报告。重大缺陷应当由董事会予以最终认定。企业对于认定的重大缺陷，应当及时采取应对策略，切实将风险控制在可承受度之内，并追究有关部门或相关人员的责任。

内部控制缺陷报告应当采取书面形式，可以单独报告，也可以作为内部控制评价报告的一个重要组成部分。一般而言，内部控制的一般缺陷、重要缺陷应定期（至少每年）报告，重大缺陷应立即报告。对于重大缺陷和重要缺陷及整改方案，应向董事会（审计委员会）、监事会或经理层报告并审定。如果出现不适合向经理层报告的情形，如存在与管理层舞弊相关的内部控制缺陷，或者存在管理层凌驾于内部控制之上的情形，应当直接向董事会（审计委员会）、监事会报告。

对于一般缺陷，可以与企业经理层报告，并视情况考虑是否需要向董事会（审计委员会）、监事会报告。

2. 内部控制缺陷整改方案及期限

企业对于认定的内部控制缺陷，应当及时采取整改措施，切实将风险控制在可承受度之内，并追究有关机构或相关人员的责任。

企业内部控制评价机构应当就发现的内部控制缺陷提出整改建议，并报经理层、董事会（审计委员会）、监事会批准。获批后，应制定切实可行的整改方案，包括整改目标、内容、步骤、措施、方法和期限。整改期限超过一年的，整改目标应明确近期和远期目标，以及相应的整改工作内容。

【案例8-6】董事会关于否定意见的内部控制鉴证报告的专项说明

中审华会计师事务所（特殊普通合伙）（以下简称“中审华”）对湖南天润数字娱乐文化传媒股份有限公司（以下简称“公司”或者“ST天润”）2018年12月31日的财务报告内部控制的有效性进行审计，并出具了中审华CAC证专字［2019］0280号《内部控制鉴证报告》（以下简称“《内控鉴证报告》”）。《内控鉴证报告》对公司内部控制有效性出具了否定意见。

一、《内控鉴证报告》中“导致否定意见的事项”

公司的财务报告内部控制存在如下重大缺陷：

1. 公司存在给控股股东及其关联方的担保行为未履行公司董事会或者股东大会审议程序且未及时披露的情况，相关人员未履行用章审批程序，导致公司承担连带担保责任，3个银行账户被冻结，银行存款1.12亿元被法院扣划；同时，在未被告知的情况下，存在银行账户被控股股东及其关联方使用的情况，与之相关财务报告内部控制运行失效。

2. 公司于2019年2月26日公告对子公司上海点点乐失去控制权，2018年度不将该公司纳入合并范围，并对其长期股权投资和商誉余额全额计提减值准备。公司在对子公司的管理中存在重大缺陷。

有效的内部控制能够为企业及时防止或发现财务报表中的重大错报提供合理保证，而上述重大缺陷使公司内部控制失去这一功能。

二、公司董事会意见及对公司内部控制有效性的影响程度

公司董事会同意《内控鉴证报告》中会计师的意见。公司管理层已识别出上述重大缺陷，并将其包含在公司2018年度内部控制评价报告中。在公司2018年年度财务报表审计中，会计师已经考虑了上述重大缺陷对审计程序的性质、时间安排和范围的影响。除会计师于2019年4月24日对公司2018年年度财务报表出具的审计报告内“形成保留意见的基础”部分所述事项外，《内控鉴证报告》并未对公司2018年财务报表审计报告产生影响。公司董事会将积极督促各项整改措施的落实，尽快完成整改。

湖南天润数字娱乐文化传媒股份有限公司董事会

2019年4月25日

资料来源：东方财富网，“董事会关于否定意见的内部控制鉴证报告的专项说明”。

第四节　内部控制评价报告

内部控制评价报告是内部控制评价的最终体现，按照编制主体、报送对象和时间，分为对内报告和对外报告。对外报告的内容、格式等强调符合披露要求，时间具有强制性；对内报告则主要以符合企业董事会（审计委员会）、经理层需要为主，编制主体层级更多、内容更加详尽、格式更加多样，时间可以定期或不定期。《企业内部控制评价指引》第二十条规定，企业应当根据《企业内部控制基本规范》、应用指引和本指引，设计内部控制评价报告的种类、格式和内容，明确内部控制评价报告编制程序和要求，按照规定的权限报经批准后对外报出。

一、内部控制评价报告的内容

《企业内部控制评价指引》第二十一条和二十二条规定了对外披露的内容。内部控制评价报告对外披露的至少应包括以下内容：

（1）董事会对内部控制报告真实性的声明。声明董事会及全体董事对报告内容的真实性、准确性、完整性承担个别及连带责任，保证报告内容不存在任何虚假记载、误导性陈述或重大遗漏。

（2）内部控制评价工作的总体情况。明确企业内部控制评价工作的组织、领导体制、进度安排、是否聘请会计师事务所对内部控制有效性进行独立审计。

（3）内部控制评价的依据。说明企业开展内部控制评价工作所依据的法律法规和规章制度。

（4）内部控制评价的范围。描述内部控制评价所涵盖的被评价单位、采纳人评价范围的业务事项，以及重点关注的高风险领域。内部控制评价的范围如有遗漏，应说明原因及其对内部控制评价报告真实完整性产生的重大影响等。

（5）内部控制评价的程序和方法。描述内部控制评价工作遵循的基本流程，以及评价过程中采用的主要方法。

（6）内部控制缺陷及其认定。描述适用本企业的内部控制缺陷具体认定标准，并声明与以前年度保持一致或作出的调整及相应原因；根据内部控制缺陷认定标准，确定评价期末存在的重大缺陷、重要缺陷和一般缺陷。

（7）内部控制缺陷的整改情况及重大缺陷拟采取的整改措施。对于评价期间发现、期末已完成整改的重大缺陷，说明企业有足够的测试样本显示与该重大缺陷相关的内部控制设计且运行有效和针对评价期末存在的内部控制缺陷，公司拟采取的整改措施及预期效果。

（8）内部控制有效性的结论。对不存在重大缺陷的情形，出具评价期末内部控制有效结论；对存在重大缺陷的情形，不得作出内部控制有效的结论，并需描述该重大缺陷的性质及其对实现相关控制目标的影响程度，可能给公司未来生产经营带来相关风险。自内部控制评价报告基准日至内部控制评价报告发出日之间发生重大缺陷的，企业须责成内部控制评价机构予以核实，并根据核查结果对评价结论进行相应调整，说明董事会拟采取的措施。

二、内部控制评价报告的参考格式

常见的内部控制评价报告格式一般包括重要声明、内部控制评价结论、内部控制评价工作情况、其他内部控制相关重大事项说明，具体格式可参考“延伸阅读：中元股份 2018 年内部控制评价报告”。

延伸阅读：

中元股份 2018 年内部控制评价报告

三、内部控制评价报告的编制与报送

《企业内部控制评价指引》第二十三条规定，企业应当根据年度内部控制评价结果，结合内部控制评价工作底稿和内部控制缺陷汇总表等资料，按照规定的程序和要求，及时编制内部控制评价报告。

1. 内部控制评价报告的编制

（1）内部控制评价报告的编制时间。企业应当根据内部控制评价结果和整改情况，编制内部控制评价报告。内部控制评价报告分为定期内部控制评价报告和非定期内部控制评价报告。

企业应该定期进行内部控制评价并发布内部控制评价报告。企业至少应该每年进行一次内部控制评价并由董事会对外发布内部控制评价报告。年度内部控制评价报告应当以 12 月 31 日作为基准日。

非定期内部控制评价报告可以是因特殊事项或原因（如企业因目标变化或提升）而对外发布的内部控制评价报告，也可以是企业针对发现的重大缺陷专项内部控制评价等向董事会（审计委员会）或经理层报送的内部报告（即内部控制缺陷报告）。

（2）内部控制评价报告的编制主体。内部控制评价报告的编制主体包括单个企业和企业集团的母公司。单个企业内部控制评价报告是指某一企业以自身经营业务和管理活动为辐射范围编制的内部控制评价报告，属于对内报告；企业集团的母公司内部控制评价报告是企业集团的母公司在汇总、复核、评价、分析后，以母公司及下属（或控股子公司）的经营业务和管理活动为辐射范围编制的内部控制评价报告，是对企业集团内部控制设计有效性和运行有效性的总体评价，可以是对内或对外报告。

2. 内部控制评价报告的报送

《企业内部控制评价指引》第二十四条至第二十六条规定了评价报告及内部控制审计报告对外报送的要求。

此外，企业内部控制评价报告应按规定报送有关监管部门，如国有控股企业应按要求报送国有资产监督管理部门和财政部门、金融企业应按规定报送银行业监督管理部门和保险监督管理部门、公开发行证券的企业应报送证券监督管理部门。

四、内部控制评价报告的披露和使用

1. 评价报告的披露

公司的价值创造能力不仅取决于现有的经营基础和目前的盈利水平，更主要取决于公司的决策科学性和管控能力。公众公司必须向社会披露内部控制评价报告，满足投资者及利益相关者了解企业治理水平、管理规范化和抵御各类风险的能力的需要，为他们作出投资决策和相关决策提供更好的服务。

2. 评价报告的使用

企业内部控制评价对外报告的使用者包括政府有关监管部门、投资者以及其他利益相关者、中介机构和研究机构等；对内报告的使用者主要是企业董事会（审计委员会）、各层级管理者以及有关监管部门。

内部控制评价是企业董事会对本企业内部控制有效性的自我评价，具有一定的主观性，在此基础上形成的内部控制评价报告也因此只能作为有关方面了解企业内部控制设计与运行情况的途径之一。在使用内部控制评价报告时，还应注意与内部控制注册会计师审计报告、内部控制监管信息、财务报告信息等相关信息结合使用，以起到全面分析、综合判断、相互验证的效果。

《企业内部控制评价指引》第二十七条规定，建立内部控制评价工作档案管理制度。内部控制评价的有关文件资料、工作底稿和证明材料等应当妥善保管，年度报告应永久保存。

延伸阅读：

平安银行2018年内部控制评价报告

本章案例分析

AB股份有限公司内控自我评价组织与实施

AB公司是一家在上海证券交易所上市的集团股份有限公司，2011年度被当地证监局列为内控试点单位，为做好内控自我评价工作，AB从以下几个方面着手，顺利完成年度内控自评工作

1. 完善制度建设

公司依据《企业内控基本规范》等法律法规，制定并实施了《董事会审计委员会工作细则》《内控评价实施细则》等规章制度，建立和完善了内部控制检查和监督体系，明确了内控部、审计部和其他内部机构在内控检查和监督中的职责权限，规范了内部检查和监督的程序、方法和要求，使公司形成了多层次的内控检查和监督体系，并在咨询中介机构协助下制定了内控自我评价底稿。

2. 明确组织机构和职责

AB公司内控自我评价由董事会、监事会、审计委员会、内控部、审计部和财务部在分工与协调基础上进行，并聘请中介咨询机构协助该项工作。董事会总体负责内部控制的评价；监事会对内部控制自我评价过程实施监督；审计委员会按董事会要求落实内部控制自我评价，并就相应事项与内控部、审计部沟通；内控部负责牵头组织内部控制自我评价并做好相关的协调工作；审计部按照规定的程序与方法进行内控评价；财务部协助审计部做好对总部及下属各子公司的内控评价工作；中介机构协助公司完善相关问卷、工作底稿、提供技术

指导和培训。

3. 组织实施内控自我评价

AB公司的内部控制制度是以财政部等五部委发布的《企业内部控制基本规范》及配套指引为依据制定的，公司的内控自评工作以公司制定的内部控制制度为主要依据。公司内控自我评价的主要程序如下：

第一步：明确内控评价工作范围，制定工作计划。在确定工作范围的时候必须细化到不同层级（各分支机构/部门），并通过工作计划明确各项任务、责任部门、人员安排和完成时间节点。

第二步：设计调查问卷和问题清单。内控部必须负责设计调查问卷用以记录公司部门/分支机构在各关键控制领域具体执行情况与评价过程。

第三步：下发和初步填制调查问卷。在下发调查问卷的同时，公司编制调查问卷填写指引，以明确调查问卷每项内容的填写要求，规范各部门填写调查问卷，保证填写的质量，同时也方便内控评价人员对填写的问卷进行审阅。

第四步：进行内控测试和评价，并获取并审阅支持性文档。在调查问卷基础上，由审计人员采取管理层访谈、获取并审阅相关文档和抽样测试等方法进行内控测评，测试过程记入评价底稿。对各业务循环，公司从内部控制设计有效性和执行有效性角度，进行内控评价。

第五步：汇总并确认发现问题，并与各部门及子公司进行沟通。对问卷填写与控制测试中发现的所有问题，都必须再一次和相关人员核实并予以确认，然后进行编号与汇总。在控制描述中已涉及了某些支持性文档记录，而在测试时无法获得，需要相关部门负责人解释原因，并考虑是否需要作为缺陷识别出来。如果支持性文档不能体现相应控制内容，需要获得另外的支持性文档；如果所提供的文档记录不能充分证明控制内容存在或者有效，要再次与访谈对象确认并考虑是否需要将该问题作为缺陷识别出来。

第六步：内控缺陷的评价和报告。企业需要从定性和定量两方面进行衡量，判断是否构成内部控制缺陷。如果存在下列情况之一，则可认定内部控制存在设计或运行缺陷：（1）未实现规定的控制目标；（2）未执行规定的控制活动；（3）突破规定的权限；（4）不能及时提供控制运行有效的相关证据。

公司根据内部控制缺陷影响整体控制目标实现的严重程度，将内部控制缺陷分为一般缺陷、重要缺陷和重大缺陷。

针对每一个控制缺陷，审计部会同相关部门提出整改建议。整改建议由问卷和测试的填写人与执行人在问卷和测试填写完成后与相关部门管理层讨论后拟定完成；整改建议必须内容具体，切实可行。同时，审计部还对各职能部门及子公司的内部控制予以综合评分，评分结果将与相关负责人的绩效考核挂钩。

第七步：完成董事会内部控制自我评价报告，撰写对外披露的内部控制自我评价报告，并报董事会予以审议定稿后对外披露发布。

思考：从AB公司内部控制评价中，你能得到哪些启示？

资料来源：马军生．上市公司内控自我评价实施案例和启示．http：//blog. vsharing. com/nbkz/A1664756. html.

复习思考题

1. 谈谈你对内部控制评价定义的理解？

2. 在开展内部控制评价工作时，全面性和重要性哪个更重要？两者应如何权衡？

3. 内部控制评价具体内容有哪些？试说出几种常见的内部控制评价方法。

4. 内部控制的缺陷有几种类型？财务报告内部控制缺陷的认定标准是什么？

5. 根据《内部控制基本规范》及其评价指引，内部控制报告的内容与格式有哪些具体要求？

能力拓展题

请登录证监会、上海证券交易所、深圳证券交易所网页，搜寻下载最近一个年度上市公司内部控制评价报告，并区分不同行业，分析相同行业上市公司内部控制缺陷认定标准的科学合理性。

第九章

内部控制审计

审计——正义的捍卫者，腐败的终结者。

刚直，是审计人的工作作风；严谨，是审计人的工作态度；廉洁，是审计人的工作品质；效率，是审计人的工作要求。

【案例导入】

美国内部控制审计准则的启示

在当今美国，内部控制审计成为与财务报表审计并行的一种新审计业务，其发展大体经历三个阶段：(1) 财务报表审计中的内部控制评价阶段；(2) 财务报告内部控制审核阶段；(3) 财务报告内部控制审计阶段。需要特别说明的是，这三个阶段的划分是为厘清美国内部控制审计的基本发展脉络，并不意味着到了内部控制审计阶段，再执行财务报表审计就不用进行内部控制评价了。

安然、世通等舞弊事件的发生，极大动摇了投资者对资本市场的信心，为强化上市公司的责任，美国国会于 2002 年 7 月发布《萨班斯—奥克斯利法案》(SOX)。其中 302 和 404 条款规定，公司首席执行官、首席财务官或类似职务者必须书面声明对内控设计和执行的有效性负责，并要求随定期报告一同对外披露管理层对财务报告内部控制的评价报告，该报告还需经负责公司定期报告审计的注册会计师的审计。这标志着美国公司管理层的内控报告由以前自愿性披露改为强制性披露，并实现了由审计师单独执行内控审核业务到单独执行内控审计业务的第三次飞跃。

PCAOB 于 2004 年 3 月发布审计准则第 2 号《与财务报表审计结合进行的财务报告内部控制审计》(Auditing Standard No. 2 - AnAuditof Internal Control Over Financial Reporting Performed in Conjunction with An Audit of Financial Statements, AS2)，就审计管理层的财务报告内部控制评估报告作出详尽规定，要求由同一会计师事务所同时执行同一公司的财务报表审计业务和财务报告内部控制审计业务，并提出了将两者整合审计的理念。至此，现代审计也全面走进财务报表审计与财务报告内部控制审计并重的新时代。

自 AS2 实施以来，PCAOB 一直密切关注审计师执行各项要求的进展情况。关注结果显示，AS2 的部分条款不清晰或与 SEC 的要求有差别，也有部分条款规定过细不利于审计师的职业判断，或不适合对小企业的审计。PCAOB 于 2007 年发布审计准则第 5 号《与财务报表审计整合的财务报告内部控制审计》(Auditing Standard No. 5 - AnAuditof Internal Control Over Financial Reporting that is Integrated with An Audit of Financial Statements, AS5) 取代

AS2。AS5 的主要目标是让审计师能够将审计资源投向高风险领域，并尽量减少不必要的审计程序，同时力求内控重大缺陷在导致报表重大错报前被发现。相应地，AS5 的主要变化体现在进一步优化自上而下的审计方法、增加对舞弊控制的评价、强调穿行测试的重要性等方面。

此外，PCAOB 还对以下事项作出特别规定：(1) 负责审计财务报表的事务所不能同时为同一公司提供与财务报告相关的内部控制的咨询服务，但可提供其他方面的内部控制的咨询服务，以避免咨询服务对审计独立性造成损害。(2) 审计师在对内部控制进行后要么发表无保留意见或否定意见，要么出具无法表示意见的审计报告，而不能发表保留意见。只有在审计范围没有受到限制时，审计师才能对内部控制的有效性形成审计意见，包括在未发现内部控制有重大缺陷时发表无保留意见和在发现内部控制有重大缺陷时发表否定意见。如存在任何审计范围限制，就应当出具无法表示意见的审计报告。可见对内部控制审计的规定比财务报表审计严多了，因为财务报表审计可发表保留意见。(3) 财务报表审计和内部控制审计如何整合以同时实现两种审计的目标是制定内部控制审计准则时需要重点解决的问题。

思考：从美国内部控制审计准则变迁中，你能得到哪些启示？

资料来源：张龙平，陈作习，宋浩．美国内部控制审计的制度变迁及其启示 [J]．会计研究，2009 (2)：75-80.

第一节　内部控制审计概述

内部控制审计就是确认、评价企业内部控制有效性的过程，包括确认和评价企业内部控制设计和控制运行缺陷和缺陷等级，分析缺陷形成原因，提出改进内部控制建议。内部控制审计是通过对被审计单位的内部控制制度的审查、分析测试、评价确定其可信程度，从而对内部控制是否有效作出鉴定的一种现代审计方法。

内部控制审计是内部控制的再控制，它是企业改善经营管理、提高经济效益的自我需要。财政部、审计署、证监会、银监会、保监会颁布的《企业内部控制基本规范》是内部控制审计的重要依据。依据沪深两市上市公司内部控制指引，沪深两市鼓励上市公司董事会开展内部控制自我评价，在披露年报时披露内部控制自我评价报告，并且同时披露负责年报审计的会计师事务所的审核评价意见。一般地，企业内部审计部门负责内部控制审计，也可以委托不负责年审的会计师事务所开展内部控制审计。

一、内部控制审计的定义

内部控制审计，是指会计师事务所接受委托，对特定基准日内部控制设计与运行的有效性进行审计。

1. 企业内部控制审计基于特定基准日

注册会计师基于基准日（如 12 月 31 日）内部控制的有效性发表意见，而不是对财务报表涵盖的整个期间（如 1 年）的内部控制的有效性发表意见。但这并不意味着注册会计师只关注企业基准日当天的内部控制，而是要考察企业一个时期内（足够长的一段时间）内部控制的设计和运行情况。例如，注册会计师可能在 5 月对企业的内部控制进行测试，发现问题后提请企业进行整改，如6月整改，企业的内部控制在整改后要运行一段时间（如至少1个月），8月注册会计师再对整改后的内部控制进行测试。因此，虽然是对企业12月31日（基准日）内部控制的设计和运行发表意见，但这里的基准日不是一个简单的时点概念，而是体现内部控制这个过程向前的延续性。注册会计师所采用的内部控制审计的程序和方法，也体现了这种延续性。

2. 财务报告内部控制与非财务报告内部控制

《企业内部控制审计指引》第四条第二款规定，注册会计师应当对财务报告内部控制的有效性发表审计意见，并对内部控制审计过程中注意到的非财务报告内部控制的重大缺陷，在内部控制审计报告中增加“非财务报告内部控制重大缺陷描述段”予以披露。

财务报告内部控制，是指企业为了合理保证财务报告及相关信息真实完整而设计和运行的内部控制，以及用于保护资产安全的内部控制中与财务报告可靠性目标相关的控制，主要包括下列方面的政策和程序：

（1）保存充分、适当的记录，准确、公允地反映企业的交易和事项；

（2）合理保证按照企业会计准则的规定编制财务报表；

（3）合理保证收入和支出的发生以及资产的取得、使用或处置经过适当授权；

（4）合理保证及时防止或发现并纠正未经授权的、对财务报表有重大影响的交易和事项。

非财务报告内部控制，是指除财务报告内部控制之外的其他控制，通常是指为了合理保证经营的效率效果、遵守法律法规、实现发展战略而设计和运行的控制，以及用于保护资产安全的内部控制中与财务报告可靠性目标无关的控制。

二、实施内部控制审计的必要性

内部控制作为企业的一项重要管理活动，主要试图解决三个方面的基本问题，即财务报告及相关信息的可靠性、资产的安全完整以及对法律法规的遵循。与此同时，促进提高经营的效率效果，并促进实现企业的发展战略。安然、世通等一系列公司财务报表舞弊事件发生后，人们认识到健全有效的内部控制对预防此类事件的发生至关重要。各国政府监管机构、企业界和会计职业界对内部控制的重视程度也进一步提升，从注重财务报告本身可靠性转向注重对保证财务报告可靠性机制的建设，也就是通过过程的有效来保证结果的有效。资本市场上的投资者甚至社会公众要求企业披露其与内部控制相关的信息，并要求经过注册会计师审计以增强信息的可靠性。

但是，在财务报表审计中，只有在以下两种情况下才强制要求对内部控制进行测试：在评估认定层次重大错报风险时，预期控制的运行是有效的（即在确定实质性程序的性质、时间安排和范围时，注册会计师拟信赖内部控制运行的有效性）；或者仅实施实质性程序并不能够提供认定层次充分、适当的审计证据。可见，注册会计师对内部控制的了解和测试不足以对内部控制发表意见，难以满足信息使用者的需求。因此，内部控制审计逐渐发展起来，很多国家要求注册会计师对内部控制设计和运行的有效性进行审计或鉴证。例如，美国《萨班斯—奥克斯利法案》404条款和日本《金融商品交易法》要求审计师对企业管理层对财务报告内部控制的评价进行审计；我国《企业内部控制基本规范》要求会计师事务所对企业内部控制的有效性进行审计，出具审计报告，并专门制定《企业内部控制审计指引》规范内部控制审计工作。

【案例 9－1】茶农的 60 万元扶贫资金躺在账上“睡大觉”实地调查发现另有“隐情”

2014 年，四川省审计厅派出审计组，对某县级市扶贫资金开展专项审计。在前期对市扶贫移民局、财政局和以工代赈办等扶贫资金管理单位审计中，无论是项目申报、审批，还是资金拨付及管理，都基本符合相关规定。审计组决定对重点资金、重点项目和重点企业进行实地抽查，看看国家扶贫政策的“最后一公里”即项目资金落地执行的情况如何。

审计人员分成 3 个基层乡村抽查小组，克服山道崎岖、坡陡路远、颠簸晕车等困难，对重点乡镇连片扶贫开发项目进行抽查。针对扶贫项目是否按实施方案执行、补助资金是否及时发放到农户手中、是否达到预期的社会和经济效果等问题，审计人员们深入乡镇、村社，进行实地询问和调查。

一个被分到对该市某村茶叶低改扶贫项目开展实地调查的审计小组，很快发现了问题。在前往项目所在地的路上，该村村主任和村支书各骑一辆摩托车，给审计人员随行带路。审计人员却发觉，一路上村主任总是采取抄近路的方式，希望能提前到达项目地。当审计人员到达项目实施现场询问当地茶农时，茶农们纷纷回答：“（项目）实施了的”“我们都满意”“肥料和补助款都领到了”“感谢党和政府好政策”……

异口同声的回答，让审计人员心中疑窦顿生：为什么农户们都还不知道审计组的来意，就异口同声地回答问题？更奇怪的是，一些茶农的表情还有些奇怪和别扭。而当审计人员有意询问个别茶农具体细节时，对方的回答支支吾吾，目光不自然地望向旁边的村干部，表现出明显为难的情绪，有的人甚至闭口不再细说。通过这些细节，审计人员判断其中必有隐情！

审计小组决定采取其他审计措施核查其中破绽。“财政扶贫资金实行的是县级财政报账制管理办法，凡是扶贫项目资金支出，均应到县级财政报账，如果有虚假报账，账目上一定能发现蛛丝马迹！”一位审计小组成员介绍说。

审计人员立即返回镇财政所，打算从镇财政所向市财政局上报项目资料入手，寻找突破口。通过对报账资料的详细检查，审计人员发现，其中有一张金额 10 多万元、实物量为 50 余吨的购买复合肥料发票，开具的销售单位是一名个体户。

“这么大的销售金额，竟然是一家个体户销售的，明显不符合常理！”审计人员马上警觉起来，进一步检查发现，根本没有购买肥料运货单、运费结算单、肥料发放清单等应该具备的关键证明资料。审计人员分析称，很可能存在虚假购置化肥经济事项、报账套取资金的问题！收集相关证据后，审计人员立即对采购经办人进行突击询问，通过讲解有关法规法律开展政策攻心，结果证实，该项目果然没有购买化肥，发票确实是找个体户虚开的。

审计小组又进一步抽查了两个年度发放补助的花名册，发现花名册也存在问题：虽然不同年度的人员顺序有变化，但领取的补助金额和签名字迹两年几乎都一模一样。审计人员立刻找到镇上负责编制补助工资花名册的经办人员进行单独询问，经办人最终交代称，镇干部自行编造补助人员花名册和技术人员的工资名单，统一私刻茶农私章，套取扶贫项目资金。

真相至此大白：茶叶低改扶贫项目根本没有实施，项目补助也没有发放给茶农。截至审计时，通过此方式套取的扶贫资金共计60余万元，仍结存在镇财政所尚未使用。

案件引起该市政府及有关部门高度重视。该市纪委迅速启动程序进行处理，被套取的60余万元资金成功追回，如数归还到市财政局统筹用于扶贫项目，14名相关责任人员被追责，其中2名责任人受到党内严重警告处分，12名责任人受到党内警告处分。随后，该市政府和相关管理部门又相继出台了系列规范扶贫项目建设和资金管理的制度办法。

资料来源：和讯网，http：//news.hexun.com/2015-11-26/180832478.html。

三、企业内控责任与注册会计师审计责任的关系

《企业内部控制审计指引》第三条规定，建立健全和有效实施内部控制，评价内部控制的有效性是企业董事会的责任。按照本指引的要求，在实施审计工作的基础上对内部控制的有效性发表审计意见，是注册会计师的责任。

两者之间的关系和会计责任与审计责任的区分保持一致，即建立健全和有效实施内部控制是企业董事会（或类似决策机构，下同）的责任；按照《企业内部控制审计指引》的要求，在实施审计工作的基础上对企业内部控制的有效性发表审计意见，是注册会计师的责任。换言之，内控本身有效与否是企业的内控责任，是否遵循审计指引开展内控审计并发表恰当的审计意见是注册会计师的审计责任。因此，注册会计师在实施内控审计之前，应当在业务约定书中明确双方的责任；在发表内控审计意见之前，应当取得经企业签署的内控书面声明。

延伸阅读：

内部控制审计护航路上的尖兵

四、整合审计

《企业内部控制审计指引》第五条规定，注册会计师可以单独进行内部控制审计，也可以将内部控制审计与财务报表审计整合进行（以下简称“整合审计”）。

理解这一规定，要明确两点：一是内部控制审计与财务报表审计是两种不同的审计业务，两者的目标不同；二是内部控制审计与财务报表审计可以整合起来进行。

1. 内部控制审计与财务报表审计的异同

内部控制审计要求对企业内部控制设计和运行的有效性进行测试，在财务报表审计中，也要求了解企业的内部控制，并在需要时测试控制，这是两种审计的相同之处，也是整合审计中应整合的部分。但由于两种审计的目标不同，审计指引要求在整合审计中，注册会计师对内部控制设计与运行的有效性进行测试，要同时实现两个目的：

（1）获取充分、适当的证据，支持在内部控制审计中对内部控制有效性发表的意见；

（2）获取充分、适当的证据，支持在财务报表审计中对控制风险的评估结果。

2. 两种审计的整合

财务报告内部控制审计与财务报表审计通常使用相同的重要性（或重要性水平），在实

务中两者很难分开。因为注册会计师在审计财务报表时需获得的信息在很大程度上依赖注册会计师对内部控制有效性得出的结论。注册会计师可以利用在一种审计中获得的结果为另一种审计中的判断和拟实施的程序提供信息。

实施财务报表审计时，注册会计师可以利用内部控制审计的结果来修改实质性程序的性质、时间安排和范围，并且可以利用该结果来支持分析程序中所使用的信息的完整性和准确性。在确定实质性程序的性质、时间安排和范围时，注册会计师需要慎重考虑识别出的控制缺陷。

实施内部控制审计时，注册会计师需要评估财务报表审计时实质性程序中发现问题的影响。最重要的是，注册会计师需要重点考虑财务报表审计中发现的财务报表错报，考虑这些错报对评价内控有效性的影响。

延伸阅读：

内控审计与财报审计如何完美结合

第二节 内部控制审计的执行

一、计划审计工作

（一）计划审计工作的意义

计划审计工作是对审计预期的性质、时间和范围制定一个总体战略和一套详细方案。注册会计师应当恰当地计划内部控制审计工作，配备具有专业胜任能力的项目组，并对助理人员进行适当的督导。计划审计工作对于审计人员顺利完成审计工作和控制审计风险具有非常重要的意义：

（1）合理的审计计划有助于审计人员关注重点审计领域、及时发现和解决潜在问题及恰当地组织和管理审计工作，以使审计工作更加有效。

（2）指导审计工作按步骤、按时间进度进行。

（3）有利于协调各方面的审计力量，指导审计人员以最低的成本，对重点审计领域实施最有效的审计程序，搜集有力的审计证据。

因此，对任何一个审计项目、任何一家会计师事务所而言，不论其业务繁简程度如何，也不论其规模大小，审计计划都是至关重要的。审计计划的繁简程度取决于被审计单位的经营规模和预计审计工作的复杂程度。

制定总体审计策略和具体审计计划有助于审计人员关注重点审计领域，及时发现和解决潜在问题及恰当地组织和管理审计工作，以使审计工作更加有效。帮助审计人员对项目组成员进行恰当分工和指导监督，并复核其工作，有助于协调其他审计人员和专家的工作。项目负责人和项目组其他关键成员应当参与计划审计工作，利用其经验和见解，以提高计划过程的效率和效果。

（二）计划审计工作应关注的影响因素

计划审计工作包括针对审计业务制定的总体审计策略和具体审计计划，以将审计风险降至可接受的低水平。在计划审计工作时，注册会计师应当评价下列事项对内部控制、财务报表以及审计工作的影响：

（1）与企业相关的风险。

（2）相关法律法规和行业概况。

（3）企业组织结构、经营特点和资本结构等相关重要事项。

（4）企业内部控制最近发生变化的程度。

（5）与企业沟通过的内部控制缺陷。

（6）重要性、风险等与确定内部控制重大缺陷相关的因素。

（7）对内部控制有效性的初步判断。

（8）可获取的、与内部控制有效性相关的证据的类型和范围。

（三）总体审计策略

总体审计策略用以确定审计范围、时间和方向，并指导制订具体审计计划。审计人员应当为审计工作制定总体审计策略。

1. 审计范围

审计人员应当确定审计业务的特征，包括采用的会计准则和相关会计制度、特定行业的报告要求以及被审计单位组成部分的分布等，以界定审计范围。

2. 报告目标、时间安排及所需沟通

总体审计策略的制定应当包括明确审计业务的报告目标以计划审计的时间安排和所需沟通的性质，包括提交审计报告的时间要求，预期与管理层和治理层沟通的重要日期等。

3. 审计方向

总体审计策略的制定应当包括考虑影响审计业务的重要因素，以确定项目组工作方向，包括确定适当的重要性水平，初步识别可能存在较高的重大错报风险的领域，初步识别重要的组成部分和账户余额，评价是否需要针对内部控制的有效性获取审计证据，识别被审计单位、所处行业、财务报告要求及其他相关方面最近发生的重大变化等。

4. 总体审计策略的内容

总体审计策略应能恰当地反映审计人员考虑审计范围、时间和方向的结果。

（1）向具体审计领域调配的资源包括向高风险领域分派有适当经验的项目组成员，就复杂的问题利用专家工作等；

（2）向具体审计领域分配资源的数量，包括安排到重要存货存放地观察存货盘点的项目组成员的数量，对其他审计人员工作的复核范围，对高风险领域安排的审计时间预算等；

（3）何时调配这些资源，包括是在期中审计阶段还是在关键的截止日期调配资源等；

（4）如何管理、指导、监督这些资源的利用，包括预期何时召开项目组预备会和总结会，预期项目负责人和经理如何进行复核，是否需要实施项目质量控制复核等。

（四）具体审计计划

具体审计计划比总体审计策略更加详细，其内容包括为获取充分、适当的审计证据以将审计风险降至可接受的低水平，项目组成员拟实施的审计程序的性质、时间和范围。

具体审计计划的内容包括：

（1）为了足够识别和评估财务报表重大错报风险，审计人员计划实施的风险评估程序的性质、时间和范围。

（2）针对评估的认定层次的重大错报风险，审计人员计划实施的进一步审计程序的性质、时间和范围。

（3）审计人员针对审计业务需要实施的其他审计程序。

审计人员会将总体审计策略和具体审计计划的制定工作结合起来进行，并编制一份完整的审计计划，从而提高审计计划的制定和复核效率。

（五）审计过程中对计划的更改

计划审计工作并非审计业务的一个孤立阶段，而是一个持续的、不断修正的过程，贯穿于整个审计业务的始终。

由于未预期事项、条件的变化或在实施审计程序中获取的审计证据等原因，审计人员应当在审计过程中对总体审计策略和具体审计计划作出必要的更新和修改。

（六）指导、监督与复核

审计人员应当就对项目组成员工作的指导、监督与复核的性质、时间和范围制订计划。

（七）对计划审计工作的记录

审计人员应当记录总体审计策略和具体审计计划，包括在审计工作过程中作出的任何重大更改。

审计人员对计划审计工作记录的形式和范围，取决于被审计单位的规模和复杂程度重要性、具体审计业务的情况以及对其他审计工作记录的范围等事项。

（八）与治理层和管理层的沟通

审计人员可以就计划审计工作的基本情况与被审计单位治理层和管理层进行沟通。当就总体审计策略和具体审计计划中的内容与治理层、管理层进行沟通时，审计人员应当保持职业谨慎，以防止由于具体审计程序易于被管理层或治理层所预见而损害审计工作的有效性。

虽然审计人员可以就总体审计策略和具体审计计划的某些内容与治理层和管理层沟通，但是制定总体审计策略和具体审计计划仍然是审计人员的责任。

审计人员就自身与财务报表审计相关的责任与被审计单位治理层进行的沟通，既可以采用书面形式，也可以采用口头形式，必须是直接的沟通，但并不要求一定采取书面沟通的形式。

（九）首次接受委托的补充考虑

首次接受审计委托包括接受新客户而建立客户关系和承接现有客户（因对其提供了其他服务）的审计业务委托两种情况。

在这两种情况下，尤其是在接受新客户的情况下，审计人员通常缺乏用以评估与客户及业务承接相关的风险的前期审计经验，因而可能需要扩展初步业务活动。

延伸阅读：

地质勘察单位内部控制审计案例

二、实施审计工作

（一）实施审计工作的基本要求

注册会计师应当按照自上而下的方法实施审计工作。自上而下的方法是注册会计师识别风险、选择拟测试控制的基本思路。注册会计师在实施审计工作时，可以将企业层面控制和业务层面控制的测试结合进行。

注册会计师测试企业层面控制，应当把握重要性原则，至少应当关注：

（1）与内部环境相关的控制；

（2）针对董事会、经理层凌驾于控制之上的风险而设计的控制；

（3）企业的风险评估过程；

（4）对内部信息传递和财务报告流程的控制；

（5）对控制有效性的内部监督和自我评价。

注册会计师测试业务层面控制，应当把握重要性原则，结合企业实际、企业内部控制各项应用指引的要求和企业层面控制的测试情况，重点对企业生产经营活动中的重要业务与事项的控制进行测试。注册会计师应当关注信息系统对内部控制及风险评估的影响。

注册会计师在测试企业层面控制和业务层面控制时，应当评价内部控制是否足以应对舞弊风险。注册会计师应当测试内部控制设计与运行的有效性。

如果某项控制由拥有必要授权和专业胜任能力的人员按照规定的程序与要求执行，能够实现控制目标，则表明该项控制的设计是有效的。

如果某项控制正在按照设计运行，执行人员拥有必要授权和专业胜任能力，能够实现控制目标，则表明该项控制的运行是有效的。

注册会计师应当根据与内部控制相关的风险，确定拟实施审计程序的性质、时间安排和范围，获取充分、适当的证据。与内部控制相关的风险越高，注册会计师需要获取的证据应越多。

注册会计师在测试内部控制设计与运行的有效性时，应当综合运用询问适当人员、观察经营活动、检查相关文件、穿行测试和重新执行等方法。询问本身并不足以提供充分、适当的证据。

注册会计师在确定测试的时间安排时，应当在下列两个因素之间作出平衡，以获取充分、适当的证据：

（1）尽量在接近企业内部控制评价基准日实施测试。

（2）实施的测试需要涵盖足够长的时间。

注册会计师对于内部控制运行偏离设计的情况（即控制偏差），应当确定该偏差对相关风险评估、需要获取的证据以及控制运行有效性结论的影响。

在连续审计中，注册会计师在确定测试的性质、时间安排和范围时，应当考虑以前年度执行内部控制审计时了解的情况。

（二）实施审计工作的程序与方法

内部控制审计的程序与方法主要有四个步骤：

1. 了解企业的内部控制情况，并作出相应的记录

这是内部控制制度审计的第一步，其主要目的是通过一定手段，了解被审计单位已经建立的内部控制制度及执行的情况，并作出记录、描述。审计人员应考虑被审计单位经营规模及业务复杂程度、数据处理系统类型及复杂程度、审计重要性、相关内部控制类型、相关内部控制记录方式、固有风险的评估结果等因素，对内部控制的程序、控制环境、会计系统采取有效的方法进行审计，主要方法包括：

（1）查阅前期审计报告或审计工作底稿；

（2）询问被审计单位有关人员，并查阅相关内部控制文件；

（3）检查内部控制生成的文件和记录；

（4）观察被审计单位的业务活动和内部控制的运行情况；

（5）选择若干具有代表性的交易和事项进行“穿行测试”。

通过查阅复核以前的审计情况，可以了解以前审计时所发现的问题产生的原因以及是否已得到纠正和改进，通过查阅相关规章制度、方针及政策等文件，查看组织机构系统图，和相关人员交谈以获得对内部控制足够的了解，以使进行程序设计和制定运用方案。

2. 初步评价内部控制的健全性

确认内部控制风险，确定内部控制是否可信赖。在对控制环境、控制程序和会计系统进行调查了解，对被审计单位内部控制有了一个初步认识的基础上，应对内部控制风险和内部控制的可信赖程度做出初步评价。初步评价实际上就是评价企业会计与内部控制在防止或发现并纠正错弊中的有效性的过程。通常出现以下情况之一时，应将重要账户或交易类别的某些或全部认定的控制风险评估为高水平：

（1）企业内部控制失效。

（2）难以对内部控制的有效性作出评价。

（3）不拟进行符合性测试。

对某项财务报表认定而言，如果同时出现以下情况，则不应评价其控制风险处于高水平：

（1）相关内部控制可能防止或发现并纠正重大错弊。

（2）拟进行符合性测试。

3. 证实有关内部控制的设计和执行的效果

通过对内部控制进行初步评价，可基本掌握被审计单位内部控制的强弱环节，为进行符

合性测试确定一个前提。审计人员只对那些准备信赖的内部控制执行符合测试，并且只有当信赖内部控制而减少的实质性测试的工作量大于符合性测试的工作量时，符合性测试才是必要和经济的。符合性测试是为了确定内部控制制度的设计和执行是否有效而实施的审计程序。其基本对象包括控制设计测试和控制执行测试。控制设计测试是测试被审计单位控制政策和程序设计是否合理、适当，能否防止或发现并纠正特定财务报表认定的重大错报或漏报。控制执行测试是测试被审计单位的控制政策和程序是否实际发挥作用。被审计单位的控制设计得再好，还必须靠有效的执行来发挥作用：

内部控制符合性测试常用的方法主要有四种：

（1）询问法。审计人员为了了解被审计单位各项业务操作是否符合控制要求，而向有关人员询问某些内部控制和业务执行情况。例如，审计人员通过询问计算机管理人员，就可以知道未经授权的人员是否接触过计算机文件。

（2）观察法。审计人员亲临被审计单位的工作现场，实地观察有关人员的实际工作情况，以确定既定控制措施是否得到严格执行。如审计人员亲自到现场观察材料验收和入库情况，就可知道材料是否严格验收并及时入库，库存材料是否有序摆放，是否安全存放。

（3）证据检查法。审计人员抽取一定数量的账表、凭证等书面证据和其他有关证据，检查是否认真执行相关控制制度，以判断内部控制是否得到有效贯彻执行，如检查货款的支付是否有相关责任人任人和经办人的批准和签字、来判断实际工作中是否执行了批准控制程序。

（4）重复执行法。审计人员就某项内部控制制度按照被审计单位的业务程序全部或部分重做一次，以验证既定的控制措施是否被贯彻执行。

4. 评价内部控制的强弱

评价控制风险，确定在内部控制薄弱的领域扩展审计程序，制定实质性审计方案。

通过以上步骤，审计人员会发现被审计单位内部控制制度是否建立、健全，哪些方面还存在薄弱环节，哪些内部控制制度得到了有效执行，哪些内部控制制度虽然已建立但没有执行或执行不力，哪些内部控制制度是有效的，哪些内部控制制度是无效的。同时，还要对被审计单位的内部控制根据风险估计水平、充分利用专业判断进行调整并作出综合评价，然后利用评价结果制定出实质性审计方案。

综合评价的主要内容有：

（1）内部控制有效实施，评价控制风险为低，规划仅对各项账户余额和交易进行有限的实质性测试。

（2）重新调整内部控制的可依赖程度，制定出实质性审计方案。审计人员在经过内部控制测试后，若发现部分内部控制没有得到有效执行，就应对内部控制风险估计水平和可靠性重新进行调整。适当扩大实质性审计的范围。

（3）针对内部控制的缺陷，确定实质性测试的时间、范围和程序。通过符合性测试，审计人员根据所掌握具体缺陷和不足，制定下一步实质性审计方案，其范围应涵盖在初步评价和符合性测试中发现的存在缺陷的内部控制内容。

（4）就内部控制缺陷，向被审计单位管理当局提出改进建议。审计人员对在审计中发现的内部控制问题进行汇总、整理，分析问题产生的原因和可能带来的后果，提出有效的改进措施，以管理建议书的方式，反映给被审计单位管理部门。

【案例 9-2】辉山乳业财务舞弊

2002 年，辉山乳业成立，总部位于辽宁沈阳。2013 年 9 月 27 日，中国辉山乳业控股有限公司在港交所上市。2016 年 12 月 16 日，浑水发布做空辉山乳业的报告，指出辉山乳业在苜蓿草和产奶量等方面造假。中午 11 点左右，辉山乳业紧急申请停牌，当日股价微跌 2%，并在当晚发布了澄清公告。

随后数月，辉山做空报告发布后，中行审计发现，该公司大量单据造假，将账上 30 亿元资金转出投资沈阳房地产，无法收回。期间仍有金融机构大胆进入，2017 年 2 月，红岭创投向辉山乳业提供了 5000 万元贷款。2017 年 3 月徐州恒鑫金融租赁给辉山 2.5 亿元人民币，租期为 36 个月，平安银行对辉山大股东的股票质押贷款 21 亿元进行了展期。2017 年 3 月 16—17 日，辉山乳业大股东杨凯、葛坤分别密集减持 1.36 亿股，套现金额近 4 亿元。

2017 年 3 月 23 日，辽宁省政府金融办组织召开辉山乳业集团债权银行工作会议，预计涉及金额远超 100 亿元。2017 年 3 月 24 日，辉山乳业股价直线暴跌。

资料来源：周学振．辉山乳业内部控制案例分析［J］．中国集体经济，2019（14）：68-69。

三、评价控制缺陷

如果某项控制的设计、实施或运行不能及时防止或发现并纠正财务报表错报，则表明内部控制存在缺陷。如果企业缺少用以及时防止或发现并纠正财务报表错报的必要控制，同样表明存在内部控制缺陷。

（一）内部控制缺陷的认定

《审计指引》第二十条指出，内部控制缺陷按其成因分为设计缺陷和运行缺陷，按其影响程度分为重大缺陷、重要缺陷和一般缺陷。注册会计师应当评价其识别的各项内部控制缺陷的严重程度，以确定这些缺陷单独或组合起来，是否构成重大缺陷。关于设计缺陷与运行缺陷、重大缺陷、重要缺陷与一般缺陷的定义，本书在“第八章内部控制评价”中已有介绍，本节不再赘述。

注册会计师需要评价其注意到的各项控制缺陷的严重程度，以确定这些缺陷单独或组合起来，是否构成重大缺陷。但是，在计划和实施审计工作时，不要求注册会计师寻找单独或组合起来不构成重大缺陷的控制缺陷。

注册会计师不只要评价财务内部控制的有效性并发表意见，还要关注在内部控制审计过程中发现的非财务报告内部控制重大缺陷，在内部控制审计报告中增加“非财务报告内部控制重大缺陷描述段”予以披露。

财务报告内部控制缺陷的严重程度取决于：

（1）控制缺陷导致账户余额或列报错报的可能性；

（2）因一个或多个控制缺陷的组合导致潜在错报的金额大小。

控制缺陷的严重程度与账户余额或列报是否发生错报无必然对应关系，而取决于控制缺陷是否可能导致错报。评价控制缺陷时，注册会计师需要根据财务报表审计中确定的重要性水平，支持对财务报告控制缺陷重要性的评价。注册会计师需要运用职业判断，考虑并衡量定量和定性因素。同时要对整个思考判断过程进行记录，尤其是详细记录关键判断和得出结论的理由。而且，对于“可能性”和“重大错报”的判断，在评价控制缺陷严重性的记录中，注册会计师需要给予明确考量和陈述。

在确定一项内部控制缺陷或多项内部控制缺陷的组合是否构成重大缺陷时，注册会计师应当评价补偿性控制（替代性控制）的影响。企业执行的补偿性控制应当具有同样的效果。

（二）内部控制缺陷的处理

1. 财务报告内部控制缺陷的处理

注册会计师在已执行的有限程序中发现财务报告内部控制存在重大缺陷的，应当在内部控制审计报告中对重大缺陷作出详细说明。

2. 非财务报告内部控制缺陷的处理

注册会计师对在审计过程中注意到的非财务报告内部控制缺陷，应当区别具体情况予以处理：

（1）注册会计师认为非财务报告内部控制缺陷为一般缺陷的，应当与企业进行沟通，提醒企业加以改进，但无须在内部控制审计报告中说明。

（2）注册会计师认为非财务报告内部控制缺陷为重要缺陷的，应当以书面形式与企业董事会和经理层沟通，提醒企业加以改进，但无须在内部控制审计报告中说明。

（3）注册会计师认为非财务报告内部控制缺陷为重大缺陷的，应当以书面形式与企业董事会和经理层沟通，提醒企业加以改进。同时，应当在内部控制审计报告中增加“非财务报告内部控制重大缺陷描述段”，对重大缺陷的性质及其对实现相关控制目标的影响程度进行披露，提示内部控制审计报告使用者注意相关风险。

四、完成审计工作

在完成审计工作阶段，主要工作包括对内部控制形成初步意见、获取管理层书面声明等。

（一）形成审计意见

注册会计师需要评价从各种渠道获取的证据，包括对控制的测试结果、财务报表审计中发现的错报以及已识别的所有控制缺陷，以形成对内部控制有效性的意见。在评价证据时，注册会计师需要查阅本年度与内部控制相关的内部审计报告或类似报告，并评价这些报告中提到的控制缺陷。

只有在审计范围没有受到限制时，注册会计师才能对内部控制的有效性形成意见。如果审计范围受到限制，注册会计师可解除业务约定或出具无法表示意见的内部控制审计报告。

（二）获取管理层书面声明

注册会计师完成审计工作后，应当取得经企业签署的书面声明。《审计指引》指出，书面声明应当包括下列内容：

（1）被审计单位董事会认可其对建立健全和有效实施内部控制负责；

（2）被审计单位已对内部控制的有效性做出自我评价，并编制了内部控制评价报告；

（3）被审计单位没有利用注册会计师在内部控制审计和财务报表审计中执行的程序及其结果作为评价的基础；

（4）被审计单位根据内部控制标准评价内部控制有效性得出的结论；

（5）被审计单位已向注册会计师披露识别出的所有内部控制缺陷，并单独披露其中的重大缺陷和重要缺陷；

（6）被审计单位已向注册会计师披露导致财务报表发生重大错报的所有舞弊，以及其他不会导致财务报表发生重大错报，但涉及管理层、治理层和其他在内部控制中具有重要作用的员工的所有舞弊；

（7）注册会计师在以前年度审计中识别出的且已与被审计单位沟通的重大缺陷和重要缺陷是否已经得到解决，以及哪些缺陷尚未得到解决；

（8）在基准日后，内部控制是否发生变化，或者是否存在对内部控制产生重要影响的其他因素，包括被审计单位针对重大缺陷和重要缺陷采取的所有纠正措施。

但是，如果企业拒绝提供或以其他不当理由回避书面声明，注册会计师应当将其视为审计范围受到限制，即可解除业务约定或出具无法表示意见的内部控制审计报告。

注册会计师需要按照《中国注册会计师审计准则第 1341 号——书面声明》的规定，确定声明书的签署者、声明书涵盖的期间以及何时获取更新的声明书等。

（三）沟通事项

注册会计师需要与企业沟通审计过程中识别的所有控制缺陷。对于其中的重大缺陷和重要缺陷，需要以书面形式与董事会和经理层沟通。《中国注册会计师审计准则第 1152 号——向治理层和管理层通报内部控制缺陷》要求注册会计师以书面形式及时间治理层通报审计过程中识别出的值得关注的内部控制缺陷。其中，值得关注的内部控制缺陷包括重大缺陷和重要缺陷。

对于其中的重大缺陷和重要缺陷，应当以书面形式与董事会和经理层沟通。

注册会计师需要以书面形式与董事会沟通其在审计过程中识别的内部控制存在的所有缺陷，并在沟通完成后告知审计委员会。在进行沟通时，注册会计师无须重复自身、内部审计人员或企业其他人员以前书面沟通过的控制缺陷。

虽然并不要求注册会计师执行足以识别所有控制缺陷的程序，但是，注册会计师需要沟通其注意到的内部控制的所有缺陷。如果发现企业存在或可能存在舞弊、违法等行为，注册会计师需要按照《中国注册会计师审计准则第 1141 号——财务报表审计中对舞弊的考虑》《中国注册会计师审计准则第 1142 号——财务报表审计中对法律法规的考虑》的规定，确定并履行自身责任。

延伸阅读：

上市公司舞弊审计案例研究

第三节 内部控制审计报告

注册会计师在整合完成内部控制审计和财务报表审计后，需要分别对内部控制和财务报表出具审计报告。注册会计师需要评价根据审计证据得出的结论，在审计报告中清楚地表达对内部控制有效性的意见，并对出具的审计报告负责。

我国《审计指引》指出，内部控制审计报告分为四种类型：标准内部控制审计报告、带强调事项段的无保留意见内部控制审计报告、否定意见内部控制审计报告和无法表示意见内部控制审计报告。

一、标准内部控制审计报告

当注册会计师出具的无保留意见内部控制审计报告不附加说明段、强调事项段或任何修饰性用语时，该报告称为标准内部控制审计报告。标准内部控制审计报告包括下列因素：

1. 标题。内部控制审计报告的标题统一规范为“内部控制审计报告”。

2. 收件人。内部控制审计报告的收件人是指注册会计师按照业务约定书的要求致送内部控制审计报告的对象，一般是指审计业务的委托人。内部控制审计报告需要载明收件人的全称。

3. 引言段。内部控制审计报告的引言段说明企业名称和内部控制已经过审计。

4. 企业对内部控制的责任段。企业对内部控制的责任段说明，按照《基本规范》《企业内部控制应用指引》《企业内部控制评价指引》的规定，建立健全和有效实施内部控制，并评价其有效性是企业对社会的责任。

5. 注册会计师的责任段。注册会计师的责任段说明，在实施审计工作基础上，对财务报告内部控制的有效性发表审计意见，并对注意到的非财务报告内部控制的重大缺陷进行披露是注册会计师的责任。

6. 内部控制固有局限性的说明段。内部控制无论如何有效，都只能为企业实现控制目标提供合理保证。内部控制实现目标的可能性受其固有限制的影响，包括：

（1）在决策时人为判断可能出现错误和因人为失误而导致内部控制失效。例如，控制的设计和修改可能存在失误；

（2）控制的运行也可能无效。例如，由于负责复核信息的人员不了解复核的目的或没有采取适当的措施，使内部控制生成的信息没有得到有效使用；

（3）控制可能由于两个或更多人员进行串通舞弊或管理层不当地凌驾于内部控制之上而被规避。例如，管理层可能与客户签订背后协议，修改标准的销售合同条款和条件，从而导致不适当的收入确认等。再如，软件中的编辑控制旨在识别报告超过赊销信用额度的交易，但这一控制可能被凌驾。

（4）在设计和执行控制时，如果存在选择执行的控制以及选择承担的风险，管理层在确定控制的性质和范围时需要做出主观判断。

因此，注册会计师需要在内部控制固有局限性的说明段说明，内部控制具有固有局限性，存在不能防止和发现错报的可能性。此外，由于情况的变化可能导致内部控制变得不恰当，或对控制政策和程序遵循的程度降低，根据内部控制审计结果推测未来内部控制的有效性具有一定风险。

7. 财务报告内部控制审计意见段。如果符合下列所有条件，注册会计师应当对财务报告内部控制出具无保留意见的内部控制审计报告：

（1）企业按照《基本规范》《企业内部控制应用指引》《企业内部控制评价指引》以及企业自身内部控制制度的要求，在所有重大方面保持了有效的内部控制。

（2）注册会计师已经按照《企业内部控制审计指引》的要求计划和实施审计工作，在审计过程中未受到限制。

8. 非财务报告内部控制重大缺陷描述段。对于审计过程中注意到的非财务报告内部控制缺陷，如果发现某项或某些控制对企业发展战略、法律遵循、经营的效率效果等控制目标的实现有重大不利影响，确定该项非财务报告内部控制缺陷为重大缺陷的，应当以书面形式与企业董事会和经理层沟通，提醒企业加以改进。同时，在内部控制审计报告中增加非财务报告内部控制重大缺陷描述段，对重大缺陷的性质及其对实现相关控制目标的影响程度进行披露，提示内部控制审计报告使用者注意相关风险，但无须对其发表审计意见。

9. 注册会计师的签名和盖章。

10. 会计师事务所的名称、地址及盖章。

11. 报告日期。

如果内部控制审计和财务报表审计整合进行，注册会计师对内部控制审计报告和财务报表审计报告需要签署相同的日期。

标准内部控制审计报告的参考格式如下：

内部控制审计报告

××股份有限公司全体股东：

按照《企业内部控制审计指引》及中国注册会计师执业准则的相关要求，我们审计了××股份有限公司（以下简称“××公司”）××年×月×日的财务报告内部控制的有效性。

一、企业对内部控制的责任

按照《企业内部控制基本规范》《企业内部控制应用指引》《企业内部控制评价指引》的规定，建立健全和有效实施内部控制，并评价其有效性是企业董事会的责任。

二、注册会计师的责任

我们的责任是在实施审计工作的基础上，对财务报告内部控制的有效性发表审计意见，并对注意到的非财务报告内部控制的重大缺陷进行披露。

三、内部控制的固有局限性

内部控制具有固有局限性，存在不能防止和发现错报的可能性。此外，由于情况的变化可能导致内部控制变得不恰当，或对控制政策和程序遵循的程度降低，根据内部控制审计结果推测未来内部控制的有效性具有一定风险。

四、财务报告内部控制审计意见

我们认为，××公司按照《企业内部控制基本规范》和相关规定在所有重大方面保持了有效的财务报告内部控制。

五、非财务报告内部控制的重大缺陷

在内部控制审计过程中，我们注意到××公司的非财务报告内部控制存在重大缺陷（描述该缺陷的性质及其对实现相关控制目标的影响程度）。由于存在上述重大缺陷，我们提醒本报告使用者注意相关风险。需要指出的是，我们并不对××公司的非财务报告内部控制发表意见或提供保证。本段内容不影响对财务报告内部控制有效性发表的审计意见。

中国××市　　　　　　　　　　中国注册会计师：×××（签名并盖章）

××会计师事务所（盖章）　　　中国注册会计师：×××（签名并盖章）

地址：　　　　　　　　　　　　报告日期：××××年××月××日

二、非标准内部控制审计报告

（一）带强调事项段的非标准内部控制审计报告

注册会计师认为财务报告内部控制虽不存在重大缺陷，但仍有一项或者多项重大事项需要提醒内部控制审计报告使用人注意的，需要在内部控制审计报告中增加强调事项段予以说明。注册会计师需要在强调事项段中指明，该段内容仅用于提醒内部控制审计报告使用者关注，并不影响对财务报告内部控制发表的审计意见。

（二）否定意见的内部控制审计报告

注册会计师认为财务报告内部控制存在一项或多项重大缺陷的，除非审计范围受到限制，需要对财务报告内部控制发表否定意见。注册会计师出具否定意见的内部控制审计报告，还需要包括重大缺陷的定义、重大缺陷的性质及其对财务报告内部控制的影响程度。

【案例9－3】银亿股份业绩变脸　审计报告被出具否定意见

继业绩变脸、年报被出具保留意见后，银亿股份再爆雷，因大股东占资问题，公司的内部控制审计报告被出具了否定意见。银亿股份6日发布了董事会关于对否定意见的内部控制审计报告涉及事项的专项说明。根据公告，天健会计师事务所（特殊普通合伙）对公司2018年度内部控制进行了审计，并出具了否定意见。

具体来看，否定意见的内部控制审计报告涉及以下五大事项：

一是子公司宁波银亿房产于2018年8月、9月以支付不动产转让款形式通过关联方宁波卓越圣龙工业技术有限公司支付公司实际控制人及其关联方资金13.72亿元，账列预付账款。

二是宁波银亿房产于2018年5月、7月以支付不动产转让款形式通过宁波盈日金属制品有限公司支付公司实际控制人及其关联方资金5.87亿元，账列其他应收款（计提坏账准备2935万元）。上述两笔款项截至内部控制审计报告日尚未归还。

三是子公司银亿新城置业于2018年9月销售房产2.88亿元，该款项已被公司实际控制人及关联方占用。

四是宁波银亿房产于2018年8月根据签订的《不动产转让意向协议》支付关联方宁波港通凯邦智能科技有限公司不动产转让款1.45亿元，该协议于2018年10月8日终止，公司于2018年10月10日收回该资金。

五是宁波银亿房产于2018年6月以支付股权转让款形式通过宁波奉化新世纪溪口大酒店有限公司支付公司实际控制人及其关联方资金8亿元，并于2018年8月收回。

审计报告显示，对于上述事项，公司未按照《关联交易管理办法》等内控制度履行决策审批程序和信息披露义务，内部监督无效，违反《关于规范上市公司与关联方资金往来及上市公司对外担保若干问题的通知》相关规定。

对此，银亿股份董事会表示同意《内部控制审计报告》中会计师的意见，公司将积极整改上述内部控制存在的问题，并披露了三条整改措施：一是进一步优化公司治理结构、规范三会运作；充分发挥独立董事的职能和监事会、审计委员会的监督作用，督促上市公司规范运作。二是加强对公司经营和内部控制关键环节的“事前、事中、事后”监察审计职能，完善实时内部监督流程、防范内部控制的执行风险；进一步完善防止关联方非经营性占用公司资金的长效机制。三是将不定期组织董事、监事、高级管理人员、财务负责人和相关部门负责人加强学习，强化风险责任意识，提高规范运作水平。

资料来源：https：//baijiahao. baidu. com/s？id = 1632761584074979322&wfr = spider&for = pc。

延伸阅读：

内部控制审计报告被出具否定意见的柳钢股份案例分析

（三）无法表示意见的内部控制审计报告

注册会计师只有实施了必要的审计程序，才能对内部控制的有效性发表意见。注册会计师审计范围受到限制的，需要解除业务约定或出具无法表示意见的内部控制审计报告，并就审计范围受到限制的情况，以书面形式与董事会进行沟通。

注册会计师在出具无法表示意见的内部控制审计报告时，需要在内部控制审计报告中指明审计范围受到限制，无法对内部控制的有效性发表意见，并单设段落说明无法表示意见的实质性理由。注册会计师不应在内部控制审计报告中指明所执行的程序，也不应描述内部控制审计的特征，以避免对无法表示意见的误解。注册会计师在已执行的有限程序中发现财务报告内部控制存在重大缺陷的，需要在内部控制审计报告中对重大缺陷作出详细说明。

（四）期后事项与非标准内部控制审计报告

在企业内部控制自我评价基准日并不存在、但在该基准日之后至审计报告日之前（以下简称期后期间），内部控制可能发生变化，或出现其他可能对于内部控制产生重要影响的因素。注册会计师需要询问是否存在这类变化或影响因素，并获取企业关于这些情况的书面声明。注册会计师需要针对期后期间，询问并检查下列信息：在期后期间出具的内部审计报告或类似报告；其他注册会计师出具的审计企业内部控制缺陷的报告；监管机构发布的涉及企业内部控制的报告；注册会计师在执行其他业务中获取的、有关企业内部控制有效性的信息。

注册会计师还需要考虑获取期后期间的其他文件，并按照《中国注册会计师审计准则第 1332 号——期后事项》的规定，对企业进行检查。

注册会计师知悉对企业内部控制自我评价基准日内部控制有效性有重大负面影响的期后事项的，需要对财务报告的内部控制发表否定意见。注册会计师不能确定期后事项对内部控制的有效性的影响程度的，需要出具无法表示意见的内部控制审计报告。

在出具内部控制审计报告之后，如果知悉在审计报告日已存在的、可能对审计意见产生影响的情况，注册会计师需要按照《中国注册会计师审计准则第 1332 号——期后事项》的规定办理。

延伸阅读：

非标意见内部控制审计报告格式

本章案例分析

案例分析一

甲公司为一家从事机械装备制造的股份制集团企业。自 2014 年起，甲公司积极参与国家“一带一路”建设，将“一带一路”沿线国家作为境外业务拓展的重点。为更有效地管理境外经营的风险，甲公司于 2016 年初聘请 A 会计师事务所协助优化内部控制体系，并聘请 B 会计师事务所提供 2016 年度内部控制审计服务。B 会计师事务所在实施甲公司 2016 年度内部控制审计工作时，发现下列事项：

（1）甲公司的境外子公司 M 公司在合同执行方面存在内部控制缺陷，注册会计师执行有效程序后认定，该缺陷导致集团层面的财务报表产生重大错报，达到了财务报告内部控制重大缺陷的认定标准。

（2）甲公司的境外子公司 N 公司在机械工程项目管理环节存在员工串谋舞弊的可疑迹象，可能导致集团层面的财务报表产生重大错报。N 公司管理层对注册会计师申请商务工作签证未给予必要协助，致使注册会计师无法按计划进行现场审计，且不配合注册会计师执行替代程序。截至内部控制审计报告日，注册会计师无法取得进一步审计证据。

资料来源：2017 年高级会计实务真题。

请结合本章相关知识点，分析 B 会计师事务所出具内部控制审计报告时发表审计意见的类型，并简要说明理由。

案例分析二

某上市公司 2014 年财务审计报告（保留意见）披露因受客户所在国外汇管制和汇率持续不稳定的影响，导致期末巨额应收账款可回收性存在重大不确定性，公司已经按账龄分析法计提坏账准备。上述披露事项 2013 年已存在，并且 2013 年度被注册会计师认定为非财务报告重大缺陷予以披露。

2014 年内部控制审计报告意见为标准无保留意见。

请结合本章相关知识点，分析上述处理是否恰当，并简要说明理由。

复习思考题

1. 如何理解内部控制审计的定义？
2. 内部控制审计的目标是什么？
3. 如何界定内部控制审计中注册会计师的责任？
4. 如何理解内部控制审计与财务报告审计的关系？
5. 内部控制审计与财务报告审计的区别有哪些？
6. 在完成审计工作阶段，主要包括哪些工作？
7. 我国《审计指引》将内部控制审计报告分为哪几种类型？
8. 标准内部控制审计报告的主要内容有哪些？

能力拓展题

请分行业收集并整理最近一年的上市公司内部控制审计报告，并分析各行业出具非标准审计意见的主要原因。

第十章

行政事业单位内部控制

内部控制是“把权利关进制度的笼子里”中的制度之一，是解决“四风”问题的一种长效机制。

——财政部

【案例导入】

蜕变始于亲情失重——河北省交通厅原副厅长张全案件剖析

一、基本案情

张全，男，汉族，河北省迁安市人，大学文化。1948年6月出生，1969年9月参加工作，1980年8月入党。曾任河北省交通厅高速公路管理局副局长、公路管理局局长，1998年3月任河北省交通厅副厅长、党组成员。2005年2月18日被依法逮捕。

经查，自2002年至2004年，张全利用职务便利，通过其子张某某，先后收受路桥集团国际建设股份有限公司河北工程部经理陈某等3人所送人民币共计154万元、股金16万元，为其在承揽青银高速公路工程、高速公路信息管理中心和联网收费项目中谋利。2001年至2004年，张全利用职务上的便利，直接或通过其妻张某某，收受省交通规划设计院院长刘某等8人所送人民币共计8.3万元、美元1000元及5000元购物卡。收受贿赂合计人民币162.3万元、股金16万元、美元1000元及5000元购物卡。

经河北省委、省政府批准，河北省纪委决定给予张全开除党籍处分，河北省监察厅决定给予其行政开除处分。司法机关依法判处其有期徒刑14年，剥夺政法权利3年。

二、案例剖析

1. 父子携手步入自设敛财陷阱。

2. 夫唱妇随贪欲有过之而无不及。

3. 全家同入铁窗留下深刻教训。

2004年12月，河北省交通厅有关人员受贿窝案浮出水面。随着宋某某等人的相继落马，张全和张某某的受贿犯罪线索也随之显现。2005年2月6日，张全以涉嫌受贿罪被依法刑事拘留。与此同时，其子张某某也因涉嫌经济犯罪被依法刑事拘留。随着案件查办的深入，张某某的受贿犯罪线索也逐渐暴露出来。2月18日，张全由刑事拘留转为逮捕。2月21日，张某某以涉嫌受贿犯罪被衡水市人民检察院依法刑事拘留，3月7日被依法逮捕。至此，一家三口在不到一个月的时间里相继落入法网，一时间，在石家庄成为人们茶余饭后议论的热点。

资料来源：根据中纪委网站资料整理。

思考：交通部门腐败发生的主要原因有哪些？

第一节　行政事业单位内部控制基本理论

一、行政事业单位内部控制概述

（一）行政事业单位内部控制的概念及意义

1. 行政事业单位内部控制概念

财政部2012年《行政事业单位内部控制规范（试行）》［财会（2012）21号］指出行政事业单位内部控制是指单位为实现控制目标，通过制定制度、实施措施和执行程序对经济活动的风险进行防范和管控，在我国具体是指各级党的机关、人大机关、行政机关、政协机关、审判机关、检察机关、各民主党派机关、人民团体和事业单位（以下统称单位）经济活动的内部控制。同时明确单位负责人对本单位内部控制的建立健全和有效实施负责。行政事业单位内部控制既是行政事业单位的一项重要经济管理活动，又是一项重要的制度安排，是行政事业单位内部治理的基石。

这一定义表明：行政事业单位内部控制是一种过程，其本质是制度、措施、程序。行政事业单位内部控制要素包括内部环境、风险评估、控制活动、信息与沟通、内部监督等五个方面。

2. 行政事业单位内部控制意义

实施行政事业单位内部控制规范，对于提高单位管理水平，改进公共服务的质量和效率，规范财经秩序，建设服务型政府，推进国家治理体系与治理能力现代化等都具有重要意义。

第一，有利于贯彻相关法规制度要求。制定并实施行政事业单位内部控制制度是贯彻落实《中华人民共和国会计法》《中华人民共和国预算法》等法律法规和相关规定要求的具体体现，同时也体现了依法治国精神要求。有利于推进国家治理体系和治理能力现代化水平。

第二，有利于推动廉洁高效、人民满意的服务型政府的建设。实施内部控制规范，建立完善的内部控制制度，对于建立健全国家机关及事业单位权力运行的制约和监督体系，减少工作中自由裁量权的空间和余地，用制度来规范限制行政权力的滥用，具有重要的促进作用。

第三，有利于提高行政事业单位内部管理水平。内部控制规范是提高行政事业单位管理水平的有效途径。通过建立并实施内部控制制度，借助信息化手段，将预算管理、资产管理、财务管理等多种管理制度整合到统一的内部控制平台，加强对单位层面和业务层面的内部控制，确保会计记录、财务报告信息和其他管理信息的及时、可靠、完整，强化对绩效的考核和监督，保障制度执行促进行政事业单位规范化、科学化管理，不断地提高单位管理水平，增强行政事业单位的履职能力。

（二）行政事业单位内部控制的目标

单位内部控制的目标主要包括：合理保证单位经济活动合法合规、资产安全和使用有效、财务信息真实完整，有效防范舞弊和预防腐败，提高公共服务的效率和效果。主要目标有五项：一是合法合规；二是安全性，即资产安全和使用有效；三是真实性，即会计信息资料的真实完整；四是预防性，即有效防范舞弊和预防腐败；五是效率性，即提高行政事业单位公共服务的效率和效果。

【案例10-1】阿里：腐败问题零容忍

2018年12月4日，阿里大文娱集团发布消息，根据举报，原大优酷事业群总裁、阿里音乐CEO杨伟东因经济问题，正在配合警方调查。阿里影业董事长樊路远将兼任优酷总裁。11月29日，杨伟东还代表优酷，出席了第六届网络视听大会，并做出关于《连接年轻人——践行新责任》的讲话。

但据《财经》报道，阿里内部对于杨伟东的调查已经持续一段时间，杨伟东此次涉嫌贪腐的项目主要集中在优酷于2018年推出的“这就是”系列综艺，主要是关于综艺项目的收支问题。该系列综艺以《这！就是街舞》打头阵，后陆续推出了《这！就是灌篮》等。

杨伟东在优酷供职5年，被誉为“视频圈常青树”。公开资料显示，杨伟东1974年生人，2009年至2011年间，任诺基亚大中国区市场营销总监。2013年3月，受古永锵邀请加入优酷土豆，先后担任优酷土豆集团高级副总裁、土豆总裁。2015年11月30日，杨伟东担任优酷土豆BG联席总裁，2016年5月升任合一集团总裁，负责优酷、土豆、来疯、来玩的相关平台业务。2016年9月20日，兼任阿里音乐CEO。

2016年11月1日，阿里文娱集团成立，杨伟东任大优酷事业群总裁。2017年11月15日，阿里巴巴大文娱实行班委基础上的轮值总裁制，杨伟东加入班委并担任第一任轮值总裁。今年11月26日，在阿里集团新一轮架构调整中，杨伟东一年轮值期满，樊路远接任，目前没有证据显示，此轮组织架构调整与杨伟东涉嫌经济问题有关。

这不是阿里文娱板块第一次披露反腐情况。2016年2月1日，合一集团内部信称该公司前副总裁卢梵溪涉嫌利用职务之便进行违法犯罪行为，已被警方带走调查。合一集团称，在内审中发现有些制作项目存在严重的财务疑点。

值得注意的是，合一集团发布上述反腐内部信时，卢梵溪已经宣布离职创业近半年。

根据电子商务研究中心于2017年5月发布的《近年互联网公司涉腐反腐案件榜单》，从2010年至去年5月，互联网行业反腐事件共29起，其中包括京东8起，阿里与百度均6起，腾讯3起。

从阿里的反馈看，杨伟东事件进一步情况还要等警方的调查和披露。不过，阿里历来对原则问题绝不妥协的鲜明态度没有改变。早在2009年阿里出台《阿里巴巴集团商业行为准则》，用以规范其员工与客户、业务伙伴、股东在业务关系中的行为。

2012年，阿里成立专司腐败调查、预防及合规管理的廉正合规部，与各业务线以及内审、内控部门都保持充分的独立，廉正调查“上不封顶”，问责权限一视同仁。同年，阿里公布反腐邮箱。

2015年6月，阿里联合碧桂园、万科、美的、顺丰等企业发起中国企业反舞弊联盟，推动建立跨行业的廉洁从业信息交流与共享平台。两年的时间，联盟已发展到159家成员公司。

2017 年 4 月 7 日，阿里巴巴廉正合规部发布处罚公告，宣布永久关闭其平台上 36 家以不正当手段牟取利益的店铺。廉正合规部在上述公告中强调："阿里巴巴经济体是透明的、实打实的经济实体。透明是一种能力，更是一种承诺。今后我们将一如既往地坚决对腐败说不，让灰色在阳光下无处藏身，推动生态体系健康发展。"

资料来源：证券日报网，http：//www.zqrb.cn/gscy/qiyexinxi/2018 - 12 - 04/A1543937-208824.html。

（三）行政事业单位内部控制的原则

行政事业单位建立与实施内部控制，应当遵循下列原则：

1. 全面性原则。内部控制应当贯穿单位经济活动的决策、执行和监督全过程，实现对经济活动的全面控制。在组织层次上，实现全人员：涵盖单位领导、管理层和全体员工；在范围上，实现全过程：覆盖单位各项业务和管理活动，在流程上应当渗透到决策、执行、监督、反馈等各个环节；在内容上，实现全面风险控制：包含战略风险、财务风险、市场风险、运营风险、法律风险在内的所有风险。

2. 重要性原则。在全面控制的基础上，内部控制应当关注单位重要经济活动和经济活动的重大风险。内部控制应当在兼顾全面的基础上突出重点，针对重要业务与事项、高风险领域与环节采取更为严格的控制措施，确保不存在重大缺陷。

3. 制衡性原则。内部控制应当在单位内部的部门管理、职责分工、业务流程等方面形成相互制约和相互监督。治理结构、组织结构和权责分配：应当科学合理并符合内部控制的基本要求，确保不同部门、岗位之间权责分明和有利于相互制约、相互监督。

4. 适应性原则。内部控制应当符合国家有关规定和单位的实际情况，并随着外部环境的变化、单位经济活动的调整和管理要求的提高，不断修订和完善。内部控制应当合理体现企业经营规模、业务范围、业务特点、风险状况以及所处具体环境、成本与效益匹配等方面的要求。

（四）行政事业单位内部控制体系

按照十八届四中全会关于依法治国的精神和《行政事业内部控制规范（试行）通知》（财会〔2012〕21 号）的要求，国家财政部要求行政事业单位在 2016 年年底前完成内部控制建立和实施工作，到 2020 年，基本建成与国家治理体系和治理能力现代化相适应的内部控制体系。

单位负责人对本单位内部控制的建立健全和有效实施负责。建立健全行政事业单位内部控制体系主要包括：梳理单位内部内控管理制度、预算管理领域内控流程、政府采购管理领域内控流程、收支管理领域内控流程、资产管理领域内控流程、合同管理领域内控流程和建设项目管理领域内控流程等各类经济活动的业务流程，明确业务环节，系统分析经济活动风险，明确风险点，选择适当的风险应对策略，在此基础上，根据国家有关规定建立健全单位各项内部管理规章制度并检查督促相关工作人员认真执行。

（五）全面推进行政事业单位内部控制建设

为贯彻落实党的十八届四中全会通过的《中共中央关于全面推进依法治国若干重大问

题的决定》关于“对财政资金分配使用、国有资产监管、政府投资、政府采购、公共资源转让、公共工程建设等权力集中的部门和岗位实行分事行权、分岗设权、分级授权，定期轮岗，强化内部流程控制，防止权力滥用”的决策部署（第70项重要改革举措），财政部作为牵头单位之一，按照“以评促建”的工作思路，以“钉钉子”精神积极扎实推进全国各级各类行政事业单位（以下简称单位）于2016年年底前建成并有效实施内部控制，建立了单位内部控制建设年度报告制度，纳入单位决算报告体系。

2017年，落实党的十八届四中全会第70项重要改革举措，财政部首次组织全国各级各类行政事业单位编报2016年内部控制报告（以下简称单位内部控制报告），采用“统一部署、分级负责、逐级汇总、单向报送”的组织方式，构建了“点面结合、内外互连、横纵并行”的全覆盖、全层级的内部控制报告编报组织体系。

单位内部控制建设工作开局良好。第一，工作格局初步形成。一是内部控制制度体系基本建立。财政部初步搭建了包括《行政事业单位内部控制规范（试行)》《财政部关于全面推进行政事业单位内部控制建设的指导意见》《行政事业单位内部控制报告管理制度（试行)》等制度在内的“四梁八柱”单位内部控制制度体系。二是全面覆盖五级政府部门。纳入预算管理的五级政府部门均完成了内部控制建设部署工作，内部控制建设已覆盖到了从中央到乡镇的全部层级政府部门。三是全面覆盖九类行政事业单位。全国九类不同性质的行政事业单位均开展了内部控制建设，包括党的机关、人大机关、行政机关、政协机关、审判机关、检察机关、各民主党派机关、人民团体和事业单位。四是全面覆盖六大业务。全国各单位的内部控制管控领域基本覆盖了单位层面和业务层面，部分单位还在《行政事业单位内部控制规范（试行)》要求的基础上，突出行业、部门特色拓展了内部控制管控的业务范围。

从单位内部控制报告反映的情况看，当前各单位仍主要存在内部控制建设全员参与度不高、内部权力制约机制有待强化、风险评估及管控程度有待提高、内部控制信息化建设有待持续加强、内部控制专业人才储备相对不足等问题。

【案例10-2】“不是人不行，是制度不行”

英国将澳洲变成殖民地之后，因为那里地广人稀，尚未开发，英政府就鼓励国民移民到澳洲，可是当时澳洲非常落后，没有人愿意去。英国政府就想出一个办法，把罪犯送到澳洲去。这样，一方面解决了英国本土监狱人满为患的问题，另一方面解决了澳洲的劳动力问题，还有一条，他们以为把坏家伙们都送走了，英国就会变得更美好。

英国政府雇用私人船只运送犯人，按照装船的人数付费，多运多赚钱。

很快，政府发现这样做有很大的弊端，就是罪犯的死亡率非常之高，平均超过了10%，最严重的一艘船死亡率达到了惊人的37%。

政府官员绞尽脑汁想降低罪犯运输过程中的死亡率，包括限制装船数量、派官员上船监督，加强道德教育培训等等，却都实施不下去。

最后，他们终于找到了一劳永逸的办法：

就是将付款方式变换了一下：由根据上船的人数付费改为根据下船的人数付费。船东只有将人活着送达澳洲，才能赚到运送费用。

新政策一出炉，罪犯死亡率立竿见影地降到了1%左右。后来船东为了提高罪犯生存率，还在船上配备了医生。

谈谈你从上面的故事中得到了什么启示？

资料来源：http：//www.sohu.com/a/126686627_380874。

二、风险评估

（一）建立经济活动风险定期评估机制

行政事业单位应当建立健全经济活动风险定期评估机制，对经济活动存在的风险进行全面、系统和客观评估。单位开展经济活动风险评估应当成立风险评估工作小组，单位领导担任组长。经济活动风险评估结果应当编制书面报告并及时提交单位领导班子，作为完善内部控制的依据。经济活动风险评估至少每年进行一次；外部环境、经济活动或管理要求等发生重大变化的，应及时对经济活动风险进行重估。

（二）行政事业单位层面风险评估

行政事业单位层面的风险评估应当重点关注以下几个方面：

1. 内部控制工作的组织情况。组织情况主要包括：一是确定内部控制职能部门或牵头部门；二是建立单位各部门在内部控制中的沟通协调和联动机制。

2. 内部控制机制的建设情况。内部控制机制建设情况主要包括：一是经济活动的决策、执行、监督是否实现有效分离；二是权责是否对等；三是是否建立健全议事决策机制、岗位责任制、内部监督等机制。

3. 内部管理制度的完善情况。内部管理制度完善情况主要包括：一是内部管理制度是否健全；二是内部管理制度的执行是否有效。

4. 内部控制关键岗位工作人员的管理情况。内部控制关键岗位工作人员管理情况主要包括：一是建立工作人员的培训、评价、轮岗等机制；二是工作人员是否具备相应的资格和能力。

5. 会计信息的编报情况。会计信息编报情况主要包括：一是按照国家统一的会计制度对经济业务事项进行账务处理；二是按照国家统一的会计制度编制财务会计报告。

（三）经济活动业务层面风险评估

单位进行经济活动业务层面的风险评估，应当重点关注以下方面：

1. 预算管理情况。预算管理情况主要包括：一是在预算编制过程中单位内部各部门间沟通协调是否充分，预算编制与资产配置是否相结合、与具体工作是否相对应；二是是否按照批复的额度和开支范围执行预算，进度是否合理，是否存在无预算、超预算支出等问题；三是决算编报是否真实、完整、准确、及时。

2. 收支管理情况。收支管理情况主要包括：一是收入是否实现归口管理，是否按照规定及时向财会部门提供收入的有关凭据，是否按照规定保管和使用印章和票据等；二是发生支出事项时是否按照规定审核各类凭据的真实性、合法性，是否存在使用虚假票据套取资金的情形。

3. 政府采购管理情况。政府采购管理情况主要包括：一是按照预算和计划组织政府采购业务；二是按照规定组织政府采购活动和执行验收程序；三是按照规定保存政府采购业务相关档案。

4. 资产管理情况。资产管理情况主要包括：一是实现资产归口管理并明确使用责任；二是定期对资产进行清查盘点，对账实不符的情况及时进行处理；三是按照规定处置资产。

5. 建设项目管理情况。建设项目管理情况主要包括：一是按照概算投资；二是严格履行审核审批程序；三是是否建立有效的招投标控制机制；四是存在截留、挤占、挪用、套取建设项目资金的情形；五是按照规定保存建设项目相关档案并及时办理移交手续。

6. 合同管理情况。合同管理情况主要包括：一是实现合同归口管理；二是明确应签订合同的经济活动范围和条件；三是有效监控合同履行情况，建立合同纠纷协调机制。

三、控制方法

行政事业单位内部控制的控制方法一般包括以下八种：

（一）不相容岗位相互分离

合理设置内部控制关键岗位，明确划分各岗位职责权限，实施相应的职权分离措施，形成相互制约、相互监督的工作机制。

（二）内部授权审批控制

明确各岗位办理业务和事项的权限范围、审批程序和相关责任，建立重大事项集体决策和会签制度。相关工作人员应当在授权范围内行使职权、办理业务。

（三）归口管理

各单位应当根据本单位实际情况，按照权责对等的原则，采取成立联合工作小组并确定牵头部门或牵头人员等方式，对有关经济活动实行统一管理。

（四）预算控制

各单位均应定期编制本单位的预算，强化对经济活动的预算约束，使预算管理贯穿于单位经济活动的全过程。

（五）财产保护控制

各单位应建立资产日常管理制度和定期清查机制，采取资产记录、实物保管、定期盘点、账实核对等措施，确保资产的安全与完整。

（六）会计控制

各单位应建立健全本单位财会管理制度，加强会计机构建设，提高会计人员业务水平，强化会计人员岗位责任制，规范会计基础工作，加强会计档案管理，明确会计凭证、会计账簿和财务会计报告处理与管理程序。

（七）单据控制

行政事业单位应根据国家有关规定和单位的经济活动业务流程，在内部管理制度中明确界定各项经济活动所涉及的表单和票据，相关工作人员应按照规定填制、审核、归档保管单据。

（八）信息内部公开

行政事业单位应当建立健全经济活动相关信息内部公开制度，根据国家有关规定和单位的实际情况，确定信息内部公开的内容、范围、方式和程序。

四、行政事业单位内部控制工作开展步骤及流程

1. 成立内部控制领导组织机构

单位要单独设置内部控制职能部门或确定常设的内部控制牵头部门，负责组织协调开展内部控制工作。

2. 开展单位层面内部控制

（1）建立集体议事决策制度。主要内容：议事成员构成；决策事项范围；投票表决规则；决策纪要的撰写、流转和保存；决策事项的落实程序；监督程序、责任追究制度等。

（2）建立关键岗位管理制度。主要内容：单位内部控制关键岗位；关键控制岗位责任制；关键岗位轮岗制度和专项审计制度；关键岗位工作人员岗位条件及培训制度等。

（3）建立会计机构管理制度。主要内容：会计机构设置；会计人员配置及岗位责任制；财会部门与其他业务部门的沟通协调制度；会计业务工作流程等。

（4）按照单位的控制工作需要建立其他管理制度。

（5）按照内控规范要求建立六项主要经济活动的管理结构（见本章第三节）。

3. 开展经济活动内部控制

（1）梳理单位六项经济活动的工作流程，明确工作环节，查找风险点。

（2）根据找出的风险点、采取控制措施，进行内控设计。

（3）进一步完善单位的制度建设，制定内部控制工作手册。

延伸阅读：

一张图读懂行政事业单位内部控制

第二节　单位层面内部控制

一、单位层面内部控制的组织

为保证单位层面内部控制的有效实施，单位应当单独设置内部控制职能部门或者确定内部控制牵头部门，负责组织协调内部控制各项工作。同时，应当充分发挥财会、内部审计、

纪检监察、政府采购、基建、资产管理等部门或岗位在内部控制中的职能作用。

二、单位层面内部控制主要方法

(一) 不相容岗位相互分离

合理设置内部控制关键岗位，明确划分职责权限，实施相应的分离措施，形成相互制约、相互监督的工作机制。内部控制关键岗位主要包括预算业务管理、收支业务管理、政府采购业务管理、财务管理、资产管理、建设项目管理、合同管理以及内部监督等经济活动的关键岗位。在单位中，通常有6大类主要的不相容职务：

(1) 授权进行某项经济业务和执行该项业务的职务要分离；

(2) 执行某些经济业务和审核这些经济业务的职务要分离；

(3) 执行某项经济业务和记录该项业务的职务要分离；

(4) 保管某些财产物资和对其进行记录的职务要分离；

(5) 保管某些财产物资和使用这些财产物资的职务要分离；

(6) 执行某项经济业务与监督这些经济业务的职务要分离。

比如：会计法规定出纳人员不得兼任记账、稽核、档案保管等岗位。

(二) 内部授权审批控制

明确各岗位办理业务和事项的权限范围、审批程序和相关责任，建立重大事项集体决策和会签制度。相关工作人员应当在授权范围内行使职权、办理业务。建立健全集体研究、专家论证和技术咨询相结合的议事决策机制。对于单位经济活动相关的重大决策、重大事项、重要人事任免及大额资金支付业务，即“三重一大”业务，应当集体决策和会签。任何人不得单独决策或推翻集体决策，防范“一言堂”或“一支笔”。“三重一大”的认定标准应当根据有关规定和本单位实际情况确定，一经确定，不得随意变更。

(三) 归口管理

(1) 根据本单位实际情况，按照权责对等的原则，建立健全内部控制关键岗位责任制，明确岗位职责及分工。

(2) 采取成立联合工作小组并确定牵头部门或牵头人员等方式，对有关经济活动实行统一管理。

(3) 内部控制关键岗位工作人员应当具备与其工作岗位相适应的资格和能力。单位应当加强内部控制关键岗位工作人员业务培训和职业道德教育，不断提升其业务水平和综合素质。

(4) 实行内部控制关键岗位工作人员的轮岗制度，明确轮岗周期。不具备轮岗条件的单位应当采取专项审计等控制措施。

(四) 预算控制

强化对经济活动的预算约束，使预算管理贯穿于单位经济活动的全过程。包括对预算编制、预算审批、预算执行、决算和绩效评价四个环节的有效控制。

（五）财产保护控制

建立资产日常管理制度和定期清查机制，采取资产记录、实物保管、定期盘点、账实核对等措施，确保资产安全完整。

（六）会计控制

建立健全本单位财会管理制度，加强会计机构建设，提高会计人员业务水平，强化会计人员岗位责任制，规范会计基础工作，加强会计档案管理，明确会计凭证、会计账簿和财务会计报告处理程序。单位应当根据《中华人民共和国会计法》的规定建立会计机构，配备具有相应资格和能力的会计人员。会计法规定，国有控股大中型企业必须配备总会计师。设置总会计师的单位不得设置与其职能重叠的副职。总会计师和财务机构负责人必须要有会计从业资格证书并具备会计师以上资格或三年以上会计从业经历。单位应当根据实际发生的经济业务事项按照国家统一的会计制度及时进行账务处理、编制财务会计报告，确保财务信息真实、完整。

（七）单据控制

要求单位根据国家有关规定和单位的经济活动业务流程，在内部管理制度中明确界定各项经济活动所涉及的表单和票据。如差旅费报销，必须提交出差审批单、报销单据必须是政府采购指定的接待单位开具的住宿发票、飞机票或火车票，不接受旅行社开具的发票和景点门票，必须附公务卡结算凭证。要求相关工作人员按照规定填制、审核、归档、保管单据。

（八）信息内部公开

（1）单位应当充分运用现代科学技术手段加强内部控制。对信息系统建设实施归口管理，将经济活动及其内部控制流程嵌入单位信息系统中，减少或消除人为操纵因素，保护信息安全。

（2）建立健全经济活动相关信息内部公开制度，根据国家有关规定和单位的实际情况，确定信息内部公开的内容、范围、方式和程序。

（3）与信息技术相关的控制包括计算机控制，如数据中心（工作计划、备份、恢复程序）、系统软件控制（操作系统的获取和实施）、访问安全、应用系统开发和维护控制等。

（4）要实现内部控制的信息化可能需要更多借助外力来共同完成。如行政事业单位内部控制专业咨询机构、应用软件开发商、高校研究行政事业单位内部控制的教授、研究人员。

三、单位内部控制手段

单位应当充分运用现代科学技术手段加强内部控制。对信息系统建设实施必要的归口管理，将经济活动及其内部控制流程嵌入单位信息系统中，减少或消除人为操纵因素，保护财务等各种信息的安全。

【案例10-3】以案为鉴——私制公文私盖公章，走“捷径”受严惩

2018年11月，杭州市富阳区湖源乡副调研员李忠仁因未经批准擅自撰写公文并加盖行政机关单位公章，违反国家法律规定，受到党内严重警告处分（影响期两年），并撤销湖源乡副调研员职务的政务处分。

2017年7月，李忠仁儿子办的竹制品厂打算搬迁至湖源乡某闲置厂房继续生产经营，但在申请移位原使用的变压器时，被要求需有乡政府同意的批复文件。于是李忠仁向湖源乡主要领导寻求帮助，被告知需待环金线改造线位规划明确后再根据生态乡镇工业企业准入标准重新立项审批。

随后，李忠仁为了让竹制品厂在新址早日生产经营，就私自在电脑上制作了一份《关于同意富阳区湖源乡某某竹制品厂搬迁的批复》的文件，并套用了“湖政〔2017〕30号”的文号，在未征得领导同意及履行审批手续的情况下，擅自在该“文件”上加盖了湖源乡人民政府公章后交至当地供电所。

然而，供电所工作人员在向湖源乡核实是否同意竹制品厂搬迁时，发现了李忠仁套用湖源乡人民政府文号，私制公文并加盖湖源乡人民政府公章的问题。相关工作人员在发现该情况后，及时收回了该“文件”，并对竹制品厂变压器移位的申请进行了制止。

2018年4月，富阳区委巡察组对湖源乡开展巡察，发现这一线索，遂将线索移交区纪委监委，随即李忠仁被立案调查。管理公章的湖源乡文书也因管理不善被记过处分。

一些机关单位、乡镇街道退居二线的领导干部常持有"船到桥头车到站"的想法，在思想、行为上放松对自己的要求，想着为家庭做点打算，很容易利用自身的工作资源打点"擦边球"，也很容易走上违纪违法的道路。李忠仁的随意行为违反了国家法律规定，受到双重处分。党员干部要从中吸取教训，以此为鉴。(杭州市纪委监委‖责任编辑　杨文佳)

资料来源：中央纪委国家监委网站，发布时间：2019 年 7 月 26 日。

延伸阅读：

行政事业单位内部控制规范（试行）2012

第三节　业务层面内部控制

一、预算业务控制

（一）预算工作步骤示意图（见图 10－1）

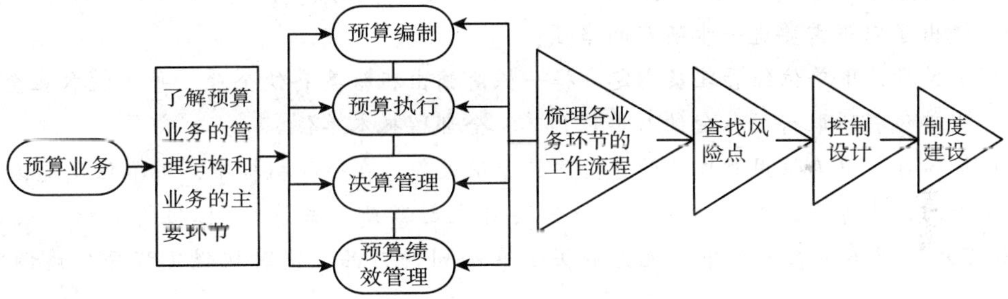

图 10－1　预算工作步骤示意图

（二）预算业务组织

为保证预算业务内部控制的有效实施，单位应当按要求建立健全预算编制、审批、执行、决算与评价等预算内部管理制度。单位应当合理设置岗位，明确相关岗位的职责权限，确保预算编制、审批、执行、评价等不相容岗位相互分离。

（三）预算编制

单位的预算编制应当做到程序规范、方法科学、编制及时、内容完整、项目细化、数据准确。

（1）单位应当正确把握预算编制有关政策，确保预算规定。

（2）单位应当建立内部预算编制、预算执行、资产管理、基建管理、人事管理等部门或岗位的沟通协调机制，按照规定进行项目评审，确保预算编制部门及时取得和有效运用与预算编制相关的信息，根据工作计划细化预算编制，提高预算编制的科学性。

（四）预算执行

单位应当严格根据批复的预算合理安排各项收支，确保预算严格有效执行。单位应当建立预算执行分析机制。定期通报各部门预算执行情况，定期召开预算执行分析会议，研究解决预算执行中存在的问题，提出改进措施，提高预算执行的有效性。

（五）决算管理

单位应当加强决算管理，确保决算真实、完整、准确、及时，加强决算分析工作，强化决算分析结果运用，建立健全单位预算与决算相互反映、相互促进的机制。

（六）绩效管理

单位应当根据实际情况加强预算绩效管理，建立“预算编制有目标、预算执行有监控、预算完成有评价、评价结果有反馈、反馈结果有应用”的全过程预算绩效管理机制。

【案例 10－4】行政事业单位预算管理和内部控制案例分析

甲单位系一家中央事业单位，已执行国库集中支付制度。2016 年 1 月，甲单位内部审计部门对甲单位2016 年度的预算执行、资产管理、政府采购、会计核算等进行了全面检查，提出了以下需要进一步研究的事项：

（1）5 月，甲单位经管理层决定，将一栋商铺出租给某餐饮企业，每年收取租金 500 万元，甲单位将所取得的租金纳入单位预算，全部留抵本单位。

（2）6 月，甲单位用财政补助资金购置专用设备。在公开招标中，甲单位发现国内 A 公司生产的同类专用设备已列入《政府采购自主创新产品目录》，但报价超出了采购预算 10 万元。甲单位在采购中，优先购买了 A 公司的产品，同时按规定程序申请调整了预算。

（3）7 月，甲单位报经主管部门审核同意后，以一栋试验楼为下属单位的银行借款提供担保。

（4）8 月，甲单位根据批准的办公楼扩建项目支出预算，直接委托某建筑安装工程公司承接该扩建工程。

（5）12 月，按照财政部门专项工作要求，甲单位进行了资产清查，发现一台专用设备发生严重损毁。经技术部门认定，该设备已无法使用，并且无残料收回或变现价值，财务部门据此进行了设备核销账务处理。

（6）甲单位当年实际取得的事业收入较批准的事业收入预算数超出 60 万元。甲单位考虑当年物价上涨幅度较大等因素，在年末从该项超收收入中支出 40 万元以补贴形式一次性发放给职工。

（7）甲单位当年财政授权支付预算指标数为 1000 万元，当年零余额账户用款额度实际下达数为 870 万元，甲单位财务部门据此在 2016 年末直接确认了“财政补助收入”130 万元。

(8) 甲单位当年取得经营收入300万元，发生经营支出320万元。甲单位将当年经营收支全部转入经营结余，但未在年末将发生的经营亏损转入非财政补助结余分配。

(9) 12月，甲单位将所属培训学校按协议约定上缴的管理费780万元列入往来账，并经管理层决定从该往来账中支出670万元购置了一台专用设备。

(10) 12月，甲单位A研究项目通过了专家鉴定，完成结项，剩余财政资金50万元。甲单位鉴于B项目任务越来越重，人员经费紧张，经单位管理层研究决定，将项目结余资金50万元用于补助B项目人员经费。

(11) 甲单位办事员李某，用公务卡购买业务零星用品8000元，因工作繁忙超过了发卡行规定的免息期被银行收取罚息、滞纳金共50元。甲单位在办理该事项报销时，增加事业支出8050元，减少银行存款8050元。

要求：

请根据国家部门预算管理、资产管理、政府采购、事业单位会计制度等相关规定，对事项逐项判断是否正确，如不正确，请说明理由；对事项逐项指出其中的不当之处，并分别说明正确的处理。

资料来源：https：//wenku. baidu. com/view/. html。

延伸阅读：

行政事业单位预算管理和内部控制案例分析题

二、收支业务控制

（一）收入控制

1. 单位应当建立健全收入内部管理制度

单位应当合理设置岗位，明确相关岗位的职责权限，确保收款、会计核算等不相容岗位相互分离。

2. 严格收入会计控制

单位的各项收入应当由财会部门归口管理并进行及时完整的会计核算，严禁设立账外账。业务部门应当在涉及收入的合同协议签订后及时将合同等有关材料提交财会部门作为进行会计账务处理的依据，确保各项收入应收尽收，及时入账。财会部门应当定期检查收入金额是否与合同约定相符；对应收未收项目应当及时查明情况，明确责任主体，落实催收责任。

对于有政府非税收收入收缴职能的单位，应当按照规定项目和标准征收政府非税收收入，按照规定开具财政票据，做到收缴分离、票款一致，并及时、足额上缴国库或财政专户，不得以任何形式截留、挪用或者私分。

3. 严格票据管理制度

单位应当建立健全票据管理制度。财政票据、发票等各类票据的申领、启用、流转程序、核销、销毁等均应履行规定手续。单位应当按照规定设置票据专管员，建立票据台账，做好票据的保管和序时登记工作。票据应当按照固定顺序号使用，不得拆本使用，做好废旧票据管理。单位应设置专门岗位，负责保管票据的人员要配置单独的保险柜等保管设备，并做到人走柜锁。单位不得违反规定转让、出借、代开、买卖财政票据、发票等票据，不得擅自扩大票据、发票等的适用范围。

（二）支出控制

1. 单位应当建立健全支出内部管理制度

单位应当根据实际情况建立健全支出内部管理制度，确定单位经济活动的各项支出标准，明确支出报销等手续制度和流程，确保按照规定办理支出事项。单位应当合理设置支出管理、执行等岗位，明确相关岗位的职责权限，确保支出申请和内部审批、付款审批和付款执行、业务经办和会计核算等不相容岗位相互分离。

2. 支出控制实施

单位应当按照支出业务的类型，明确内部审批、审核、支付、核算和归档等支出各关键岗位的职责权限。实行国库集中支付的，应当严格按照财政国库管理制度有关规定执行。

（1）加强支出审批控制。明确支出的内部审批部门及主要负责人权限、程序、责任和相关控制措施。审批人应当在授权范围内审批，不得越权审批。

（2）加强支出审核控制。负责支出管理与核算的部门与人员应全面审核各类单据和程序。重点审核支出单据来源是否合法，支出内容是否真实、完整，使用是否准确，是否符合预算，审批手续是否齐全。支出凭证应当按要求附有反映支出明细内容的原始单据，并由经办人员签字或盖章超出规定标准的支出事项应由经办人员说明原因并附审批依据，确保与经济业务事项相符。

（3）加强支付控制。单位应明确规定报销业务流程，按照规定办理资金支付手续。签发的支付凭证应当进行登记。使用公务卡结算的，应当按照公务卡使用和管理等有关规定办理业务。

（4）加强支出的核算和归档控制。由单位财会部门根据支出凭证及时准确登记账簿；与支出业务相关的合同等材料应当提交财会部门作为账务处理的依据和凭证。

（三）债务控制

根据国家规定可以举借债务的单位应当建立健全债务内部管理制度，明确债务管理岗位的职责权限，不得由一人办理债务业务的全过程。大额债务的举借和偿还属于重大经济事项，应当进行充分论证，并由单位领导班子集体研究决定。

单位应当做好债务的会计核算和档案保管工作。加强债务的对账和检查控制，定期与债权人核对债务余额，进行债务清理，防范和控制财务风险。

【案例10-5】行政事业单位内部收支活动存在的主要问题

（一）收入管理中存在的问题

因事业单位收入中的财政补助收入、上级补助收入，均由上级主管部门通过预算安排或专户拨付，这类收入风险较小。存在问题主要集中在对其他收入、经营收入、事业收入等的控制上。

1. 收入未在单位账内核算。如通过下属企业收取单位房屋出租收入，并在所属企业账内核算；委托展览、会务公司举办展会、培训，将展位费、培训费直接汇入单设账号或会展公司账号，造成展会、培训收入账外核算。

2. 收入未由财会部门归口管理。如产品销售收入由销售人员直接收取，财务人员不掌握销售合同签订情况，账务处理没有依据，无法做到应收尽收，及时入账。

3. 产品销售与财务管理相脱节。经销产品没有合同协议，凭单位或个人信用进行交易；财务部门对产品的生产计划、产品出入库及相关收入的应收未收情况等均不掌握。

4. 将收入计入往来科目。如将应确认收入的款项直接计入往来科目，或者先将收入计入往来科目，再根据销售人员的开具销售发票后再确认为收入，造成往来资金长期挂账，每年大量结转。

5. 通过中间账户转入收入。如产品销售收入通过个人账户汇入单位，入账依据只有个人储蓄账户汇款的银行进账单据。对收入是否完整，是否应收尽收无法开展有效监管。

上述种种行为可能导致收入流失、销售人员舞弊、私设小金库等风险的发生。

（二）支出管理中存在的问题

事业单位支出包括事业支出、对附属单位的补助支出、上缴上级支出、经营支出和其他支出等。全面预算体制的推行已将单位各项支出纳入预算管理，特别是党的十八大以来针对会议、差旅、培训、出国、招待等各项制度的密集出台，对支出事项进行了更加严格的规范。但从实际执行的情况看，个别方面仍存在制度不够细化、一些制度不落实，从而导致对支出的无效控制。

1. 支出审批流于形式。未规范内部支出事项的审批流程，往往是支出发生后才集中补办相关审批手续。同时，也存在越权审批问题。

2. 关键岗位内控缺失。单位没有赋予财务人员应有的监管职责，财务人员不受重视，甚至有的单位没有独立的财务部门。实际执行中，财务人员只负责审核支出票据的真伪，对具体支出事项没有监督权，财务管理存在重大漏洞。

3. 原始单据不全。主要表现在支出内容不真实不完整和支出凭证未附反映支出明细内容的原始单据，不能明确反映支出事项的全貌。如以编制虚假名单领取劳务费方式；以收集单程车票报销差旅费方式套取资金；以各类超市、电商开具虚假办公用品发票形式；以虚构会议、加班事项的名义报销餐费支出套取现金等。

由于支出事项内控不健全，缺乏统一有效的监控机制，存在着财务信息严重失真、套取资金私设小金库、贪污公款等风险。

思考：试分析产生上述问题的主要原因是什么？试从内部控制的角度分析，有何建议？

资料来源：刘建．行政事业单位预算风险管控案例分析［J］．现代经济信息，2017（17）。

延伸阅读：

行政事业单位预算管理和内部控制案例分析题

三、政府采购业务控制

（一）健全政府采购业务控制组织与制度

单位应当按要求建立健全政府采购预算与计划管理、政府采购活动管理、验收管理等政府采购内部管理制度。单位应当明确相关岗位的职责权限，确保政府采购需求制定与内部审批、招标文件准备与复核、合同签订与验收、验收与保管等不相容岗位相互分离。

（二）实施政府采购业务预算与计划管理

单位应当加强对政府采购业务预算与计划的管理。建立预算编制、政府采购和资产管理等部门或岗位之间的沟通协调机制。根据本单位实际需求和相关标准编制政府采购预算并履行报告审批手续，按照已批复的预算安排政府采购计划。

（三）政府采购日常管理

单位应当加强对政府采购业务活动的管理，对政府采购业务活动实施归口管理，在政府采购业务活动中建立政府采购、资产管理、财会、内部审计、纪检监察等部门或岗位相互协调、相互制约的机制。单位应当加强对政府采购申请的内部审核，按照规定选择政府采购方式、发布政府采购信息。对政府采购的进口产品、变更政府采购方式等事项应当加强内部审核，严格履行审批手续。

单位应当严格加强对政府采购项目验收的管理，根据规定的验收制度和政府采购文件，由指定部门或专人对所购物品的品种、规格、数量、质量和其他相关内容进行验收，并出具有效合规的验收证明。

单位应当加强对政府采购业务质疑、投诉、答复的管理，指定牵头部门负责和相关部门参加，按照国家有关规定做好政府采购业务质疑投诉答复等工作。

单位应当加强对政府采购业务的会计、统计等记录控制，妥善保管政府采购预算与计划、各类批复文件、招标文件、投标文件、评标文件、合同文本、验收证明等政府采购业务相关资料。定期对政府采购业务信息进行分类统计，并在内部进行通报。

单位应当加强对涉密政府采购项目安全保密的管理。对于涉密政府采购项目，单位应当与相关供应商或采购中介机构签订保密协议或者在合同中设定必要的保密条款。

【案例 10－6】扶贫物资采购案例

某省举办大型扶贫物资采购，总金额500万元。因为时间紧急，若采用公开招标的方式无法满足采购需求，因此采购中心接到任务后，考虑到该批货物规格、标准统一，且现货货源充足，经中心领导研究，决定采用询价采购的方式，并迅速成立了项目小组。经过采购中心经办同志的努力，他们在核实了项目需求后，以最快的速度发出了询价单，询价单中明确规定最低价成交。5天后，采购大会如期举行，除了有关部门领导到场外，纪检、监察以及采购办均派人参加了大会，并进行全程监督。在采购过程中，根据会场领导要求，采购中心组织的专家组先与每位供应商进行了谈判，同时还要求他们对自己在询价单上的报价做出了相应的调整。报价结束后，根据各供应商二次报价的情况及各单位的资质情况，专家组进行了综合评分，并根据得分的高低向领导小组推举本次采购各个分包的项目中标候选人，圆满完成了采购任务。

请问：该采购中心的采购做法是否规范、合法，为什么？

资料来源：http：//m. wodefanwen. com/mlhdl_06clj18gsx2nsft0jg5m. html。

四、资产控制

（一）建立健全资产内部管理制度

单位应当对资产实行分类管理，建立健全资产内部管理制度。单位应当合理设置资产使用管理岗位，明确相关岗位的职责权限，确保资产安全和有效使用。

（二）货币资金管理

单位应当建立健全货币资金管理岗位责任制及相关管理控制制度，合理设置岗位，不得由一人办理货币资金业务的全过程，确保不相容岗位相互分离。

（1）出纳不得兼管稽核、会计档案保管和收入、支出、债权、债务账目的登记工作。

（2）严禁一人保管收付款项所需的全部印章。财务专用章应当由专人保管，个人名章应当由本人或其授权人员保管。负责保管印章的人员要配置必要的单独的保管设备，并做到人走柜锁。

（3）按照规定应当由有关负责人签字或盖章的，应当严格履行签字或盖章手续。

（4）单位应当加强对银行账户的管理，严格按照规定的审批权限和程序开立、变更和撤销银行账户。

（5）单位应当加强货币资金的核查控制，指定不办理货币资金业务的会计人员定期和不定期抽查盘点库存现金，核对银行存款余额，抽查银行对账单、银行日记账及银行存款余额调节表，核对是否账实相符、账账相符，对调节不符、可能存在重大问题的未达账项应当及时查明原因，并按照相关规定进行处理。

（三）实物资产和无形资产的管理

（1）单位应当加强对各项实物资产和无形资产的管理，明确各项实物资产和无形资产相关部门管理和岗位的职责权限，强化对配置、使用和处置等关键环节的管理与控制。

（2）对资产实施必要的归口管理。明确资产使用和保管责任人，落实资产使用人在资产管理中的责任。贵重资产、危险资产、有保密等特殊管理要求的资产，应当指定专人保管、专人使用，并规定严格的接触限制条件和审批程序。

（3）按照国有资产管理的相关规定，明确资产的调剂、租借、对外投资、处置等的程序、审批权限和责任。

（4）建立必要的资产台账，加强资产的实物管理。单位应当定期清查盘点资产，确保账实相符。财会、资产管理、资产使用等部门或岗位应当定期对账，发现不符的，应当及时查明原因，并按照相关规定处理。

（5）建立健全资产信息管理系统，做好资产的统计、报告、分析等工作，实现对资产的严格动态管理。

（四）对外投资的管理

单位应当根据国家有关规定加强对对外投资的管理。

（1）单位应合理设置岗位，明确相关岗位的职责权限，确保对外投资的可行性研究与评估、对外投资决策与执行、对外投资处置的审批与执行等不相容岗位相互分离。

（2）单位对外投资，应当由单位领导班子根据预算和计划要求集体研究决定。

（3）单位应加强对投资项目的追踪管理，及时、全面、准确地记录对外投资的价值变动和投资收益情况。

（4）单位应建立健全责任追究制度。对在对外投资中出现重大决策失误、未履行集体决策程序和不按规定执行对外投资业务的部门及人员，应当追究相应的责任。

五、建设项目控制

（一）单位应当建立健全建设项目内部管理制度

单位应当合理设置建设项目管理岗位，明确内部相关部门和岗位的职责权限，确保项目建议和可行性研究与项目决策、概预算编制与审核、项目实施与价款支付、竣工决算与竣工审计等不相容岗位相互分离。

单位应当建立与建设项目相关的议事决策机制，严禁任何个人单独决策或者擅自改变集体决策意见。决策过程及各方面意见应当形成书面文件，与相关资料一同妥善归档保管。

（二）建设项目日常控制与管理

单位应当建立健全与建设项目相关的审核机制。项目建议书、可行性研究报告概预算、竣工决算报告等应当由单位内部的规划、技术、财会、法律等相关部门和工作人员或者根据国家有关规定委托具有相应资质的中介机构进行审核，出具评审意见。

单位应当依据国家有关规定及时组织建设项目招标工作，并接受有关部门的监督。单位应当采取签订保密协议、限制接触等必要措施，确保标底编制、评标等工作在严格保密的情况下进行。

单位应当按照审批单位下达的投资计划和预算对建设项目资金实行专款专用，严禁截留、挪用和超批复内容使用资金。财会部门应当加强与建设项目承建单位的沟通，准确掌握建设进度，加强价款支付审核，按照规定办理价款结算。实行国库集中支付的建设项目，单位应当按照财政国库管理制度相关规定支付资金。

单位应当加强对建设项目档案的管理，做好相关文件、材料的收集、整理、归档和保管工作。经批准的投资概算是工程投资的最高限额，如有调整，应当按照国家有关规定报经批准。

单位建设项目工程洽商和设计变更应当按照有关规定履行相应的审批程序。

（三）设项目竣工管理

建设项目竣工后，单位应当按照规定的时限及时办理竣工决算，组织竣工决算审计，并根据批复的竣工决算和有关规定办理建设项目档案和资产移交等工作建设项目已实际投入使用但超时限未办理竣工决算的，单位应当根据对建设项目的实际投资暂估入账，转作相关资产管理。

六、合同控制与管理

（一）单位应当建立健全合同内部管理制度

单位应当合理设置岗位，明确合同的授权审批和签署权限，妥善保管和使用合同专用章，严禁未经授权擅自以单位名义对外签订合同，严禁违规签订担保、投资和借贷合同。单位应当对合同实施归口管理，建立财会部门与合同归口管理部门的沟通协调机制，实现合同管理与预算管理、收支管理相结合。

（二）合同订立管理

单位应当加强对合同订立的管理，明确合同订立的范围和条件。对于影响重大、涉及较高专业技术或法律关系复杂的合同，应当组织法律、技术、财会等工作人员参与谈判，必要时可聘请外部专家参与相关工作。谈判过程中的重要事项和参与谈判人员的主要意见，应当予以记录并妥善保管。合同订立阶段风险点及主要防控措施如表 10－1 所示：

表 10－1　　合同订立阶段风险点及主要防控措施一览表

流程	关键环节	风险点	主要防控措施	责任主体
合同订立	合同调查	对合同对方未调查或未履行恰当的调查程序，致使合同履行存在风险，单位利益受损	1. 建立合同调查报告制度，合同签订前，必须履行调查工作程序，出具调查报告； 2. 建立牵制和复核机制，慎重选择调查成员	合同调查组织部门
	合同谈判	与合同对方合谋在重大问题做出不当让步或泄露本单位合同谋略导致单位利益受损	1. 实行合同谈判联席制度，法律、技术、财会人员联合进行谈判； 2. 重大经济合同应聘请外部专家参与合同谈判； 3. 建立责任追究制度，谈判的重要事项和各方意见，应当进行记录并妥善保存，作为追究责任的重要凭据	合同谈判负责部门
	合同文本拟定	在合同拟定中故意隐藏重大疏漏和欺骗，导致单位利益受损	1. 采用标准合同文本，订立书面合同； 2. 重大经济合同应聘请法律顾问和第三方技术专家审查合同条款	合同文本拟定负责部门
	合同审核	对合同条款、格式审核不严格，可能使单位面临诉讼的风险或造成经济利益损失	1. 建立会审制度，归口管理部门、业务部门、财会部门联合审查； 2. 审查人员对做出的审查结果负责，归口部门对合同审查结果负全面责任	财会部门、业务部门、合同业务归口管理部门
	合同签订	授意或合谋串通签订虚假合同，牟取私利或套取、转移资金	1. 严格各类合同的签署权限； 2. 严格合同专用章保管制度； 3. 采取恰当措施，防止已签署的合同被篡改	合同签订经办部门

（三）合同日常控制与管理

单位应当对合同履行情况实施有效监控。合同履行过程中，因对方或单位自身原因导致可能无法按时履行的，应当及时采取应对措施。

单位应当建立合同履行监督审查制度。对合同履行中签订补充合同，或变更、解除合同等应当按照国家有关规定进行审查。

财会部门应当根据合同履行情况办理价款结算和进行账务处理。未按照合同条款履约的，财会部门应当在付款之前向单位有关负责人报告。

合同归口管理部门应当加强对合同登记的管理，定期对合同进行统计、分类和归档详细登记合同的订立、履行和变更情况，实行对合同的全过程管理。与单位经济活动相关的合同应当同时提交财会部门作为账务处理的依据。

单位应当加强合同信息安全保密工作，未经批准，不得以任何形式泄露合同订立与履行过程中涉及的国家秘密、工作秘密或商业秘密。

（四）合同纠纷管理

单位应当加强对合同纠纷的管理与控制。合同发生纠纷的，单位应当在规定时效内与对方协商谈判。合同纠纷协商一致的，双方应当签订书面协议；合同纠纷经协商无法解决的，经办人员应向单位有关负责人报告，并根据合同约定采取仲裁或诉讼方式解决。合同履行阶段风险点及主要防控措施如表 10－2 所示：

表 10－2　　合同履行阶段风险点及主要防控措施一览表

流程	关键环节	风险点	主要防控措施	责任主体
合同履行	合同履行情况监控	发现合同履行中的风险不采取措施，合同纠纷处理不当致使国家利益受损	1. 明确相关责任人在合同履行过程中的责任； 2. 建立合同履行定期调查制度，检查分析合同履行情况及效果，敦促对方积极履行合同； 3. 制定应急预案，对无法继续履行的合同，及时采取措施，降低损失	合同业务履行部门，合同归口管理部门
	合同履行监督审查	不按照规定的程序办理合同的变更、解除等程序，单位利益受损	建立合同履行监督审查制度： 1. 合同补充、变更及解除需按规定进行报告和审查。 2. 以书面形式变更和解除合同； 3. 对造成的损失，及时提出索赔	合同业务履行部门，合同业务归口管理部门
	合同价款支付	未按照合同规定的期限、金额和方式付款，可能导致单位经济利益遭受损失或面临诉讼的风险	1. 建立合同管理信息系统，跟踪合同履行情况，在临近结算期限的合理时间提示财会部门进行资金结算提示； 2. 合同承办人员及时收集凭证资料，经审批后在规定时间内提交财会部门办理结算； 3. 财会部门对合同条款和经审批的结算申请资料进行审核； 4. 未按合同条款履约或应签订书面合同而未签订的，财会部门在付款之前向单位负责人报告； 5. 财会部门应当定期与合同归口管理部门核对，根据合同履行情况办理价款结算和进行账务处理，确保按合同约定及时结算相关价款	合同归口管理部门，财会部门
	合同登记归档	（1）合同及相关资料的登记、流转和保管不善，导致合同及相关资料丢失，影响到合同正常履行和纠纷的有效处理； （2）未建立合同信息安全保密机制，致使合同订立与履行过程中涉及国家秘密、工作秘密或商业秘密泄露，导致单位国家利益遭受损失	1. 合同归口管理部门 定期对合同进行统计、分类，登记合同的订立、履行、结算、补充或变更、解除等情况； 2. 建立合同文本统一分类和连续编号制度； 3. 合同终结应及时办理销号和归档手续； 4. 明确合同流转、借阅及归还的职责权限和审批程序等有关要求； 5. 签订合同保密承诺，未经批准，不得以任何形式泄露合同订立与履行过程中涉及的国家秘密、工作秘密或商业秘密	合同业务归口管理部门

续表

流程	关键环节	风险点	主要防控措施	责任主体
合同履行	合同纠纷处理	在合同订立、履行过程中，出现合同纠纷问题，如果处理不当，可能损害单位利益、信誉和形象	1. 明确合同纠纷的处理办法和处理责任，纠纷处理过程中，未经授权批准，相关经办人员不得向对方做出实质性答复或承诺； 2. 在履行合同过程中发生纠纷的，单位应当在规定时效内与对方协商谈判； 3. 合同纠纷协商一致的，双方应当签订书面协议确认； 4. 合同纠纷经协商无法解决的，经办人员应向单位有关负责人报告，并根据合同约定选择仲裁或诉讼方式解决	单位负责人，合同业务归口管理部门

七、主要经济活动的管理控制

行政事业单位主要经济活动的管理结构分别从管理部门、岗位设置以及不相容岗位等三个方面进行陈述，如表 10－3 所示：

表 10－3　　主要经济活动的管理控制

业务活动	管理部门	岗位设置	不相容岗位
预算业务	(1) 决策机构，由单位领导班子，部门负责人组成，履行预算管理职能的决策机构； (2) 管理工作机构，设在财会部门，履行预算日常管理职能； (3) 执行机构，各业务部门，执行审批下达的预算	设置预算编制、审批、执行监督、绩效评价等岗位，明确各岗位职责权限	预算编制与预算审批；预算审批与预算执行；预算执行与分析评价
收支业务	指定的归口管理部门或财会部门（一般应为财会部门）	设置收费、稽核、支出审批、审核、支付、核算和归档、票据、印章管理等关键岗位，明确各岗位职责权限	收款与会计核算；支出申请和内部审批；付款审批和付款执行；业务经办和会计核算，增加支付录入和审核岗位等
债务业务	指定的归口管理部门或财会部门（一般应为财会部门）	设置债务申请、审批、经办、对账检查等岗位，明确各岗位职责权限	举债申请与审批；债务业务经办与会计核算；债务业务经办与债务对账检查
政府采购业务	(1) 决策机构，成立政府采购领导小组，由单位领导、政府采购归口部门，财会部门和业务部门负责人组成； (2) 实施机构，由采购归口部门（成立专门的政府采购部门或指定办公室为归口部门），财会部门，相关业务部门组成； (3) 监督机构，内部审计部门	设置政府采购预算编制、采购活动执行、采购活动监督等岗位，明确各岗位职责权限	政府采购预算的编制和审定，政府采购需求制定与内部审批，招标文件准备与复核，合同签订与验收，验收与保管，付款审批与付款执行，采购执行与监督检查等

续表

业务活动	管理部门	岗位设置	不相容岗位
资产业务	货币资金： 指定的归口管理部门或财会部门（一般应为财会部门）	设置会计、出纳、稽核等资金管理岗位，明确票据和印章管理责任人，其中，出纳不得兼任稽核、会计档案保管和收入、支出、费用、债权、债务账目的登记工作，出纳岗位不得由临时人员担任	货币资金支付的审批与执行；货币资金的保管和收支账目的会计核算；货币资金的保管和盘点清查；货币资金的会计记录和审计监督
	实物资产： 设置专门的资产管理部门或指定归口管理部门	设置资产预算编制、产权登记、资产记录、日常管理、统计分析等岗位，明确各岗位职责权限	
	对外投资： 指定的归口管理部门或财会部门（一般应为财会部门）	设置对外投资经办、审核、管理等岗位，明确各岗位职责权限	对外投资的可行性研究与评估、对外投资决策与执行、对外投资处置审批与执行等
建设项目业务	成立专门的管理部门或指定归口管理部门	设置项目前期工作管理、技术管理、基本建设施工管理、监督管理、财务管理和建设档案管理等岗位，明确各岗位职责权限	项目建议和可行性研究与项目决策、概预算编制与审核、项目实施与价款支付、竣工决算与竣工审计等
合同业务	指定归口管理部门，一般为内设法制部门或办公室	设置合同拟定、审核、合同执行监督、合同核算与归档等岗位，明确各岗位的职责权限	合同拟定与审核；合同审核与审批；合同审批与订立；合同执行与监督等

资料来源：浙江省财政厅．行政事业单位内部控制工作基本指引．https：//wenku. baidu. com/view/73418ab3c0c708a-1284ac850ad02de80d4d806dd. html。

【案例10－7】环保局内部控制

某市环保局为市政府组成部门，属于行政单位，下辖9个直属事业单位。根据市财政局要求，市级行政事业单位应参照执行中央级行政事业单位部门预算管理、国有资产管理以及相关的会计准则、内部控制规范。

2013年3月，为了贯彻执行落实财政部于2012年发布、将于2014年实施的《行政事业单位内部控制规范（试行）》，市环保局召开了各部门负责人参加的办公会议，下面是有关领导的发言：

局长：我说两点：一是财政部发布的《行政事业单位内部控制规范（试行）》，对我们局搞好下一步工作有重大意义，应该确定为今年的中心工作，通过狠抓内部控制，保证我局工作合法合规。二是拟成立内部控制领导小组，由财务处长担任组长，全面负责我局内部控制的建设与评价，把内部控制工作落到实处。

财务处长：只要局长重视，我局的内部控制就一定能做好。我提两点建议：一是在贯彻落实内部控制中，一定要坚持全面性、重要性、制衡性、适应性和成本效益五个原则，才能取得好的效果。二是为了确保财务各项支出不出纰漏，单位的一切开支实行局长一支笔审批，严把资金支出关。

人事处长：我将全力支持财务处长做好人事部门的内部控制工作。我有三点想法：一是把好人员入口关，将职业道德修养高、专业能力强作为选拔员工的重要标准。二是关键岗位员工要定期轮岗。三是加强文化建设，积极营造遵纪守法、爱岗敬业的文化氛围。

讨论与分析：

根据行政事业单位内部控制规范等国家有关规定，进行如下分析、判断：逐项判断市环保局工作会议上，局长、财务处长、人事处长的发言是否妥当，如不妥当，请指出并说明理由。

第四节　行政事业单位内部控制评价与监督

一、建立健全内部控制评价与监督制度

行政事业单位应当建立健全内部监督制度，明确各相关部门或岗位在内部监督中的职责权限，规定内部监督的程序和要求，对内部控制建立与实施情况进行内部监督检查和自我评价。内部监督应当与内部控制的建立和实施保持相对独立。行政事业单位应当根据本单位实际情况确定内部监督检查的方法、范围和频率。

内部审计部门或岗位应当定期或不定期检查单位内部管理制度和机制的建立与执行情况，以及内部控制关键岗位及人员的设置情况等，及时发现内部控制存在的问题并提出改进建议。监督检查分为定期和不定期两种形式，一是建立内部控制的定期检查制度，每3—6个月进行一次全面的监督检查和自我评价；二是不定期对内部控制开展各项专项检查、抽查等监督检查工作。

二、内部控制评价

内部控制自我评价报告是单位内部监督的一种形式，是建立在日常监督和专项监督基础上，定期对内部控制的有效性进行综合评价并出具自我评价报告的过程。行政事业单位负责人应当指定专门部门或专人负责对本单位内部控制的有效性进行评价并出具单位内部控制自我评价报告。

财务部门牵头组织各部门结合单位内控体系日常运行情况、单位内部监督情况，参考内部审核的工作底稿，对内部控制的充分性、适宜性和有效性进行自我评价，并出具自我评价报告，经内控管理委员会审批后上报。

内部控制评价报告至少应当包含以下内容：内控管理委员会对内部控制报告真实性的声明；内部控制评价工作的总体情况；内部控制评价的依据；内部控制评价的范围；内部控制评价的程序和方法；内部控制缺陷及其认定情况；内部控制缺陷的整改情况及重大缺陷拟采取的整改措施；内部控制有效性的结论。

延伸阅读：

自治区人民政府办公厅关于报送内部控制基础性评价报告及工作总结的函

三、内部控制监督

行政事业单位内部审计部门或岗位应当定期或不定期检查单位内部管理制度和机制的建立与执行情况，以及内部控制关键岗位及人员的设置情况等，及时发现内部控制制度设计与执行过程中存在的问题并提出相应改进建议。内部监督的方法分别有：个别访谈法、实地观察法、证据检查法、重新执行法、穿行测试法。最后完成内部控制自我评价报告。

国务院财政部门及其派出机构和县级以上地方各级人民政府财政部门应当对单位内部控制的建立和实施情况进行监督检查，有针对性地提出检查意见和建议，并督促单位进行整改。国务院审计机关及其派出机构和县级以上地方各级人民政府审计机关对单位进行审计时，应当调查了解单位内部控制建立和实施的有效性，揭示相关内部控制的缺陷，有针对性地提出审计处理意见和建议，并督促单位进行整改。

延伸阅读：

行政事业单位内部控制报告管理制度（试行）2017

本章案例分析

案例分析一：市交委内部控制体系探索性创新

深圳市交通运输委员会（以下简称"市交委"）是我国首批探索建立内部控制机制的行政单位，我国行政单位内部控制建设典型单位，财政部内部控制建设直联单位之一。在本次内部控制基础性评价（以下简称内控评价）工作中，深圳市交通运输委员会高度重视，扎实开展内控评价对照检查，以内控评价为契机，对现有内控系统及内控制度进行全面梳理评估和升级完善，达到了"以评促建"的工作目标。现将市交委内控评价工作做法总结如下，以供各单位学习借鉴。

一、市交委内部控制体系探索创新

市交委对内部控制体系建设的探索始于2010年7月。为提高财政资金使用效率，全面提升内部管理水平，市交委一直高度重视内部控制体系的建设，在财政部会计司的指导和中国内部控制研究中心的帮助下，按照"阳光开放、民主集中、杜绝封闭、分权制衡"原则，设计适合市交委特点的行政事业单位内部控制制度，形成了事前、事中、事后相结合、以资金管理为核心的内部控制体系。2015年4月24日，人民日报《内部参阅》刊登了《以制度创新从源头上遏制腐败——深圳市交通运输委员会创新内控制度的调研》一文，介绍了市交委创新内控制度的经验做法。国家机关事务管理局、中央档案馆、河南省、辽宁省、云南省交通运输厅、广东省财政厅等先后到市交委学习"626"财务内控体系实施经验做法。市交委的内部控制有以下特点：

1. 阳光决策下的分权制衡

市交委遵循内部控制的制衡原理，确定了分权行事的四级决策机制，即实行业务部门例会初审、纪检监察监督小组例会复审、分管委领导业务工作例会审核、委主任办公会审定的阳光决策体系，强化业务、预算、采购、纪检、内审等不同职能岗位间的交叉互审，形成全员参与，上下齐控的局面。

2. 内部控制流程化

市交委设计了“以预算为主线，以资金管控为核心”的“626”内控模式，根据工作特点将经济业务划分为62类支出事项，按照每类事项的风险特征，综合运用预算、归口、审批、标准、程序、单据等6大管控方式，明确了每一项支出的审批程序、权限范围、支出标准和对单证票据的具体要求，实行资金全过程管理，保证经济业务和财务信息真实、公开透明。将岗位职责与业务流程固化到信息系统，保障经济活动合法合规和资金的安全可控，最大限度地杜绝了人为因素的影响。

3. 搭建阳光透明内部采购平台

建立健全了内部政府采购制度，明确自行采购项目操作规程，采购活动实行行政首长制，采购人责任机构负责人和采购经办人对采购活动负直接责任。确保集体决策、充分研讨、书面记录、有迹可查、公开透明。有效规避了“一对一”谈价的现象，使寻租行为成为“不可能”。

4. 在实践中积极修订完善内部控制制度、持续完善内部控制体系

结合国家有关规定和单位的实际情况，并随着外部环境的变化、单位经济活动的调整和管理要求的提高不断对财务管理制度进行修订，以及升级内控信息系统。

通过内部控制，市交委业务部门与财务部门、本级单位与下属部门有机地联结起来，顺利实现与业务层级内部控制的对接，共同形成以权力制衡为核心的内部控制制度体系，对所有经济活动实行有效管控，各项工作实现了制度规范化、权利清淡化、决策制衡化、财务内控化、监督全程化，将权力锁进制度的笼子。

二、内部控制基础性评价工作扎实开展

为完善内部控制体系，进一步提高单位管控水平和风险防范能力，市交委按照财政部和市财政委关于开展内部控制基础性评价工作的有关通知，积极开展内部控制基础性评价工作。

1. 高度重视，专题部署

市交委高度重视内控建设和评价工作，认真研究上级单位的部署文件，并严格加以落实。结合本单位实际，市交委制定了《深圳市交通运输委员会关于开展全委内部控制基础性评价的工作方案》，方案成立了内控评价工作领导小组，市交委主任担任组长，直接领导，强力推进评价及完善内控体系工作。

2. 组织学习培训，提升内控意识

在内控基础性评价开展前，市交委积极安排单位各单位（部门）财务负责人、财务人员参加市财政委组织的全市行政事业单位内控评价专题培训，帮助各单位（部门）熟悉理解内部控制的要求以及本次内控基础性评价单位层面、业务层面控制的评价内容，为本单位实施内控评价工作营造良好氛围、打下坚实基础。

3. 采取第三方评价，确保内控评价客观专业

本次评价指标共涉及12项评价指标、36个评价要点、137个评分细项，评价时间紧迫，

为保证内控评价工作按时保质完成，同时对现有内部控制体系进行完整地梳理、评估，市交委通过委托第三方专业机构开展评价工作的方式，在确保内控评价工作效率的同时，更客观和专业地分析本单位现有内部控制建设状况和完善改进方向。

4. 如实自评，按时上报

严格按照市财政委指标评分方案和评价系统的要求，通过查阅资料、现场核实、沟通交流等方式对137个评分细项逐条如实进行评价。评价过程中存有疑问时也积极向市财政委咨询，积极推进，不拖延工作。

三、进一步优化内控体系完善内控制度

依托此次内控基础性评价工作，市交委对现有内控系统及内控制度进行了全面的梳理评估，下一步将加快现行内控系统的升级及功能完善，搭建合理可行的内控体系。

1. 升级完善现行内控系统

系统按照"OA+数据库""管好不管死"的思路研发，对内控系统和核算系统有机整合，实现从预算编制、采购管理、会计核算、绩效审计的全口径、全覆盖、全链条、全闭环管理。主要模式为："事权与财权相匹配，业务与财务并行，项目推进与资金使用全流程同步管控"。系统由预算编制、预算申请、采购管理、财务核算、绩效审计等模块组成。近期拟上线试运行预算申请和财务核算模块，采购管理模块正在抓紧研发。

2. 完善健全内部控制制度

按照《关于全面推进行政事业单位内部控制建设的指导意见》（财会〔2015〕24号）的要求，将控制对象从经济活动层面拓展到全部业务活动和内部权力运行，提高市交委内部控制制度的全面性、重要性、制衡性、适应性和有效性。完善健全包括建设项目管理、工作交接监督管理、合同管理、风险评估管理、资产管理等5个方面的制度。

3. 汇编内部控制制度，定期评价检查

内控体系健全后，市交委将在原有"事前、事中、事后相结合、以资金管理为核心的内部控制体系"的基础上，形成与市交委现有组织架构体系、业务范围相适应的全链条、全覆盖的内部控制制度体系，并将内控制度汇编成册，印发全委执行，作为规范整体内部管控工作的依据。在今后的工作中，市交委将建立内部控制定期评价完善机制，形成对二级单位内部控制执行情况定期检查的制度。

问题讨论：

1. 你认为交通部门内部控制的风险为什么比较高，表现为哪些？

2. 深圳交委会内部控制创新表现在哪些方面？

资料来源：深圳日浩会计师事务所，http://www.rihaocpa.com.cn/news/cszx/296.html。

案例分析二：甲单位内部控制体系建设问题分析

甲单位是一家中央级科研事业单位，为认真贯彻落实财政部发布的《行政事业单位内部控制规范（试行）》的要求，于2013年6月召开内部控制体系建设专题会议，部署实施单位内部控制体系建设。在专题会议上，单位管理层成员发言要点如下：

院长：内部控制对于提升单位内部管理水平和风险防范能力意义重大。在座各位务必高度重视，应运用企业化管理的理念，将实现单位经济效益最大化作为内部控制体系建设的唯一目标，全力做好相关工作。

副院长：为确保内部控制体系建设工作顺利开展，有必要成立内部控制领导小组，建议由院长任组长，本人担任副组长，管理层其他成员任组员，授权财务部负责内部控制体系建立与实施的全部工作。

财务部主任：在全面控制的基础上，我们单位内部控制应当关注单位经济活动和非经济活动的重大风险，并采取更为严格的控制措施，确保不存在重大缺陷。

业务部主任：虽然《行政事业单位内部控制规范（试行）》对单位投资行为作了严格规定，但考虑到繁杂的投资控制程序可能降低决策效率、丧失投资机会，因此建议简化投资决策审批程序，重大投资项目经业务部论证并直接报院长审批后即可实施。

审计部主任：内部控制评价是实施内部控制的重要环节。应当制定科学的内部控制评价方案，对单位面临的所有风险和所有业务单位、经济事项进行全面测试和评价。内部控制评价应对内部控制执行的有效性发表意见。

法律事务部主任：我们单位应当加强对合同订立的管理，对于所有的业务合同，都应当组织法律、技术、财会等工作人员参与谈判，并聘请外部专家参与相关工作，防范合同签订过程中的风险。

要求：根据财政部发布的《行政事业单位内部控制规范（试行）》，逐项分析判断上述成员的发言存在哪些不当之处，并简要说明理由。

复习思考题

1. 行政事业单位内部控制的目标有哪些？与企业内部控制目标相比，有何不同？
2. 行政事业单位内部控制的主要方法有哪些？
3. 行政事业单位预算业务控制的主要风险点有哪些？
4. 行政事业单位政府采购业务控制的关键控制点有哪些？各有哪些风险？
5. 行政事业单位内部控制评价包含哪些内容？

能力拓展题

登录中共中央纪律检查委员会和中华人民共和国国家监察委员会网站，搜集整理行政事业单位违法违规事项，从内部控制的角度分析其产生原因。

主要参考文献

［1］池国华，樊子君．内部控制学（第三版）［M］．北京：北京大学出版社，2017.

［2］林钟高．企业内部控制研究——理论框架与实现路径［M］．北京．中国教育文化出版社．2006.

［3］张砚．内部控制历史发展的组织演化研究［J］．会计研究，2005（2）．

［4］查特菲尔德．会计思想史［M］．文硕，董晓柏，译，北京：中国商业出版社，1989.

［5］企业内部控制编审委员会．企业内部控制基本规范及配套指引——案例讲解［M］．上海：立信出版社，2015.

［6］徐凤菊，赵新娥，夏喆．企业内部控制与风险管理（第二版）［M］．大连：东北财经大学出版社，2016.

［7］李端生．内部控制理论与实务（第一版）［M］．大连：东北财经大学出版社，2016.

［8］王清刚．内部控制与风险管理：理论、实践与案例［M］．北京：北京大学出版社，2016.

［9］陈维青，胡本源．企业内部控制学（第二版）［M］．大连：东北财经大学出版社，2016.

［10］唐大鹏，李佳虹，刘莲．企业营运资金内部控制缺陷及优化研究——基于辉山乳业的案例分析［J］．财政监督，2017（22）：83－89.

［11］邓艺林．南昌ZC公司内部控制研究［D］．东华理工大学，2018.

［12］徐传和，高跃峰．高校存货管理内部控制研究［J］．中国总会计师，2015（06）：102－104.

［13］张明娟．国企财务报告内部控制策略研究［J］．财会学习，2018（16）：241.

［14］郭金美．从一件审计案例浅谈企业内部控制评价的作用［J］．财务与会计，2012（06）：57.

［15］朱冬花．以兆丰银行为例谈商业银行内部控制失效及对策［J］．财会学习，2017（14）：5－7.

［16］阚京华，周友梅，管亚梅．审计学［M］．北京：人民邮电出版社，2016.

［17］刘明辉，史德刚．审计（第5版）［M］．大连：东北财经大学出版社，2015.

［18］周学振．辉山乳业内部控制案例分析［J］．中国集体经济，2019（14）：68－69.

［19］王加灿．企业内部控制质量研究［M］．北京：中国财政经济出版社，2015.

［20］方红星，池国华．内部控制（第三版）［M］．大连：东北财经大学出版社，2017.

［21］张俊民．内部控制理论与实务［M］．大连：东北财经大学出版社，2016.